Peter Meier-Hüsing
Der unmögliche Berg

Zu diesem Buch

Er ist nur ein Dreitausender und doch einer der mächtigsten Berge der Welt: der Cerro Torre. Stolz ragt die Granitnadel in den ozeanblauen Himmel der Anden, umgeben vom blendenden Weiß der Gletscher – mit dem Fitz Roy bildet der Cerro Torre für Kletterer den magischen Anziehungspunkt Patagoniens. Sein Name ist schicksalhaft verbunden mit Cesare Maestri, der als »Spinne der Dolomiten« in die Geschichte des Alpinismus einging, heute zurückgezogen in Madonna di Campiglio lebt und noch immer die erste geglückte Besteigung des Cerro Torre für sich reklamiert. Mit seinem Seilgefährten Toni Egger will er 1959 den Gipfel erreicht haben, beim Abstieg aber begrub der »unmögliche Berg« Egger unter einer Lawine. Maestri konnte – mehr tot als lebendig – gerettet werden, sein Partner blieb verschollen und mit ihm die Fotos und unwiderlegbaren Beweise für den Triumph. Schon bald wurden Zweifel an Maestris tragischem Sieg laut, so mußte er zurückkehren und sich erneut seinem größten Gegner stellen. Peter Meier-Hüsing geht der packenden Geschichte des Berges ebenso nach wie den Widersprüchen der Erstbesteigung.

Peter Meier-Hüsing, geboren 1958, studierte Religionswissenschaften und arbeitet seit zwanzig Jahren mit Leidenschaft als Reporter, Autor und Redakteur für den Hörfunk und verschiedene Zeitschriften. Der begeisterte Bergsteiger, Skifahrer und Fotograf lebt mit seiner Familie bei Bremen. Von ihm erschienen: »Wo die Schneelöwen tanzen« und »Der unmögliche Berg«.

Peter Meier-Hüsing

Der unmögliche Berg

Cerro Torre und der Mythos Patagonien

Mit 8 Seiten farbigem Bildteil und 2 Karten

Ein MALIK Buch
Piper München Zürich

Alle Fotos: Archiv Peter Meier-Hüsing, bis auf Bildteil S. 1 unten:
Luciano Eccher, aus: Tom Dauer, Cerro Torre – Mythos Patagonien,
erschienen beim AS Verlag, Zürich 2004

Von Peter Meier-Hüsing liegen bei Piper im Taschenbuch vor:
Wo die Schneelöwen tanzen
Der unmögliche Berg

FSC
Mix
Produktgruppe aus vorbildlich bewirtschafteten
Wäldern und anderen kontrollierten Herkünften
www.fsc.org Zert.-Nr. GFA-COC-1223

Ungekürzte Taschenbuchausgabe
Oktober 2007

erschienen im Verlagsprogramm Malik
Umschlagkonzept: Büro Hamburg
Umschlaggestaltung: Birgit Kohlhaas
Umschlagfotos: Peter Gebhard (vorn und Rücken), Peter Meier-Hüsing (hinten)
Redaktion: Margret Plath
Karten im Anhang: Eckehard Radehose, Schliersee
Satz: Satz für Satz. Barbara Reischmann, Leutkirch
Papier: Munken Print von Arctic Paper Munkedals AB, Schweden
Druck und Bindung: Clausen & Bosse, Leck
Printed in Germany ISBN 978-3-492-25001-6

www.piper.de

»Am Ende der von zwei Bergketten begrenzten Bucht erhoben sich zwei Felsgebilde wie Türme, einer größer als der andere, und ihre scharfen Spitzen überragten alle benachbarten Gipfel. Sie waren frei von Schnee und Eis, und die Indianer nannten sie Chaltél.«

Antonio de Viedma, 1782, als er als erster Weißer die Ufer des später nach ihm benannten Sees erreichte und die Gipfel von Cerro Torre und Fitz Roy erblickte

Inhalt

Vorwort

»Hinter der Phantasie ›Patagonien‹ liegt der Mythos des Verschwindens, das Eintauchen in die Einsamkeit am Ende der Welt. Natürlich ist dies nur eine Metapher. Ich kann mir vorstellen, daß Reisen in Patagonien bedeutet, die Grenzen eines Konzepts zu erreichen und an das Ende der Dinge zu gelangen.«
Jean Baudrillard

Wenn man nicht nur gern in die Berge geht, sondern auch gern etwas über Berge und das Bergsteigen liest, stößt man zwangsläufig irgendwann auf die Geschichte des Cerro Torre. Mir erging es da vor vielen Jahren nicht anders. Ich kann nicht mehr genau sagen, ob es ein großformatiger Bildband über die Anden und Patagonien war oder ein Artikel in einem Bergsteigermagazin, in dem ich zum ersten Mal über das Rätsel des Cerro Torre stolperte. Aber es ließ mich nicht wieder los.

Da stand ein unglaublicher Berg im südlichen Patagonien, am Rand des Inlandeises, abweisend, unnahbar und trotzdem von einer solch irrealen Schönheit, daß er die besten Bergsteiger magisch in seinen Bann zog. Von seiner Existenz wußte die Kletterszene erst seit einigen Jahrzehnten, denn Patagonien war abgelegen und fern. Superlative kursierten bald: »der schwierigste Berg« oder »der unmögliche Berg«. Einige versuchten sich an ihm, alle scheiterten. So entstand der Mythos Cerro Torre.

Extrem ist der Berg in jeder Hinsicht und mysteriös seine Geschichte. Da wollten zwei der besten Bergsteiger ihrer Zeit, der Italiener Cesare Maestri und der Österreicher Toni Egger, im Februar 1959 den Gipfel erreicht haben. Doch nach Tagen unmenschlichster Anstrengungen am Berg wurde Egger im Abstieg von einer Lawine in die Tiefe gerissen und war tot. Mit ihm verschwand auch die Fotokamera mit den Beweisen der Gipfelbesteigung. Maestri überlebte, mehr tot als lebendig, mehr verrückt als bei Sinnen, und erklärte: Ja, sie waren oben! Doch im Laufe der Jahre, nach vielen weiteren gescheiterten Expeditionen zum Cerro Torre, schwirrten immer mehr Gerüchte durch die Bergsteigerszene und wurden schließlich ausgesprochen und niedergeschrieben: Waren Maestri und Egger wirklich am Gipfel gewesen? Sprachen nicht alle bekannten Fakten dagegen? War die »größte Leistung des Alpinismus« in Wahrheit ihr größter Betrug? Die Gerüchte und Anklagen verstummten nie wieder, und nichts und niemand konnte Maestri rehabilitieren: nicht sein Freund Cesarino Fava, der Ideengeber der Torre-Expeditionen, der ihm nach der Erstbesteigung das Leben rettete, nicht seine zweite Torre-Besteigung 1970 über die heute »Kompressor-Route« genannte Südostkante.

Mit seinem Temperament machte es Cesare Maestri seinen Kritikern oft leicht, und heute, rund 45 Jahre nach der umstrittenen Erstbesteigung, glauben nur noch wenige an seinen Erfolg von damals.

Aber immer wieder, wenn ich von Maestri und vom Cerro Torre las, hatte ich den Eindruck, hier fehlt etwas. In vielen Texten wurden einfach Vermutungen und Gerüchte genannt, Geschichten aus zweiter Hand, die durch alleinige Wiederholung der Wahrheit auch nicht näher kommen, oder schlaglichtartige Ausschnitte erzählt, die wesentliche Teile der Ereignisse ausblenden. Ich wollte zweierlei: einmal die Geschichte von Cesare Maestri und seinem Schicksalsberg vollständig erzählen und natürlich die Protagonisten selbst zu Wort kommen lassen, die Kletterer von damals und heute, die Kritiker und die »Gläubigen«.

Deshalb suchte ich nach Cesare Maestri und Cesarino Fava. Beide leben heute in Italien, in der Brenta, der Gebirgsregion, in der sie beide aufwuchsen und als Jugendliche das Bergsteigen lernten.

Es war nicht leicht, Cesare Maestri zu treffen. Ich schrieb ihm und fragte, ob wir uns unterhalten könnten, über ihn, sein Leben, das Klettern und natürlich den Cerro Torre. Er stimmte erst zu, sagte aber bald darauf wieder ab, schließlich gab er am Telefon sein Einverständnis, ja, wir könnten uns treffen und sprechen – aber nicht über den Torre!

Im Zentrum von Madonna die Campiglio kommt er mir entgegen. Seit 40 Jahren lebt er hier im mittlerweile mondänen Touristenort mitten in der italienischen Brenta, dem Felsgebirge, das er über alles liebt. In der nahen Provinzhauptstadt Trient wurde er 75 Jahren zuvor geboren. Gedrungen und athletisch ist Cesare Maestri, immer noch scheint er vor Kraft zu strotzen, ein fester Händedruck, das volle Haar ist grau geworden, der Vollbart sauber gestutzt. Er duzt mich. Wir trinken Espresso und reden, über Trient, den Alpinismus, das Solo-Klettern. Immer wieder schaut er sehnsuchtsvoll zu den an diesem Tag nebelverhangenen Wänden der Brenta-Gipfel empor.

Ja, er gehe auch heute noch klettern, allein, nur für sich zur Freude, an irgendeinen unbedeutenden Felsen; er mache keine großen Routen mehr. Irgendwann gebraucht er selbst die Worte »Cerro Torre«. Aber er streift den Berg nur kurz. Er atmet tief durch, sein Tonfall wird lauter, er knetet seine kräftigen Hände. Nein, er habe es nie verwunden, daß man ihm, dem damals vielleicht besten Kletterer, nicht glauben will, daß er einst als erster auf dem Gipfel des Torre stand, dem Gipfel, der unerreichbar schien. Der Schmerz ist unvermindert groß, es liegt ein Schatten auf seiner Seele, und trotzdem oder vielleicht gerade deshalb spricht er dann irgendwann doch wieder vom Cerro Torre, von seinen Hoffnungen, seinen Enttäuschungen, den Siegen und Niederlagen.

Ganz anders verläuft mein Besuch bei Cesarino Fava. Ich schreibe ihm einen Brief, er antwortet sofort: Ja, komm vorbei, wir reden über den Torre! Der Freund und Lebensretter von Maestri lebt nur wenige Kilometer von Madonna di Campiglio entfernt, in Malè. Er ist wieder zurückgekehrt aus Argentinien und wohnt mit seiner Frau in seinem Elternhaus am Ortsrand, das sich seit Jahrzehnten nicht verändert zu haben scheint. Man muß ihn nicht lange bitten, Cesarino redet gern über das Bergsteigen, über Patagonien und natürlich über den Cerro Torre und seine Abenteuer an diesem Berg.

In der Wohnküche hängen Bilder des Cerro Torre an der Wand, und Cesarinos Erinnerung an die Ereignisse von damals sind immer noch lebendig. Er sitzt am Küchentisch und erzählt gestenreich, mal laut und energisch, dann verhalten und ernst, er lacht, er argumentiert, und er schwärmt. Immer noch und immer wieder von diesem »wunderbaren Berg am Ende der Welt«. Er redet nicht vom »unmöglichen Berg«, er redet lieber vom »schönsten«, seine Liebe zu ihm wurde nie enttäuscht oder gebrochen, seine Leidenschaft wandelte sich nie zum Wahn.

Es gibt – vielleicht neben George Mallory und dem Everest – keinen Berg, der so eng mit der Lebensgeschichte eines Menschen, eines Bergsteigers, verknüpft ist wie der Cerro Torre. Seine Verbindung mit Cesare Maestri ist tragisch, denn Maestri war einst bereit, für den Berg seiner Träume alles zu geben und zu riskieren, und heute wünscht er, daß der Torre zu Staub zerfallen möge, und er würde noch auf ihn spucken. Maestri, der Schauspielersohn, war immer ein Mann theatralischer Gesten und offener, großer Worte; überschwenglich und launisch in seinen Reaktionen, manchmal selbstgefällig, manchmal extrem verletzbar und aufbrausend. Er galt oft als »schwierig«, obwohl das nur bei oberflächlicher Betrachtung stimme – sagen seine Freunde. Aber was bleibt, wenn man bei dieser alpinen Diva alle Theaterkulissen beiseite schiebt und hinter die großen Gesten schaut?

Das versucht dieses Buch zu erzählen. Es ist die Geschichte vom Cerro Torre und von Cesare Maestri, denn man kann die beiden nicht voneinander trennen. Es ist der Versuch, einem Menschen näherzukommen, der seit 45 Jahren darunter leidet, daß an seine größte Tat nur noch wenige glauben mögen, und der nicht verstehen kann, warum man ihm nicht glaubt. Ist Maestri an einer Lebenslüge zerbrochen, oder ist er ein zu Unrecht Verurteilter, der um Gerechtigkeit und Wiedergutmachung kämpft?

Das wird auch dieses Buch nicht klären können, es wird keine neuen Beweise pro oder contra Maestris Erstbesteigung liefern, es wird keine Lösung bieten. Denn die gibt es nicht. Allein Maestri kennt die Wahrheit. Das Buch schildert keine neue Variante des Rätsels, es erzählt keine neue Geschichte. Es versucht lediglich, dem Menschen und Bergsteiger Cesare Maestri gerecht zu werden, indem es die ganze Geschichte erzählt.

Ich habe im Buch viele erzählende Passagen verwendet; die dort aufgeführten Zitate der Protagonisten habe ich in der Literatur gefunden oder den langen Interviews entnommen, die ich mit den Bergsteigern geführt habe.

Manche reden gern über den Cerro Torre, andere weniger. Ihnen allen sei gedankt für die Gespräche und Interviews, die ich mit ihnen führen konnte, um ein komplexes Puzzle Stück für Stück zusammenzusetzen.

Dank an Cesarino Fava und seine Familie, in Malè und in Patagonien, für Gastfreundschaft und lange Gespräche; an Cesare Maestri, der mir trotz aller Vorbehalte von seinem Leben und vom Cerro Torre erzählte. Dank an die Bergsteiger, die den Cerro Torre wirklich kennen, wie Toni Ponholzer oder Ermanno Salvaterra. Danke für die vielen Erinnerungen an Toni Egger, die seine Schwester Steffi Egger und sein Kletterpartner Gottfried Mayr lebendig halten. Wichtige Erinnerungen hatten auch Juan Pedro Spikerman und Gianni Dalbagni aus Buenos Aires beizusteuern. Danke auch für die kritischen Fragen und Diskussionen mit Rolando Garibotti und Reinhold Messner.

Und natürlich Dank an die vielen Menschen in El Chaltén, für ihre Gastfreundschaft, ihre Liebe zu den Bergen und ihre Geschichten; vor allem den Bergführern Gustavo und Tibo, die mich in die Schönheit der patagonischen Berge einführten, an Maria Branzi für viel Übersetzungshilfe, an die Bibliothekarinnen der Bibliothek des Deutschen Alpenvereins für die Literaturrecherche und an die Lektorinnen Bettina Feldweg und Margret Plath für die Unterstützung bei diesem Projekt.

Und schlußendlich Dank an viele weitere Freunde, von denen ich durch Gespräche und Bergtouren Ideen und Inspirationen bekam.

Peter Meier-Hüsing

»Hunderte von Gipfeln, von leuchtenden, eisbepanzerten Massiven, von kühnen Spitzen aus Granit und Schiefer wurden noch nie bestiegen und bleiben eingehüllt in ihr dunkles und stürmisches Geheimnis.«
Alberto Maria de Agostini,
»Ande Patagoniche«

Patagonische Kordillere, Februar 1959

Sechs lange Tage und Nächte hat der einsame Bergsteiger in einer Schneehöhle unterhalb der Abstürze des Cerro Torre gewartet. Jeden Morgen tritt er frierend vor die Höhle ins Schneetreiben hinaus und versucht durch die vorbeifegenden Wolkenschleier in den dunklen Felswänden über ihm eine Bewegung zu erkennen. Vergeblich. Nun hat er keine Hoffnung mehr und will zurückkehren ins Basislager, um den anderen Teilnehmern der zweiten italienischen Cerro-Torre-Expedition die traurige Botschaft zu überbringen: Ihre Freunde Cesare Maestri und Toni Egger sind nicht zurückgekehrt vom Versuch ihrer Erstbesteigung des Cerro Torre, des »unmöglichen Berges«. Wahrscheinlich sind sie tot … abgestürzt … erfroren … vor Erschöpfung gestorben, wer weiß.

Der einsame Bergsteiger – er heißt Cesarino Fava – schultert seinen Rucksack, dreht sich noch einmal um und schaut mit Tränen in den Augen Richtung Torre – wie Hunderte Male zuvor in den vergangenen Tagen. Ein dunkler Punkt auf dem steilen Lawinenkegel am Einstieg in die Wand irritiert ihn plötzlich. Was ist das? Gestern war er noch nicht dort – oder? Wahrscheinlich ist es ein herabgestürzter Stein aus der Wand. Er dreht sich ab und stapft talwärts. Oder sollte etwa doch ...? Er dreht sich noch einmal um und schaut wieder zum Berg hinauf. Er kneift die Augen zusammen und fixiert den Lawinenkegel durch die treibenden Schneeflocken. Der dunkle Punkt ist noch da, aber er hat sich bewegt. Hat er sich wirklich bewegt? Nein, er muß es jetzt wissen, wirft den Rucksack hin und spurt durch den frischgefallenen Schnee so schnell wie möglich zum Bergschrund hinauf.

Schwer atmend erreicht er den Lawinenkegel und den unscheinbaren Fleck, der sich nun als ein mit Schnee überzuckerter Anorak erweist. Der Mann zögert den Bruchteil einer Sekunde, dann ergreift er mit beiden Händen den Anorak und dreht mit einem Schwung den scheinbar leblosen Körper herum. Cesare! Das Gesicht seines Freundes ist zerschunden, blutig und eingefallen – doch er lebt noch, er atmet! Der Mann hebt den Kopf des verletzten Cesare Maestri behutsam hoch, befreit Augen und Nase vom verkrusteten Schnee und versucht, ihn so gut es geht vor Sturm und Kälte abzuschirmen.

Was soll er tun? Allein kann er den offensichtlich bewußtlosen Freund nicht ins Lager transportieren. Er läuft zurück zur Eishöhle und holt ein Notmedikament, stapft atemlos wieder zum Lawinenkegel hinauf und träufelt

Maestri einige Tropfen davon in den Mund. Maestri schlägt die Augen auf, scheint seinen Retter langsam zu erkennen und stammelt immer wieder: »Toni ist abgestürzt! Toni ist abgestürzt!«

Der Mann schaut sich um, ob er zwischen den dichtfallenden Flocken Cesares Seilpartner Toni Egger entdekken kann, doch er sieht nichts als immer neue Schneewehen und Nebel, die über den Berghang fegen. Keine Spur von Toni.

»Cesare!« ruft er durch den zunehmenden Sturm, »Cesare! Wart ihr ... denn ... oben?«

Nach einer Ewigkeit antwortet Cesare Maestri flüsternd: »Ja!« Dann schluchzt er plötzlich: »Aber wofür?«

»Wir müssen hier weg! Du mußt runter zum Lager! Ich helfe dir, stütz dich auf mich!«

Unendlich langsam und mühselig befreit sich Cesare Maestri aus den Schneemassen und zieht sich, fast bewegungsunfähig, am Arm seines Freundes empor. Er fällt, kriecht und rutscht den Schneehang hinunter. Schließlich stehen sie, einander untergehakt, im Sturm, den Blick gen Tal. Langsam, sich gegenseitig stützend, torkeln die beiden Männer durch den Neuschnee nach unten, weg vom Sturm des patagonischen Eises, weg von den Wänden des Cerro Torre, weg vom Tod.

»Er zeigt seinen Stolz, seine grimmige Rebellion gegen Unbill und Ungerechtigkeit, das wundervolle Fehlen jeglicher Gerissenheit; er zeigt seine Herzensgüte wie seine Launen, aber auch seine gelegentliche Verzagtheit, seine dichterischen Impulse und seine begeisterten Lobgesänge. Ein menschliches Wesen im besten Sinne des Wortes.«
Dino Buzatti

Cesare Maestri – Der Anarchist am Berg oder »Ich wollte einfach der Beste sein«

Trient 1947. Der Krieg war lange vorbei, doch Cesare Maestri fand in seiner Heimatstadt keine Arbeit. Er war 18 Jahre alt. Sein Vater Toni empfahl ihm, seiner Schwester nach Rom zu folgen, die dort seit einem Jahr die Schauspielakademie besuchte. Cesare war nicht gerade überzeugt von der Idee, aber mangels anderer Möglichkeiten stimmte er zu. Er hielt von seinen schauspielerischen Fähigkeiten wenig, doch sein Vater, der einst seiner kleinen Kinder wegen die Schauspielerei und seine tingelnde Wanderbühne zugunsten eines seßhaften Lebens aufgegeben hatte, träumte immer noch davon, daß eines seiner Kinder die künstlerische Familientradition fortsetzen würde. Cesares drei Jahre ältere Schwester Anna lernte die Schauspielerei, und sein jüngerer Bruder Giancarlo hatte gerade ein erstes Theaterengagement in Venedig erhalten. Und nun packte also auch Cesare seinen kleinen Koffer. Was konnte er schon mitnehmen außer ein paar Hosen und Hemden; sein einziges Paar Schuhe trug er an den Füßen. Acht Stunden würde die Zugfahrt bis Rom dauern, dann würde er Anna wiedersehen; sie hatte geschrieben, daß sie sich in Rom wohl fühlte.

»Meine Schwester war eine wunderbare Frau, die man liebte oder haßte. Intelligent, geistvoll, gebildet, kämpferisch, sie machte keine halben Sachen ... eine mutige Frau, die sich wie eine Löwin schlug ... nein, sie war keine Schönheit, eher das Gegenteil, mit ihren Sommersprossen, den roten, lockigen Haaren und der breiten Nase. Doch diese Nachteile für ihren Beruf machte sie durch Tüchtigkeit wett und war dabei, eine große Schauspielerin zu werden.«

Anna kam zur Stazione di Termini, um Cesare abzuholen. Sie war aufgeregt und freute sich, ihren Bruder nach fast zwei Jahren der Trennung wieder in die Arme zu nehmen. Doch gleichzeitig sorgte sie sich darum, wie sie beide in Rom durchkommen sollten. Sie hatte gerade die Ausbildung abgebrochen, weil sie ihr zu teuer wurde und neben der Schule zu wenig Zeit zum Geldverdienen blieb. Jetzt hielt sie sich mit kleinen Komparsenrollen über Wasser und hoffte, bald an die Akademie zurückkehren zu können. Anna sah Cesare ernst in die Augen und sagte: »Wo nicht genug zu essen für einen ist, können auch nicht zwei satt werden – aber egal!« Sie hakten sich unter und gingen schweigend zu der kleinen Pension, in der sie sich ab sofort ein Zimmer teilen würden.

Und Anna sollte recht behalten. Cesare suchte sich Arbeit, verdiente Geld, aber es war viel zu wenig. Nach gerade einmal zwei Wochen gab es nur noch Brot und getrocknete Feigen. Der Hunger war so stark, daß Cesare mitten auf der Straße die Knie einknickten oder Tränen in die Augen schießen konnten und er nicht wußte, weshalb.

Er nahm jeden Job an: Fahrer, Blechschläger, Handlanger auf Baustellen; er trat sogar kurzzeitig als Diener in die Dienste eines pädophilen Grafen, doch er widerstand der Möglichkeit, seinen Körper zu verkaufen.

Statt dessen trainierte er. Gerade wegen der Schinderei auf den Baustellen, des quälenden Hungers und der Schwäche und Müdigkeit setzte er alles daran, seinen Willen und seine Kraft zu stärken. Er wurde Mitglied in einem Sportverein und erlernte in einem römischen Palast das Boxen. Mit den Blessuren, Schrammen und Niederlagen lernte Cesare, seine Wut zu zügeln und Schmerzen zu ertragen – indem er die Zähne zusammenbiß. Entbehrungen durchzustehen und trotz widrigster Umstände seine physischen und psychischen Reserven zu mobilisieren, diese Fähigkeit vervollkommnete Cesare während seiner Jahre in Rom und profitierte davon später oft in extremen Situationen am Berg.

Doch er wollte auch seinen Geist trainieren. Cesare Maestri hatte viel vom Krieg gesehen, aber wenig Bildung genossen. Seine Schwester verkehrte mit Künstlern, Schauspielern und Regisseuren, in deren Mitte er sich minderwertig fühlte und sich nicht traute, mitzureden. Er begann, nachts zu lesen, und verschlang Buch um Buch: Geschichte, Geographie, Politik, Philosophie. Schon während der letzten Kriegsjahre hatte er in der Resistenza Kontakt zu Kommunisten bekommen und sich von den Ideen des Sozialismus angezogen gefühlt. Jetzt gab es eine offizielle Kommunistische Partei in Italien, die PCI, und deren Funktionäre waren sogar in der Regierung. Maestri wurde Mitglied der Kommunistischen Partei, las Marx und Engels, aber auch die italienischen Theoretiker wie Gramsci. Es war die Vision von einer gerechten Gesellschaft, die den jungen, hungrigen Schauspielersohn aus Trient so faszinierte, einer Gesellschaft, in der es keine Ausbeutung mehr geben würde, in der Gerechtigkeit herrschte und in der jeder Mensch die Möglichkeiten erhielt, seine materiellen und geistigen Bedürfnisse zu befriedigen. Viele Jahre später schrieb er: »Heute weiß ich, daß wir die Welt nicht so schnell ändern konnten, wie wir damals glaubten, und wir waren sicher auch naiv. Aber ich versuche es immer noch ein wenig.«

Cesare lernte, arbeitete, trainierte, und manchmal übernahm er zusammen mit seiner Schwester Statistenrollen im Wandertheater von Anton Giulio Bragaglia. Trotzdem war er oft niedergeschlagen und bedrückt. Er wußte nicht, was er vom Leben wollte, und hatte noch kein Ziel gefunden. Zeitweise war er so deprimiert, daß ihm alles sinnlos erschien und er an Selbstmord dachte.

An einem Winterabend Ende 1948 – Anna hatte einen Auftritt im Theater Eliseo, und ihr Bruder wartete auf sie in der Garderobe – schaute Cesare gedankenvoll aus dem Fenster auf die schwach erleuchteten Straßen und kämpfte einmal mehr gegen eine aufsteigende Schwermut an. Da hörte er plötzlich aus dem Radio in einer gegenüberliegenden Wohnung leise Musik, die ihm bekannt vorkam. Er öffnete das Fenster und erkannte über die schmale Straße hinweg den Chor des Tridentiner Alpenvereins. Der melancholische Gesang aus seiner Hei matstadt stimmte ihn noch trauriger, doch im selben Moment wußte er: Er würde zurückkehren, mit oder ohne Geld, mit oder ohne Arbeit, er mußte zurück nach Trient! In die Berge! Nein, Rom besaß keine Felsgipfel, die im sommerlichen Licht schimmerten, keine Bäche, aus denen er im Frühjahr trinken konnte, und keine rot-gelb leuchtenden Herbstwälder. Nie hätte er gedacht, daß ihm das alles so fehlen würde, doch nun war er überzeugt: Es gab nur den Weg zurück.

Als Anna ins Zimmer trat, sah sie sofort, daß etwas geschehen war. »Was ist passiert, Cesare? Was hast du?« fragte sie.

Ruhig erwiderte ihr Bruder: »Anna, ich kehre nach Hause zurück. Ich halte es hier nicht mehr aus, ich gehe wieder nach Trient.«

»Und was willst du dort machen?« fragte Anna ungläubig.

»Ich weiß es nicht ... aber ich halte es hier nicht mehr aus.«

Anna blickte zu Boden und seufzte. Sie wußte, daß der Entschluß ihres Bruders unumstößlich war. Und sie wußte auch, wie unglücklich er zeitweise in Rom gewesen war. Vielleicht war es wirklich das Beste für ihn.

Cesare packte wieder den kleinen Koffer, mit dem er vor zwei Jahren in Rom eingetroffen war, und Anna brachte ihn am Morgen darauf zum Bahnhof. Cesare versprach ihr, daß sie sich bald wiedersehen würden, und seine Schwester nickte schweigend. Dann verließ der Zug Rom; Anna stand am Bahnsteig und winkte ihm noch lange hinterher.

Es war ein trüber, nebliger Wintertag, und der Zug ratterte langsam Richtung Norden, Richtung Florenz. Cesare saß am Fenster und blickte in Fahrtrichtung hinaus. Ab und zu huschte eine zerrissene Dampfwolke vorbei, die Gehöfte und Felder wirkten im fahlen Winterzwielicht leblos und verlassen. Es ist eigenartig, dachte Cesare, ich verlasse ein Leben, daß unsinnig für mich war, und trotzdem habe ich in dieser Zeit viel gelernt.

Lange folgte die Strecke dem Lauf des Tiber, später streifte sie das Ufer des Lago Trasimeno und erreichte dann über Arezzo entlang dem Arno Florenz. Im Apennin lag Schnee; der Zug stampfte mühsam durch das Gebirge, über Brücken und durch Tunnel in die neblige Poebene hinein. Hinter Bologna wurde Cesare unruhig. Es würde nicht mehr lange dauern, Trient und die Berge kamen näher, nur noch durch die Ebene, bei Verona ins Etschtal abzweigen, und er war da!

Er mußte lächeln. Nicht alles hatte er Anna gesagt. Nicht weil er ihr etwas verschweigen wollte, aber sein Gedanke kam ihm selbst noch so verwegen vor, daß er sich nicht einmal traute, seine Schwester einzuweihen. Er hätte sich nur lächerlich gemacht. Denn er wollte nicht nur zurück nach Trient, er hatte andere Pläne: Er wollte Bergführer werden. Was das in einer Zeit, als noch fast keine Touristen in die Brenta und die Dolomiten reisten, wirklich bedeutete, konnte der neunzehnjährige Cesare Maestri nicht ahnen. Aber es war ein Entschluß, der sein Leben nachhaltig verändern sollte.

Mittlerweile hatten sie Verona hinter sich gelassen. Der Zug fuhr ins Etschtal hinein, direkt Richtung Norden. Die Gleise verliefen zwischen dem Fluß und der alten Straße, die seit Urzeiten Italien über den Brenner mit Österreich verband. Die Hügelketten links und rechts der Strecke gewannen langsam an Höhe, ihre Kämme waren mit einer dichten Schneedecke belegt. Sie überquerten die Grenze von der Lombardei ins Trentino. Cesare sah immer mehr Dörfer und Bergzüge, die ihm bekannt vorkamen. Er atmete tief durch, dies war sein Zuhause.

Cesare Maestri wurde am 2. Oktober 1929 als Cesare Fabio Damiano Maestri in Trient geboren, und eigentlich war es ihm oder vielmehr seiner Geburt zu verdanken, daß seine Familie sich in der Stadt niederließ. Seine Eltern, Merj und Toni, waren zuvor jahrelang als fahrende Theatergruppe durch Italien gezogen. Merj war aus Ferrara nach Turin gekommen, damals das Zentrum der italienischen Filmindustrie, um Schauspielerin zu werden. Sie hatte zwar kein Engagement beim Film bekommen, dafür aber den ebenfalls arbeitslosen Schauspieler Toni kennengelernt. Sie verliebten sich ineinander, gründeten ihr eigenes kleines Wandertheater und zogen mit Dramen und Komödien durch das Land – frei und unabhängig, aber ohne die Gewißheit, eine geeignete Bühne zu finden und ausreichende Einnahmen zu erzielen, um zu überleben.

Während der Debütvorstellung einer Komödie in Mantua wurde zwischen zwei Akten ihr erstes Kind geboren: Anna. Trotz des Nachwuchses blieben Merj und Toni vorerst Theaternomaden, bis fünf Jahre später Cesare auf die Welt kam. Sie gastierten gerade in Trient, Tonis Heimatstadt, Anna mußte demnächst zur Schule, und mit zwei kleinen Kindern war ein Wandertheater kaum mehr zu bewältigen. Der Entschluß stand schnell fest: Die Familie wurde seßhaft. Toni fand sogar eine Beschäftigung, die sein Sohn später »merkwürdig« nannte, aber mit der er die Familie ernähren konnte. Er arbeitete im Auftrag der Legione Trentina, eines Vereins, der für die Interessen der Kriegsveteranen des »Großen Kriegs« 1914–1918 eintrat. 1934 kam abermals Nachwuchs, Bruder Giancarlo wurde geboren, damit war die Familie komplett.

Doch die Beschaulichkeit dauerte nur wenige Jahre. 1937 wurde Merj mit inneren Blutungen ins Krankenhaus eingeliefert und starb bald darauf. Man erzählte dem achtjährigen Cesare, daß seine »Mamma tot ist und nie mehr wiederkommt«. Er wollte es nicht wahrhaben und fühlte sich zum ersten Mal in seinem Leben einsam.

Maestri schreckte aus seinen Erinnerungen hoch, der Zug bremste bereits ab, und sie kamen schon durch die südlichen Randbezirke Trients. Er blickte rechts aus dem Fenster. Sie waren eine arme Familie gewesen damals, und dort, im Süden Trients, stand eine triste Wohnblocksiedlung, »Casoni« genannt. Vier graue Häuserreihen, verrufen bei den Bürgern Trients; unter den »Casoni« war der vierte und letzte Block wiederum der verrufenste. Dort war er aufgewachsen. Die Eltern aus den anderen Häusern warnten ihre Kinder: »Spielt nicht mit dem Lumpenpack aus dem letzten Block!« Cesare mußte bei der Erinnerung lächeln, natürlich spielten sie trotzdem alle zusammen. Sie waren die »Bande der Casonari«, und er war oft ihr Anführer, er war Robin Hood, der Schwarze Korsar oder Zorro, immer im Kampf für die gerechte Sache der Armen und Unterdrückten, gegen die Gewalt und Willkür der Mächtigen.

Aus Spiel wurde bald Ernst, das faschistische Italien trat im Bündnis mit Deutschland in den Zweiten Weltkrieg ein. In der alten Verwaltungsstadt an der Etsch spürte man zuerst wenig vom Krieg, außer der zunehmenden Lebensmittelrationierung. Die »Casoni« bauten im Hinterhof Kartoffeln, Tomaten und sogar Weizen an.

Cesare erreichte den Tridentiner Bahnhof, stieg aus und lief über die Piazza Dante. Es war spürbar kälter hier als in Rom; er schlug den Mantelkragen hoch und vergrub die freie Hand tief in der Tasche.

Es war gerade mal sechs Jahre her, da hatten die Menschen hier an einem schönen Sommertag auf den Straßen getanzt, sich in den Armen gelegen und die verhaßten Duce-Standbilder von ihren Sockeln gestoßen: Mussolini war gestürzt und verhaftet worden, überall in Italien fielen seine Denkmäler und verbrannten seine Porträts. Italien hatte kapituliert. Doch die Hoffnung auf Freiheit und Frieden kam verfrüht: Deutsche Truppen besetzten innerhalb weniger Tage Anfang September große Teile Italiens, befreiten Mussolini aus seinem

Gefängnis in den Abruzzen und setzten ihn als Präsidenten einer faschistischen Repubblica Sociale mit Sitz in Salò am Gardasee ein. Mussolini gab den Marionettenführer, die tatsächlichen Machthaber waren die deutschen Besatzungstruppen und die SS. Der Krieg ging weiter. Die Alliierten landeten in Süditalien und kämpften sich nach Norden vor. Jetzt begann der Luftkrieg in Norditalien. Die Nachschubwege der Deutschen wurden bombardiert, vor allem die Brenner-Eisenbahn. Die amerikanischen Bomber kamen von ihren Stützpunkten auf Sizilien und in Nordafrika, und eines Nachmittags im Oktober 1943 hörte der vierzehnjährige Cesare auf einmal das ferne Rumoren von Propellermotoren. Das Grollen in der Luft wurde lauter, dann tauchten die Flugzeuge plötzlich über dem Monte Bondone auf, und schon fielen die ersten Bomben mitten in das Geschrei der Menschen hinein, die voller Panik in alle Richtungen davonrannten. Die Erde bebte mehrmals, schwarzer, stinkender Qualm zog über die Stadt, dann war die Flugzeugstaffel schon wieder Richtung Norden verschwunden, nach Bozen, wahrscheinlich ihr nächstes Ziel. Die Amerikaner versuchten zwar, gezielt die Eisenbahnlinie zu treffen, trotzdem gab es Tote und Verletzte unter den Zivilisten, die in Vierteln nahe der Bahnstrecke lebten, und es sollte nicht das letzte Mal sein, daß Trient bombardiert wurde.

Die Trienter haßten die deutschen Soldaten und zeigten es ihnen auch. Immer noch gab es die »Banda di Casonari«, aber die Jungen waren älter geworden und spielten nicht mehr Zorro oder Robin Hood. Dafür stand jetzt wenige hundert Meter von den Wohnblöcken entfernt eine Batterie deutscher Luftabwehrgeschütze – allerdings aus Holz, um den Alliierten eine größere Feuerkraft vorzutäuschen als wirklich vorhanden war. Brennholz war in den meisten Haushalten Mangelware, und mehrere Nächte hintereinander schlich sich Cesare mit einer Säge bewaffnet an die »großkalibrigen« Waffen heran und verkleinerte systematisch ihre Geschützrohre. Die Deutschen kamen ihm nicht auf die Schliche, und die »Casonis« fanden Gefallen an dem neuen »Spiel«. Sie stahlen den Besatzern alles, was transportabel und schlecht bewacht war, von Lebensmitteln bis zu Handgranaten und Munition, die sie an die in den Bergen lebenden Gruppen der Resistenza weitergaben. In diesen letzten Kriegsmonaten half Cesare immer häufiger seinem Vater, der als Kurier für den Widerstand arbeitete und wichtige Nachrichten von einer Einheit zur nächsten brachte. Oft ging es dabei durch abgelegene Täler, über steile Scharten oder durch nächtliche Wälder.

Mit der Kapitulation der Deutschen am 25. April 1945 war für Italien der Krieg zu Ende, doch Cesare Maestri stand noch ein blutiges Kriegserlebnis bevor. Gruppen versprengter deutscher Soldaten zogen trotz der Kapitulation marodierend und plündernd nach Norden. Die Resistenza-Gruppe, zu der Cesares Vater gehörte, bekam den Auftrag, eine Einheit deutscher Fallschirmjäger aufzuhalten; Cesare wurde vorausgeschickt, um die Lage zu erkunden. Er fand in einer Ortschaft Dutzende getöteter Italiener. Es waren Widerstandskämpfer, viele ein, zwei Jahre älter als er, darunter Freunde und Bekannte von ihm. So nahm der Krieg grausam Abschied von Cesare und triumphierte noch einmal mit all seiner Absurdität und Sinnlosigkeit.

Nun, fünf Jahre später, war Cesare Maestri wieder in Trient. Das Leben war weitergegangen, die Kriegsschäden größtenteils behoben. Er richtete den Blick hinauf in die Berge. Dort würde sein neues Leben beginnen.

Nur wenige Monate später radelte Cesare mit einem Freund seines Vaters an einem frühen Sonntagvormittag von Trient zu den Südwänden der Paganella, eines Höhenzuges zwischen dem Etschtal und dem Lago Molveno. Sie wollten klettern. Zum ersten Mal zog sich Maestri Bergschuhe an, band sich ein Hanfseil um die Taille und berührte den Fels. Er verfolgte aufmerksam die Schritte und gleichmäßigen Bewegungen des Vorsteigenden, bis die 40 Meter Seil ausgegeben waren, beobachtete, wie sein Lehrer einen Standplatz einrichtete, und wartete auf den Ruf »Nachkommen!« aus der Höhe; dann folgte er ihm. Schon nach einer Seillänge fühlte sich Maestri sicher, das Klettern im fast senkrechten Gestein fiel ihm leicht, das genaue Setzen der Hände und Füße, die richtige Belastung von Griffen und Tritten – für ihn war alles einfach und ganz natürlich, so, als ob er schon immer geklettert wäre. Erregt und glücklich kam er wieder unten an und war sich nun sicher: Er wollte Bergführer werden. Er hatte seinen Weg gefunden. Und er wollte noch mehr.

»Ich kannte meinen Stolz, meine Sturköpfigkeit und meinen Willen und schwor mir deshalb, danach zu streben, der größte Bergsteiger der Welt zu werden. Und ich setzte in jedem Moment meines Lebens alles daran, dieses Ziel zu erreichen.« Der lange, harte Weg zum »größten Alpinisten der Welt« nahm seinen Anfang.

Am Ende jenes Klettersommers, kurz vor seinem zwanzigsten Geburtstag, stand Maestri am Einstieg zum Normalweg auf den Campanile Basso, die schlanke Felsnadel hoch über Molveno, 300 Meter im IV. Schwierigkeitsgrad, keine extreme Route, aber für ihn seine erste große Klettertour. Kurz nach Sonnenaufgang stieg er als Seilerster ein. Ohne große Probleme erreichten sie gegen Mittag den Gipfel, wo in der warmen Spätsommersonne eine Gruppe Bergsteiger saß und Maestris Kletterei während seiner letzten Seillänge beobachtete. Ein hochgewachsener, schlanker Mann mit Backenbart, eine Tabakpfeife im Mundwinkel, kam auf Cesare zu und fragte: »Wer bist du? Wie heißt du?«

Noch außer Atem antwortete Maestri knapp: »Cesare, Cesare Maestri.«

Sein Gegenüber schaute ihn noch einen Augenblick lang an und bot ihm dann etwas zu trinken an.

»Du kletterst sehr gut, Cesare, Kompliment!«

Maestri lächelte und nickte wortlos. Dann erst erfuhr er den Grund für die kleine Versammlung hier oben auf dem Campanile-Gipfel: Man feierte die hundertste Besteigung des Turms durch Bruno Detassis, den berühmtesten Kletterer der Brenta, dem Dutzende schwierigster Erstbegehungen gelungen waren, oft zusammen mit seinen Brüdern Giordano und Catullo. Detassis war auch der Wirt der Brenteihütte unterhalb der Cima Brenta und eine lebende Legende, nicht nur für Maestri. Nun stand der »König der Brenta« genannte Kletterer ihm gegenüber und lobte ihn, den unbekannten, blutigen Anfänger, der sich gerade eine Route ohne besondere Schwierigkeiten heraufgearbeitet hatte. Maestri bekam vor Glück und Stolz kein Wort mehr heraus. Doch die Wege der beiden sollten sich immer wieder kreuzen, nicht nur in der Brenta, sondern auch im fernen Patagonien, einige Jahre später.

Maestri rackerte. Er lernte für seine Bergführerausbildung, trainierte Kraft und Ausdauer und verdiente sich seinen Lebensunterhalt als Lastenträger für das Rifugio Pedrotti. Zu viert schleppten sie Tag für Tag während der Sommersaison 30, 40 Kilo schwere Rucksäcke von Molveno hinauf zur Hütte, 1700 Höhenmeter, Aufbruch war morgens um fünf. Abgerechnet wurde am Ende der Saison, nach getragenen Kilogramm. Es gab keinen Materiallift und keine Mulis. Alles mußte zu Fuß hinaufgebracht werden: Nudeln, Gemüse, Brot, Mineralwasser, Wein und Brennholz. Jeden Tag, sechs Stunden Plackerei, aber für Maestri war es vor allem Training. Und die Zeit für einen Flirt mit der Tochter der Hüttenwirtin nahm er sich trotzdem. Er bekam zwei Teller Minestrone für den Preis von einem, und der Kaffee war umsonst. Hatte er seine Lasten abgeladen und sich gestärkt, schlief er etwas und machte sich dann auf zu den umliegenden Wänden und Gipfeln, um allein zu klettern. Am späten Nachmittag spurtete er ins Tal zurück und schlief ein paar Stunden, bevor der nächste Hüttentransport in der Morgendämmerung begann. Seine Bilanz am Ende des ersten Klettersommers: über hundert absolvierte Routen. Und er gewann immer mehr Gefallen an einer Spielart des Bergsteigens, die seine bevorzugte Art des Aufstiegs werden sollte: dem Alleingang. Maestri war mit dem ersten Schritt auf dem Weg zum »größten Alpinisten der Welt« zufrieden.

Im nächsten Frühjahr bestand er sein erstes Examen für die Bergführerlaufbahn, durfte sich nun »Portatore alpino« nennen und Kunden in Fels und Eis führen. Danach absolvierte er seinen Militärdienst im Aostatal und am Sellajoch und fand trotzdem noch Zeit, in der geliebten Brenta zu klettern: höhere Wände, schwierigere Routen – und immer öfter allein. Dann kam das Jahr 1952 und mit ihm sein Durchbruch.

Schon zeitig im Frühjahr quartierte sich Maestri wieder auf der Pedrottihütte ein. Jetzt trainierte er zielgerichtet seine Technik für längere Solo-Aufstiege: Er stellte sich die passende Ausrüstung zusammen, arbeitete mit drei Trittleitern für künstlich zu kletternde Felspassagen und übte den Notfall, indem er beim Klettern eine Hand oder ein Bein nicht benutzte.

Dann fühlte er sich körperlich und geistig stark genug für den ersten großen Alleingang. Seine Wahl fiel auf die Dibona-Route am Croz dell' Altissimo, 900 Meter mit Schwierigkeitsgrad V+. Wie ein Uhrwerk spulte er die Route ab, stand nach dreieinhalb Stunden auf dem Gipfel, ohne ein einziges Mal eine Sicherung benutzt zu haben. Spielte er leichtsinnig mit seinem Leben? Maestri ging in die Berge, um zu leben, und nicht, um zu sterben, und der Alleingang war für ihn die reinste und eleganteste Form des Bergsteigens.

Zwei Wochen später folgte seine Feuertaufe: der erste Alleingang im Grad VI, der damals höchsten Stufe in der alpinen Schwierigkeitsskala. Er stand am Einstieg des Campanile Comici in der Langkofelgruppe, im Rucksack ein Seil, zehn Haken, zehn Karabiner, drei Trittleitern und einen Felshammer. Er stieg in die 400 Meter hohe, ihm bislang völlig unbekannte Wand ein. Verlassen konnte er sich jetzt nur noch auf seine mittlerweile athletische Kraft, eine artistische Klettertechnik und die Fähigkeit, völlig mit seinem Handeln zu verschmelzen und möglichen Zweifeln keinen Raum zu geben.

»Die Manöver zur Überwindung des dachartigen Überhangs zwangen meinen Körper zu den merkwürdigsten Verdrehungen. Einmal stand er lotrecht über der Geröllhalde, einmal waren die Füße auf der Höhe des Kopfes. Alles an mir war auf das Äußerste angespannt. Das Seil unter mir, die Luft um mich herum, mein ganzes Sein. Ich war so glücklich, daß ich aus Übermut die Griffe aus dem Felsen zerren wollte.«

Nach knapp vier Stunden erreichte Maestri den Gipfel, und in Sekunden fiel alle Anspannung von ihm ab, müde und willenlos saß er da und schaute auf die umliegenden Berge. Der Aufstieg war ein Meilenstein für ihn, doch zufrieden war er nicht. Pedantisch analysierte er jeden Schritt: seine wochenlange Vorbereitung, die gewählte Ausrüstung, seine Technik und Kletterzeit. Und immer kreiste sein Denken um die Frage: Kann ich es noch besser machen? Und immer lautete seine unerbittliche Antwort: Ja! Er wußte, nur wenn er so kritisch mit sich selbst war, konnte er sein Ziel erreichen, der »größte Alpinist der Welt« zu werden.

»So tat ich es noch viele Male, auf vielen anderen Gipfeln. Rund oder vierkantig, klein oder groß, alle Gipfel, die ich je erreicht habe, vereinigen sich in einem einzigen: im Campanile Comici. Denn auf jenem Gipfel nahm ich mir vor, stets kritisch und hart mir gegenüber zu bleiben.«

Die Klettersaison war noch lang. Eine extreme Route nach der anderen in der Brenta ging Maestri an; fast immer kletterte er jetzt allein, fast immer durchstieg er die Wände in Rekordzeit. Manche unkten, er klettere immer mit einem Blick auf die Armbanduhr. Er bestritt solche Ambitionen und meinte lakonisch, das wäre eben sein Tempo. Ging er zusammen mit einem Freund, kletterte er immer als Seilerster, die Führung gab er nicht ab. Doch der leidenschaftliche Alleingänger, der sich am Berg nur widerwillig einem anderen als seinem Willen unterwerfen wollte, fühlte sich auch in den großen Wänden nicht allein. »Nach jedem dieser Aufstiege fühlte ich mich als integrierter Teil der Gesellschaft, als Teil der ganzen Welt. Das war wunderbar und gab mir viel Kraft.«

Zum Abschluß und als Höhepunkt des Jahres 1952 fuhr Cesare im Spätsommer zur Civetta in den Dolomiten. Er wollte an der riesigen Nordwestwand eine Route allein begehen, mit deren Durchsteigung Emil Solleder 27 Jahre zuvor erstmals eine Route mit Schwierigkeitsgrad VI bewältigt und damit eine neue Ära eingeläutet hatte, die für lange Zeit als das Maß aller Dinge galt. Cesare wurde begleitet von seinem Freund und zeitweiligen Seilgefährten Marino Stenico, ebenfalls einer der großen Brenta-Kletterer und einige Jahre älter als er. Stenico beobachtete bewundernd vom Wandfuß aus, mit welch instinktiver Sicherheit und Gewandtheit sich Maestri durch die 1100 Meter hohe Felswand emporarbeitete.

Schließlich stand er nach etwas mehr als sieben Stunden auf dem Gipfel.

Die Erfolge des jungen Kletterers aus Trient sprachen sich langsam herum, erst in der Bergsteigerszene, dann wurden die ersten Reporter auf ihn aufmerksam. Bei der Rückkehr nach Trient fragte ein Journalist Marino Stenico nach seinem Eindruck von der Civetta-Besteigung. Stenico antwortete: »Cesare klettert mit viel Natürlichkeit, es sieht sehr leicht aus. Schwere Passagen oder Überhänge meistert er mit der gleichen Selbstverständlichkeit wie eine Spinne, die an einer Scheibe emporkrabbelt.«

Der Reporter schrieb eifrig mit: Ein Etikett war gefunden, mit dem Maestri bald überall bekannt wurde: »die Spinne der Dolomiten«, »il ragno delle Dolomiti«.

Im Herbst erhielt Cesare dann endlich sein Bergführerdiplom, zweieinhalb Jahre nach seiner Rückkehr aus Rom. Im Winter kletterte er in den Bergen bei Trient, soweit es das Wetter zuließ, und schlief nachts auf dem Balkon, um sich gegen die Kälte abzuhärten. Er bewohnte mittlerweile mit seinem Vater eine Wohnung in der Altstadt. Im Frühjahr darauf entstand ein Kurzfilm über den fulminanten Solo-Kletterer, »Monologo sul sesto grado«, der im Herbst beim Bergfilmfestival den ersten Preis gewann.

Maestri eroberte weiter große Brenta-Wände und bestieg im Spätsommer eine der schwierigsten Dolomitenrouten: die Soldà/Conforto-Führe an der Marmolada-Südwand, 600 Meter im oberen VI. Schwierigkeitsgrad; noch kein Solo-Kletterer hatte dies gemeistert. Nach 29 Stunden und einem einsamen, frostigen Biwak wegen eines schweren Wettersturzes erreichte Maestri am Ende seiner Kräfte das Gipfelplateau. Er hatte es geschafft! Er hatte Alpingeschichte geschrieben, hatte sich in die erste Reihe der »Sestogradisten« hineingeklettert, sein Name hatte einen Klang in der Szene, seine Meinung war gefragt. Was konnte ihn noch stoppen?

»Es gab damals, ab dem Moment, in dem ich dachte, ich sei der Beste, keinen Wettkampf mehr mit anderen Kletterern, sondern Wettkampf führte ich nur noch mit mir selbst.«

Aber es gab auch Rückschläge, Anfeindungen, lebensbedrohliche Situationen. Im Dezember 1953 wählte der Club Alpino Italiano (CAI) die Teilnehmer für seine Expedition zum K2 im Karakorum an der Grenze zwischen Pakistan und China aus, dem damals noch unerstiegenen, zweithöchsten Gipfel der Welt. Cesare Maestri war einer der Kandidaten. Er erhielt einen Brief mit der Nachricht, daß die »physiologischen und psychologischen Tests«, die über die Teilnahme entschieden, am Geologischen Institut der Universität Mailand vorgenommen werden sollten, dem Institut von Professor Ardito Desio, dem Expeditionsleiter.

Maestri war begeistert und hoffte auf eine Berufung in das Bergsteigerteam. Doch in Mailand zeichnete sich schon nach der ersten Begegnung ab, daß Desio und er sich nicht verstanden, und Cesare versuchte gar nicht erst, seine Antipathie vor dem Professor zu verstecken. Desio war für ihn ein »alter Faschist«. Die CAI-Kommission schloß Maestri von der Teilnahme aus, ohne genaue Angaben von Gründen. Mündlich erfuhr er etwas von »radiologischen Untersuchungsergebnissen«, die aber noch nicht ganz gesichert wären. Er selbst meinte, die Beweggründe der Alpenvereinsfunktionäre zu kennen: sein überschwenglicher Charakter, seine Vorliebe für Alleingänge und seine politische Einstellung; er war trotz seiner alpinen Fähigkeiten zu unbequem für eine italienische Achttausender-Eroberung, die mit großem nationalistischem Pathos auf den Weg gebracht wurde.

Maestri war verbittert und enttäuscht und durchquerte in seiner Wut in 16 Stunden die Brenta-Berge von Nord nach Süd. Fluchend und keuchend schleppte er sich über Gipfel und Gletscher, durch Täler und Geröllhalden, bestieg dabei 13 Gipfel und errechnet penibel, daß er so zusammen 3600 Meter im Aufstieg und 2600 Meter im Abstieg bewältigt hatte – dagegen war der K2 ja fast ein Klacks.

Doch niemand, den er mit seinem Gewaltmarsch beeindrucken oder demütigen wollte, nahm Notiz von ihm. Er wollte etwas demonstrieren, aber es schien keinen zu interessieren. Und das sollte nicht das letzte Mal sein, daß eine seiner großen, theatralischen Gesten nicht so verstanden wurde, wie sie gemeint war.

Cesare Maestri liebte den großen Auftritt, den Applaus des Publikums. Er, der aus Angst, nicht über genug schauspielerisches Talent zu verfügen, noch wenige Jahre zuvor in Rom die Aufnahmeprüfung an der Schauspielakademie immer wieder verschoben und schließlich fallenlassen hatte, war als Sohn eines Mimen den Reizen der großen Bühne doch nicht so abgeneigt, wie er einst dachte; mochte der Auftritt auch in der Vertikalen stattfinden. Er genoß den öffentlichen Zuspruch: sei es durch neugierige Reporter, ein dankbares Publikum oder andere Bergsteiger. Kritik oder Mißachtung konnte ihn schnell verärgern und kränken, dann fühlte er sich mißverstanden und forderte Gerechtigkeit.

Zum Abschluß eines Prüfungslehrgangs im Rahmen seiner Bergführerausbildung im September 1952 hatten sich viele prominente Bergsteiger und CAI-Funktionäre in der Brenteihütte von Bruno Detassis versammelt. Maestri hatte für den Morgen eine besondere Vorstellung angekündigt: den Solo-Abstieg durch die Nordostwand des Crozzon die Brenta, immerhin eine Route mit Schwierigkeitsgrad VI.

Gegen zehn Uhr morgens verließen die Gäste die Hütte, und alle Augen waren nach Süden auf die Felsmauer des Crozzon gerichtet. Ferngläser wurden scharf gestellt, und tatsächlich begann sich plötzlich ein schwarzer Punkt am Gipfelkamm zu bewegen und über die Felskante in die sonnenbeschienene, 800 Meter hohe Wand einzusteigen. Die Gespräche vor der Brenteihütte verstummten, und gebannt verfolgte das Publikum das Schauspiel. Stetig und in gerader Linie bewegte sich der schwarze Punkt durch die senkrechte Wand abwärts. Und dann waren Maestris flüssige Bewegungen zu erkennen. Er kletterte instinktiv und fließend den Fels hinunter, als ob er es schon Dutzende Male geübt hätte, doch es war eine Premiere.

Maestri war ungefähr 300 Meter abgeklettert, als er plötzlich innehielt, das bis dahin auf seinen Rücken gebundene Seil löste und es mit einer weit ausholenden Bewegung in den Abgrund warf, wo es Sekunden später surrend auf dem Geröll aufschlug, nur wenige Meter von den Zuschauern entfernt. Alle hielten den Atem an. Welch eine Kaltschnäuzigkeit! Maestri sagte später, daß das Seil ihn in seinen Bewegungen behindert hätte und er sich in solch fantastischer Form gefühlt hatte, daß er meinte, auf die letzte und einzige Sicherung verzichten zu können.

Befreit von jedem Hilfsmittel und jeder Sicherung, setzte er seinen Abstieg fort, wie es eben nur der »Spinne der Dolomiten« möglich war. Er erreichte bald darauf den Wandfuß. Applaus brandete auf, und in einem Triumphzug wurde er zur Brenteihütte geleitet.

Maestri genoß die Anerkennung und Bewunderung für seine Leistung, Gefühle, die er so viele Jahre entbehrt hatte. Er strotzte vor Selbtbewußtsein, denn er war der erste Kletterer in der Geschichte des Alpinismus, der über eine Route im VI. Schwierigkeitsgrad frei und ungesichert abgestiegen war.

Das war die Meßlatte, an der er sein Leben lang Epigonen, Kritiker und Mitstreiter messen würde. Er war groß darin, seine eigenen Spielregeln und Gesetze zu formulieren, und die Berge gaben ihm die Freiheit, dies zu tun. In der dünnen Luft der extremen Wände und der Einsamkeit der Alleingänge konnte er seine Liebe zu der Freiheit, alles tun und lassen zu können, ausleben. Alpinismus war für ihn eine wunderbare Form der Anarchie, und niemand durfte ihm vorschreiben, was am Berg erlaubt und was verboten sein sollte. Aber er vergaß dabei manchmal, daß dieser totale Freiheitsanspruch auch einschloß, daß andere ihn genau dafür kritisieren durften – und es auch taten.

»Ich habe mich oft gefragt, ob ich der menschlichen Gemeinschaft irgendwie nützlich sei, ob ich etwas im Tausch für ihre große Erfahrung, auf der ich weiterbaue, gegeben habe. Denn Klettern an sich ist nichts, aber es gewinnt an Bedeutung dadurch, daß es die Willenskraft und die Liebe zum Leben fördert, und das kann jedem nützlich sein.«

Immer öfter wurde Cesare Maestri von Reportern interviewt und bei seinen Solo-Besteigungen im steilen Brenta-Fels fotografiert; die Spinne der Dolomiten war ein beliebtes Illustriertenthema. So erschien auch in einem deutschen Magazin 1953 ein Artikel mit dem Titel: »Cesare allein mit Cesare«, in dem seine sechzehnstündige Solo-Durchquerung des Brenta-Massivs nach seinem Ausschluß aus der italienischen K2-Expedition beschrieben wurde. Auf Umwegen gelangte die Zeitschrift nach Buenos Aires und dort in die Hände eines Mannes, der zwar kein Deutsch verstand, aber aus einem Dorf nördlich der Brenta stammte, wenige Jahre zuvor nach Argentinien ausgewandert war und gerade nach einem besonders leistungsstarken Kletterer Ausschau hielt. Wenige Wochen später fand Cesare Maestri in seinem Briefkasten eine Postkarte aus Argentinien: An Cesare Maestri, »Spinne der Dolomiten«, Trento. Ein Bewunderer aus Übersee? fragte er sich. In wenigen freundlichen Sätzen fragte ihn da ein ausgewanderter Landsmann und passionierter Bergsteiger, ob er Interesse an einer besonderen Bergtour hätte, denn »ich bin mir sicher«, hieß es im Brief, »dieser Berg ist Brot für deine Zähne!«

Maestri fühlte sich geschmeichelt und fand sofort Gefallen an dem Gedanken an eine Auslandsexpedition, doch er hatte ein Problem: Er kannte weder den Absender der Postkarte, Cesarino Fava, noch den von ihm so schillernd beschriebenen Berg, den Cerro Torre. Das sollte sich bald ändern. »Dieser Mann trat in mein Leben und brachte alles so gründlich durcheinander wie ein wirbelnder Orkan!«

»Die Berge kamen zu mir; es war instinktiv, ich hatte am Anfang gar keine Ambitionen.«
Cesarino Fava

Cesarino Fava – Der alpine Philosoph oder »Ich brauche keinen Gipfel, ich suche das Abenteuer«

Zwei Geburtstage sind für Cesarino Fava verbrieft. In der Kirchenregistratur des kleinen Ortes Malè im Val di Sole ist der 11. Juni 1920 vermerkt, laut Gemeindeverwaltung wurde das zehnte Kind der Familie Fava aber erst am 12. Juni geboren. »Wahrscheinlich war der Weg von der Kirche zum Rathaus so weit«, glaubte Cesarino Fava später. Sicher ist aber, daß seine Mutter noch auf dem Feld arbeitete, als sich die Geburt ankündigte, und schon eine Woche später stand sie wieder dort.

Seit Generationen lebte die Familie Fava in der Region Malè, in einem alten Haus am Ortsrand beim Friedhof. Sie waren Bauern, besaßen etwas Land, einige Tiere und Obstbäume. Man hatte genug zum Leben, mehr aber auch nicht. Cesarino, seine neun Brüder und eine Schwester besuchten morgens die Schule, dann halfen alle auf dem Hof.

Cesarino liebte es, die Kühe auf den Wiesen oberhalb des Ortes zu hüten. Das gab ihm die Möglichkeit, durch die Wälder zu streifen, einem Bachlauf zu folgen oder an kleinen Felstürmen zu klettern. Sehnsüchtig schaute der Junge immer öfter zu den Gipfeln des Monte Peller oder der Cima Nana empor, die ihm unerreichbar erschienen – noch. Irgendwann war der Drang jedoch zu stark, und er ließ seine Kuhherde im Stich, um den nächstgelegenen Berghang zu erklimmen. Doch er mußte das Abenteuer im unbekannten Gelände vorzeitig abbrechen, da er die Wegeslänge zum Gipfel unterschätzt hatte. Es begann bereits zu dämmern, und der Rückweg war weit. Dann waren zu allem Unglück auch noch die Kühe unauffindbar. Voller Angst vor einer harten Bestrafung rannte Cesarino zu Tal – und traf seine Kuhherde friedlich Richtung Stall trottend an. Glück gehabt.

Nichts konnte ihn nun mehr vom Weg in die Berge abbringen. Ein Verwandter und angehender Bergführer nahm ihn zu einer Klettertour mit und wollte sich zuerst weigern loszugehen, denn er sah, daß Cesarino barfuß steigen wollte. Der aber entgegnete entschlossen: »Ich habe nur ein Paar Schuhe, und das wird geschont!« Sie stiegen weiter.

Im Winter kraxelten er und einige Freunde waghalsig einen gefrorenen Wasserfall empor, natürlich ohne Eispickel oder Steigeisen. Sie besaßen nur einige alte Arbeitsseile, die auf dem Hof nicht mehr gebraucht wurden und zusammengeknotet wenigstens das Gefühl eines Bergseils vermittelten.

Weder Zeit- noch Geldmangel konnten ihn aufhalten, irgendwie schaffte es Cesarino immer, neue Touren zu unternehmen. Brenta, Presanella, Ortler – alle Berggruppen, die sie in ein, zwei Tagen von Malè aus zu Fuß oder mit dem Fahrrad erreichen konnten, bereisten er und seine Freunde. Im Winter übte er auf geliehenen Skiern und gewann mehrere Langlaufwettbewerbe. Daraufhin sollte er an einem Trainingslager auf dem Monte Bondone nahe Trient teilnehmen. Aber ohne Geld, ohne eigene Ausrüstung? Eltern und Geschwister legten zusammen, und ein stolzer und überglücklicher Cesarino bekam neue Ski samt Schuhen und Anorak mit Hose. Doch im letzten Moment wurde er von der Teilnehmerliste gestrichen, und ein weniger talentierter Junge, dafür aber mit vermögenden Eltern, erhielt den Vorzug.

Die Schulzeit war beendet, Cesarino mußte Geld verdienen, die Arbeit auf dem Hof bot keine Perspektive. Er mußte sein geliebtes Tal verlassen und begann bei der Südtiroler Spedition Zuffo & Heindl zu arbeiten. Seine Aufgabe war es, am Grenzübergang Brennerpaß Züge zu be- und entladen. Schon bald ödete ihn die Arbeit an, das kalte und windige Wetter am Brenner gefiel ihm nicht, und er vermißte das Val di Sole.

Doch dann kam der Krieg und nahm ihm alle weiteren Entscheidungen ab. Nur widerstrebend hatte Cesarino während der Schulzeit das schwarze Hemd der faschistischen Jugendorganisation »Söhne der Wölfin« angezogen, und seine Haltung zum Faschismus hatte sich nicht verändert. Nun kämpfte er in Frankreich und Kroatien für das verhaßte Regime und beendete den Krieg, wie er ihn begonnen hatte: als einfacher Soldat, aber um zehn Kilogramm leichter.

Er war 25, zurück in Malè auf dem elterlichen Hof und stürzte sich in die Arbeit auf dem Feld und im Haus, um den Terror und das Elend des Krieges zu vergessen. Sollte er doch Bauer werden? Ungebrochen war seine Leidenschaft für die Berge, aber das kostete Zeit, und die hatte man als Bauer nicht. Was also tun? Bergführer? Skilehrer? Doch in den fünfziger Jahren kamen fast keine Touristen ins Val di Sole. Schließlich entschied sich Cesarino dafür, das Element zu wechseln, und ging nach Genua, um Schiffsmechaniker zu werden. »Das Wasser bedeckt drei Viertel der Erde, da wird es doch für mich möglich sein, eine Arbeit zu finden, die ein abenteuerliches Leben bietet – der Ozean, Raum und Licht, keine Grenzen.« So träumte der Bergler und fand sich bald darauf in engen, stickigen, heißen und lauten Maschinenräumen wieder, mehrere Meter unterhalb der Wasserlinie, Tag und Nacht im Kunstlicht, zusammen mit Griechen, Portugiesen, Russen und Jugoslawen, die ihn nicht verstanden und er sie nicht.

Cesarino hatte auf einem amerikanischen Liberty-Frachter angeheuert, der für den einmaligen Truppen- und Waffentransport im Zweiten Weltkrieg gebaut worden war, doch nun mit allerlei baulichen Nachrüstungen als Frachtschiff über den Atlantik pendelte, solange der Stahl hielt. Sie luden Zement und fuhren über Gibraltar nach Baltimore. In der rauhen See des Nordatlantiks stampfte der Frachter gegen die Macht der Wellen und des Windes, die dünnwandige Stahlhülle ächzte und krachte, daß selbst altgediente Maschinisten sich bekreuzigten. Spätestens da sah Cesarino Fava ein, daß seine Zukunft nicht auf dem Wasser und nicht im Bauch eines

Schiffes liegen würde. Der nächste Hafen, den sie nach Baltimore anliefen, war seine Chance: Buenos Aires. Er musterte ab und suchte in der Millionenstadt am Rio de la Plata die zwei seiner Brüder, die bereits seit einigen Jahren in Argentinien lebten.

Argentinien war in den fünfziger Jahren ein Einwandererland und ein Schmelztiegel. Die Wirtschaft boomte, es gab Arbeit für alle. Das Land produzierte und exportierte Wolle, Fleisch, Kartoffeln und Getreide im Überfluß. »Der einzige Platz auf der Welt, wo Hunde an einer Kette aus Würsten angeleint sind«, sagte man damals. Mit einer Woche Arbeit pro Monat konnte man genug Geld zum Leben verdienen. Das kam Cesarino entgegen, denn ihn interessierten die Anden, das riesige Gebirge, das zu weiten Teilen alpinistisch noch unerschlossen war und für Bergsteiger eine lockende Terra incognita darstellte, mit Tausenden Gipfeln, Wänden und Graten, abweisenden Granitmauern, vergletscherten Eiszinnen und riesigen Vulkankegeln. Bald hatte er eine Gruppe italienischer Immigranten und passionierter Bergsteiger um sich versammelt und gründete mit ihnen 1952 die Sezione Argentina des Club Alpino Italiano, natürlich mit ausdrücklicher Genehmigung des CAI-Vorstands.

Bergsteigen und Klettern waren damals in Argentinien wenig verbreitet, und die Berge der Anden wurden überwiegend von europäischen Alpinisten aufgesucht.

In Europa kursierten in der Bergsteigerszene seit einiger Zeit Berichte über ein gewaltiges Gebirge in den Südanden, in der sturmumtosten patagonischen Kordillere. Bergsteigermagazine veröffentlichten erste Fotos von diesen Gipfeln. Sie zeigten mehrere fast ideal geformte Granitkegel, die unvermittelt 2000, 3000 Meter aus der flachen patagonischen Steppe in die Höhe emporragten, steilste Felszähne, an denen sich Wolken und Schnee verfingen, mit den höchsten Gipfeln Fitz Roy und Cerro Torre. Bei den europäischen Spitzenkletterern stieg der Pulsschlag beim Anblick dieser fernen, unerstiegenen Berge spürbar.

Es hatte bereits Ende der dreißiger und der vierziger Jahre kleine Expeditionen in die Region gegeben, doch da spektakuläre Erfolge ausblieben, war das Echo gering gewesen. Erst jetzt, weitere zehn Jahre später, schien auch in Patagonien, ähnlich wie im Himalaja, die Zeit reif zu sein für ernsthafte Besteigungsversuche. In Frankreich machte sich im Dezember 1951 eine Expedition mit acht Teilnehmern auf den Weg zum Fitz Roy, »dem Matterhorn der südlichen Hemisphäre«, darunter die besten Kletterer des Landes. Nach großen Strapazen und mehreren Versuchen lagen sich am 2. Februar 1952 Lionel Terray und Guido Magnone auf dem 3441 Meter hohen Gipfel in den Armen. In Buenos Aires wurden die erfolgreichen Alpinisten überschwenglich willkommen geheißen, tagelang nahmen Empfänge und Glückwünsche kein Ende. Der argentinische Präsident Juan Péron ließ es sich nicht nehmen, eigenhändig den Erstbesteigern die Goldene Sportmedaille ans Revers zu heften, und es gab einen großen Empfang zu deren Ehren in den Räumen der französischen Botschaft, an dem auch Cesarino Fava teilnahm. Er wollte mehr über die sagenhaften Berge im fernen Süden hören und sprach mit Lionel Terray.

Cesarino schmeichelte dem Franzosen und sagte, daß die Franzosen ja derzeit die besten Bergsteiger der Welt seien, denn erst hätten sie vor vier Jahren als erste einen Achttausender im Himalaja, die Annapurna, erreicht, und nun bezwängen sie auch noch den von vielen als »unmöglich« bezeichneten Fitz Roy.

Lionel Terray lächelte und antwortete dann: »Ich sage dir, Cesarino, es gibt da noch einen anderen Berg, ich bin mir sicher, er ist noch wesentlich schwerer als der Fitz Roy ... nein, ich glaube sogar, er ist wirklich unmöglich. Ich meine den Cerro Torre, er liegt nur ein Tal weiter westlich als der Fitz Roy, am Rande des Inlandeises. Aus unserer Route über den Fitz-Roy-Südsporn konnten wir die ganze Zeit auf seine Ostwand schauen und auch auf die schmale Nordseite, es ist unglaublich, überall senkrechte, schmale Felswände, dazwischen scharfe Kanten, kompakt, von allen Seiten unnahbar, und wenn es tatsächlich schmale Absätze und Vorsprünge in diesen Turmmauern gibt, sind sie von Eis überzogen, so steht dieser Berg frei über dem Inlandeis, immer dem Sturm und Schnee als erstes ausgeliefert, auf seinem Gipfel thront immer ein Eispilz und schickt Eis- und Schneelawinen hinab ... du siehst, Cesarino, er ist sicher nicht nur sehr schwer, das Wetter ist unberechenbar und die Gefahr groß, ich denke wirklich, es ist ein unmöglicher Berg.«

Cesarino war wie elektrisiert und sagte leise, eigentlich nur zu sich selbst: »Es gibt keine unmöglichen Berge.«

Doch Lionel Terray stand mit seiner Meinung nicht allein da. Marc Antonin Azéma, der Expeditionsarzt der französischen Fitz-Roy-Mannschaft, schrieb wenig später: »Das Problem der Besteigung? Es gibt kein Kletterproblem am Cerro Torre! Die enorme Ostseite über der wilden Schlucht, die Mauern, alles ist vollkommen kompakt, glatt, monolithisch, und das über eine Höhe von mehreren hundert Metern. Einige Risse gehen von der Basis aus, aber verlieren sich bald in den Platten ohne Maß. Sogar die Idee eines Besteigungsversuches ist eitel und lächerlich. Auch die Westseite verbirgt nicht die geringste Schwachstelle, das Profil ist genauso nackt und steil wie das der anderen Seiten. Hier ist endlich ein Gipfel, der die Vorstellung der begeistertsten Kletterer in Frieden läßt, eine unerreichbare Jungfrau, die immer nur platonische Liebe hervorrufen wird. Ein Berg des betrachtenden Alpinisten.«

Hier irrte Azéma, denn es war bereits eine leidenschaftliche Liebe geweckt worden, die gerade durch das Unerreichbare eher weiter angefacht denn besänftigt wurde und die bereit war, für diese Leidenschaft alles zu geben.

Das magische Wort war ausgesprochen: »unmöglich«. Immer wieder mußte Cesarino Fava auf dem Heimweg über Terrays Worte nachdenken, und immer wieder spürte er, wie er sich dagegen wehrte, sie zu glauben, auch wenn es das Urteil eines der weltbesten Bergsteiger war. Er wollte es selbst sehen! Er mußte es wissen!

Cesarino ging in die Bibliothek des Circolo Trentino – eines landsmannschaftlichen Vereins Trentiner Immigranten –, wo ein prächtiges Buch über die patagonischen Anden stand. Es war 1945 in Buenos Aires auf Spanisch gedruckt worden, seit kurzem auch in italienischer Sprache erhältlich, denn sein Autor, der Salesianerpater Alberto Maria de Agostini, war Italiener.

Agostini war die letzte, klassische Entdeckerpersönlichkeit Patagoniens vor der Einführung der Luftbildfotografie. Geboren 1883 im norditalienischen Biella, war er bereits als junger Priester im Missionsdienst nach Südamerika gekommen, wo er seine beruflichen Aufgaben mit seinen geographischen, ethnographischen und alpinen Leidenschaften verbinden konnte. Seine Exkursionen in die unerforschten Gebiete Feuerlands und Patagoniens wurden von seinen Vorgesetzten sogar gefördert. Mit seinen Reisen tilgte er viele weiße Flecken auf der patagonischen Landkarte und drang in den dreißiger Jahren auch als erster in die Täler und zu den Gletschern rund um Fitz Roy und Cerro Torre vor. Er zeichnete, kartographierte und fotografierte beeindruckende Landschaftspanoramen. Diese dann später veröffentlichten Schwarzweißbilder waren es, die in der Bergsteigerszene Europas kursierten und den magischen Ruf der »granitenen Kathedralen« begründeten.

Cesarino blätterte und las, studierte die Bilder von de Agostini.

»Am Ende des Seeufers erhebt sich jetzt eine spektakuläre Bergkette, sie zeigt sich uns am späten Nachmittag weiß eingehüllt von Eis und Schnee, die Gipfel sind in den Wolken verborgen, durch die ein geheimnisvolles Sonnenlicht dringt. Von Zeit zu Zeit zerreißt eine Windbö den Schleier, und es zeigen sich in all ihrer wilden Schönheit scharfe Grate, überhängende Wände, Felstürme von schrecklichem Aussehen … wir haben schließlich das Reich unserer Träume gefunden.«

Cesarino Fava verfiel der unnahbaren Schönheit des Cerro Torre und war entschlossen, eine Expedition zum »unmöglichen Berg« zu organisieren. Er wollte in Italien nach den besten Bergsteigern suchen. Kurze Zeit später fand er den Artikel über Cesare Maestri in einer deutschen Illustrierten, schrieb ihm, und Maestri antwortete voller Enthusiasmus, daß er von der Idee einer Cerro-Torre-Expedition begeistert wäre. Ein Entschluß war gefaßt.

»Ich habe nie einen solchen Berg gesehen, so kühn in der Gestalt, so gewaltig und so unversöhnlich abweisend.«
Walter Bonatti

Cerro Torre – Die erste Expedition 1958 oder »Warum sind wir eigentlich hierhergekommen?«

Cesarino Fava stürzt sich in die Arbeit: Das heißt vor allem, bei seinen Freunden und Bekannten im Circolo Trentino und beim CAI Buenos Aires für »seine« Expedition zu werben, schließlich kostet solch ein Unternehmen viel Geld, die Anreise ist kompliziert, die Logistik aufwendig. Und wer von den Italoargentiniern ist überhaupt schon einmal dort gewesen? Patagonien ist trotz des Zaubers, den das Wort bei Bergsteigern auslösen kann, für das Gefühl der meisten Porteños eine Weltreise entfernt und ein fremdes Land. Doch Favas Begeisterungsfähigkeit zeigt Wirkung. Seine Leidenschaft ist ansteckend, und schon bald beginnen die Italiener in Buenos Aires von einer erfolgreichen Expedition zum schwierigsten Berg der Welt zu träumen, in ihrem Land, von ihnen organisiert. Ein Triumph für Argentinien und Italien!

Fava hält Maestri schriftlich auf dem laufenden. Der hat vorläufig nichts weiter zu tun, als sich in Form zu halten und seine Kletterkünste zu pflegen. Dann, am 12. April 1955, erhält Cesare Maestri ein offizielles Einladungsschreiben vom Präsidenten des CAI, Sezione Argentina, Manfredo Segre. Höflich bittet der Präsident Maestri, die vom CAI Argentina geplante Expedition zu führen, und weist auf die noch zu bewältigenden organisatorischen Probleme hin, auf die einzuplanende Zeit für die Anreise und die eigentliche Besteigung und auf das unkalkulierbare, launische patagonische Wetter, das jede vorbildliche Logistik über den Haufen werfen kann. Die Expeditionsteilnehmer kann Maestri selbst bestimmen, die Reise- und Aufenthaltskosten übernimmt der CAI Argentina – mit Unterstützung des italienischen Muttervereins –, und die argentinischen Bergsteiger stellen die notwendige Ausrüstung bereit. Weiterhin verabreden sie, daß die Maestri-Expedition von allen Informationen des CAI profitieren soll. Und die besitzt dort vor allem ein Mann: Folco Doro Altán, ein ebenfalls aus Italien stammender Argentinier und Sekretär des CAI Argentina. Altán kennt den Cerro Torre, kennt das Inlandeis und kennt die günstigste Anreiseroute. Er hat an der ersten Ost-West-Überschreitung des Inlandeises durch eine argentinische Expedition im Jahre 1951/52 teilgenommen, bereiste die Region auch auf eigene Faust und hat vom CAI den offiziellen Auftrag erhalten, ein Jahr vor der Maestri-Expedition die Gegebenheiten vor Ort zu erkunden.

Doch nur kurze Zeit nach dem Brief, in dem die für Maestri hervorragenden Expeditionsbedingungen festgeschrieben sind, kommen schlechte Nachrichten aus Buenos Aires: Die erst drei Jahre alte CAI-Sektion in Argentinien hat sich wegen interner Streitigkeiten aufgelöst. Dabei waren Cesarino Fava einerseits und Folco Doro Altán andererseits nicht ganz unbeteiligt, und auch die bevorstehende Expedition spielte wahrscheinlich eine Rolle, aber die genauen Gründe bleiben im Dunkeln. Vielleicht waren es landsmannschaftliche Eifersüchteleien, die zwischen den Italienern immer wieder zu Streit führten, oder es ging um die verantwortliche Führung der geplanten Expedition, um Ehre und Anerkennung. Auch die Politik, die so wenige Jahre nach dem Krieg zwischen dem »linken« Fava und dem »rechten« Altán stand, könnte die Ursache gewesen sein. Die gegenseitige Abneigung und das Mißtrauen saßen auf beiden Seiten tief, wie die Vorkommnisse der folgenden Monate und Jahre noch zeigen werden.

Der nimmermüde und optimistische Fava läßt sich durch die Selbstauflösung des wichtigsten Finanziers der Torre-Expedition nicht entmutigen. Das gesamte Jahr 1956 macht er verlorenen Boden wieder gut. Der Circolo Trentino unterstützt ihn und sein Vorhaben ideell und finanziell weiterhin bedingungslos. Fava wird bei Unternehmen vorstellig, die aus der Region Trient stammen, und sammelt Geld – mit Erfolg. Dann reist er im Frühjahr 1957 nach Italien, und nach vier Jahren Briefkontakt lernen sich Maestri und Fava endlich persönlich kennen.

Fava trifft am Trienter Bahnhof ein, Maestri kommt ihm entgegen, der athletische, fast bullige Kletterer umarmt den eher schmächtigen, quirligen Fava wie einen alten

Freund. Dann schaut er verwundert auf dessen Füße, denn ihm war sofort der trippelnde und gleichzeitig schwankende Gang seines Gastes aufgefallen. Cesarino trägt spezielle orthopädische Schuhe, in denen nur noch Fußstumpen stecken, beide Vorderfüße scheinen amputiert zu sein. Maestri blickt ihn entgeistert und fragend an, sagt kein Wort. Fava nickt.

»Ja, ich hielt es für unklug, dir davon zu schreiben, aber schon bald nachdem ich nach Argentinien gekommen war, ist es passiert, sie mußten abgenommen werden …«

»Aber wie um Himmels willen – was ist passiert?« Cesare fühlt sich unwohl.

»Es war am Aconcagua … du weißt, der höchste Gipfel Amerikas … nicht weit von der Spitze entfernt kamen wir in einen schweren Wettersturz, mehrere Tage blieben wir im Zelt, dann bei der ersten möglichen Gelegenheit runter, doch in der Nähe war noch ein Amerikaner in seinem Zelt, ein Ingenieur, er hatte einen Bergführer angeheuert, der ihn aber schon Tage zuvor aus Angst vor dem Wettersturz alleingelassen hatte. Burgstall – so hieß der Mann – lebte noch, konnte aber nicht mehr allein laufen. Wir haben ihn dann runtergebracht, lange … tagelang … am Ende war er tot und meine Füße waren erfroren. Ich habe es gemerkt. Im Krankenhaus in Mendoza sagten sie mir erst, es müßte nicht viel Gewebe abgenommen werden, und dann, als ich aus der Narkose erwachte, na ja, du siehst es ja selbst.«

Maestri fühlt sich immer noch unwohl, schüttelt den Kopf und nimmt Cesarino noch einmal wortlos in den Arm.

»Jetzt verstehst du auch, warum ich so dringend einen guten Kletterer suche«, sagt Cesarino und lacht. Auf Cesares ungläubigen Gesichtsausdruck hin ergänzt er: »Nein, ein Scherz, ich hätte in jedem Fall jemanden wie dich gesucht, denn ich war nie ein wirklich guter Kletterer, weder vor dem Aconcagua noch danach.«

Sie fahren nach Trient, und Cesare Maestri zeigt seinem neuen Freund, wo er aufgewachsen ist und wo er jetzt lebt. Fava wiederum nimmt ihn mit nach Malè, zeigt ihm sein Geburtshaus, und sie besuchen Freunde und seine Familie. Es gibt noch viel zu organisieren, zu besprechen und zu planen. Zum Beispiel: Wer sollen die anderen Expeditionsteilnehmer sein?

Wenige Wochen später sitzen sie abends beim Rotwein im Refugio Brentei mit den Brüdern Bruno und Catullo Detassis zusammen, die beide Bergführer und Hüttenwirte sind. Sie sprechen vom Klettern, von den neuen Routen in der Brenta, ihren Plänen und vom Cerro Torre. Natürlich haben die Detassis-Brüder großes Interesse, bei einer Tridentiner Expedition zum »schwierigsten Berg der Welt« dabei zu sein. Auch wenn Maestri ein Star in der Kletterszene ist, so hat er doch großen Respekt vor dem Pionier und Altmeister Bruno Detassis, den er immer bewundert hat. Maestri schlägt vor, daß Detassis als Ältester und Erfahrenster die Leitung übernehmen soll. Man einigt sich schnell auf diese Lösung, denn für das Anwerben weiterer finanzieller Unterstützung kann Brunos Ruf nur von Vorteil sein.

Und tatsächlich: Schon bald spendiert die Regionalverwaltung Trient-Oberetsch der Expedition einen Zuschuß von zweieinhalb Millionen Lire, und andere

Tridentiner Vereine und Organisationen unterstützen das ehrgeizige Vorhaben ebenfalls. Die Begeisterung und das Engagement der Tridentiner in Übersee für dieses Unternehmen wirken in der alten Heimat ansteckend. Natürlich gibt nun auch die Società Alpinisti Tridentini (SAT), die regionale Sektion des CAI, einen Beitrag zur Expedition.

Auch auf die weiteren Expeditionsteilnehmer verständigen sich die Männer schnell: Neben den Detassis-Brüdern, Fava und Maestri sollen der erfahrene Brenta-Kletterer Marino Stenico und der Fotograf Luciano Eccher mitkommen, beide langjährige Freunde und Seilgefährten sowohl von Maestri als auch von den Detassis. Schließlich steht die Expeditionsplanung, die Teilnehmer sind ausgewählt, und die Kasse ist gefüllt. Sie können starten.

Im September reist Fava zurück nach Buenos Aires, um alles für die Ankunft der anderen vorzubereiten. In Trient findet für die fünf Cerro-Torre-Aspiranten im Dezember eine letzte Abschiedsfeier bei der SAT statt, dann geht es auch schon per Zug nach Genua zum Einschiffen.

Am 19. Dezember 1957 läuft das Passagierschiff »Salta« aus dem Hafen von Genua aus, Zielort Buenos Aires. An Bord sind fünf italienische Bergsteiger, die zum ersten Mal nach Südamerika fahren und zum ersten Mal vor einer großen, ernsthaften Expedition stehen. Sie sind voller Hoffnungen, Träume, aber auch Ängste. Die Schiffssirenen heulen, die Leinen werden gelöst; am Kai stehen Toni und Anna und winken Cesare noch lange hinterher. 20 Tage wird die »Salta« unterwegs sein, Weihnachten und das Neujahrsfest verbringen die fünf Bergsteiger in diesem Jahr auf hoher See, in Äquatornähe, weitab ihrer Berge und Familien.

Es muß in jenen Tagen gewesen sein, daß sie in den italienischen Rundfunknachrichten eine Meldung hören, die sie mehr als beunruhigt. Die beiden italienischen Bergsteiger Walter Bonatti und Carlo Mauri sind auf dem Weg nach Südamerika, um an einer Expedition in Patagonien teilzunehmen. Ihr Ziel: der Cerro Torre! Der Expeditionsleiter: Folco Doro Altán, der ehemalige Sekretär des CAI Argentina!

Cesare läuft unruhig an der Reling entlang und denkt nach. Bonatti und Mauri sind nach Buenos Aires geflogen. Die Expeditionsleitung mußte viel Geld haben. Wahrscheinlich waren sie sogar an jenem Tag oder einen zuvor einige tausend Meter über ihnen still über sie hinweggezogen, nur einen schmalen Kondensstreifen hinterlassend, und sie hatten noch unschuldig dem Flieger nachgewinkt. Er lacht bitter, er ist wütend. Ausgerechnet Bonatti und Mauri. Sie kannten sich, natürlich. Alle gehörten zu den besten Bergsteigern Italiens. Bonatti war ein Jahr jünger als Maestri. Er hatte an der K2-Expedition teilgenommen, aber man hatte ihm dabei übel mitgespielt, und erst vor kurzem schrieb auch er Alpingeschichte mit einer spektakulären Alleinbegehung des Westpfeilers am Dru im Montblancgebiet, dem »Bonattipfeiler«. Maestri und Bonatti waren nicht nur alpine Konkurrenten, sie vertraten auch verschiedene Kletterphilosophien. Während für Maestri die neue Entwicklung des künstlichen Kletterns mit Bohrhaken und Trittleitern nur eine logische Fortentwicklung und legitime

Spielform des Bergsteigens bedeutete, vertrat Bonatti eine strenge Freikletterethik, die auf alle künstlichen Hilfsmittel verzichtete; Seile und Haken wurden nur zur gegenseitigen Sicherung der Kletterpartner benutzt. Sie waren sich ähnlich in ihrem Ehrgeiz, und beiden boten die Berge Lebensinhalt und Lebensunterhalt. Sie liebten und benötigten das Publikum und lieferten in jenen Jahren den italienischen Zeitungen viel Stoff.

»Wir betrachteten uns von vornherein mit einem gewissen Mißtrauen, wie es wilde Tiere tun«, erinnerte sich Maestri, und sie gingen sich soweit wie möglich aus dem Weg.

Mit Carlo Mauri, einem alten Seilgefährten und Freund Bonattis aus Lecco, war es nicht besser. Er hatte unter anderem gerade ein Jahr zuvor, 1956, an einer Expedition von Padre de Agostini nach Feuerland teilgenommen und gemeinsam mit ihm den Gipfel des Monte Sarmiento erstmals bestiegen. Mauri war einer der »Großen« im Kletterclub der »Ragni di Lecco«, der »Spinnen von Lecco«. Viele italienische Alpenregionen und Orte besaßen »ihren« eigenen Kletterverein: Es gab die »Spinnen« aus Lecco, die »Eichhörnchen« aus Cortina, »Pel e Os« aus Monza oder die »Boci delle Sat« aus Trient. Alle liebten das Klettern und Bergsteigen und waren Sektionen des Club Alpino Italiano. Und trotzdem pflegte jeder seinen Vereinskult und stand gleichzeitig in Konkurrenz und Rivalität zu den anderen Clubs – die oft nur ein Tal weiter residierten –, was skurrile Formen annehmen konnte.

Wer spielt hier falsch? grübelt Cesare, immer noch über die Decks der »Salta« wandernd. Bonatti muß doch von ihren Plänen gewußt haben, wieso ließ er sich trotzdem von Altán einladen?

Bonatti schrieb später, erst kurz vor dem Basislager am Rio de las Vueltas hätten Mauri und er erfahren, daß sie nicht die einzigen Italiener auf dem Weg zum Cerro Torre waren, und leider, so Bonatti weiter, »konnten wir die Tridentiner nicht zu einer Zusammenarbeit bewegen«.

Wie sich später herausstellte, hatte Altán bereits Anfang Oktober 1957 Bonatti und Mauri per Brief zu einer Cerro-Torre-Expedition eingeladen, also fast drei Monate vor der Abfahrt von Maestris Gruppe. Altán wußte genau, was er mit der Einladung auslöste, denn die Vorbereitungen der anderen Fraktion im aufgelösten CAI waren ihm bekannt. Und die Società Alpinisti Tridentini, die die Expedition offiziell als Sektion des CAI auf den Weg geschickt hatte, schwieg. Die Vereinsfunktionäre fühlten sich einerseits durch die Schirmherrschaft des CAI moralisch im Recht und wollten andererseits nicht noch mehr Öl ins Feuer gießen. Ein unsinniger Wettlauf hatte begonnen. Bonatti und Mauri hatten im Flugzeug ihre Konkurrenten am 1. Januar 1958 überholt und landeten einige Tage vor ihnen in Buenos Aires.

Schließlich läuft die »Salta« im Hafen von Buenos Aires ein. Cesarino Fava, sein Freund, der Kartograph Tito Lucchini, und ein Sekretär der italienischen Botschaft empfangen die fünf Bergsteiger. Man bespricht sofort die neue Lage, von der Fava bislang noch keine Kenntnis hatte.

»Wußtest du auch nichts von Altáns Plänen?« fragt Maestri. Fava schüttelt den Kopf.

»Er muß seine Einladung ungefähr zu der Zeit abgeschickt haben, als ich zurück nach Buenos Aires kam. Wahrscheinlich wußten nur sehr wenige Vertraute von seinen Plänen, wir gehen uns ja sowieso seit langem aus dem Weg. Aber wie auch immer, wir können daran jetzt nichts mehr ändern, es gibt nur eine Lösung: Tempo!«

Maestri stimmt seinem Freund zu, wenn auch widerwillig. Ein Wettkampf wird ihm aufgedrückt, den er nicht will und sich nicht ausgesucht hat, aber er kann seine Teilnahme auch nicht mehr absagen. Eine absurde Situation.

Fava bringt die Tridentiner in der Wohnung seiner Schwester Natalia unter, dann trommelt er alle erreichbaren Freunde und Unterstützer aus dem Circolo Trentino zusammen; alle müssen helfen. Einer besorgt Lebensmittel, andere vervollständigen die Ausrüstung, und die nächsten kümmern sich um den Transport von zwei Dutzend 25-Kilo-Holzkisten. Cesarino selbst sitzt beim Oberkommando der argentinischen Luftwaffe und hofft auf die schnelle Zusage, daß eine Militärmaschine sie nach Süden bringt. Schon vor Wochen hatte die italienische Botschaft beim Militär um Unterstützung für das Unternehmen gebeten. Das zahlt sich nun aus, denn bereits zwei Tage später startet eine DC 3 der Luftwaffe mit allen Teilnehmern und der kompletten Ausrüstung an Bord zum 3500 Kilometer langen Flug nach Patagonien.

Die Tage in Buenos Aires waren wie im Flug vergangen. Sie hatten Tag und Nacht gearbeitet, denkt Cesare, erst jetzt kommt er zum Luftholen. Er schaut aus dem Fenster. Monoton brummen die Propellermotoren, ruhig zieht die Maschine über die weite, grün-braun schattierte Pampa dahin. Sie scheint völlig baumlos zu sein, die wenigen Fahrwege ziehen sich schnurgerade durch die Weite, und ab und zu erkennt man die Gebäudeansammlung einer einsamen Estancia und ihre grüne Umrahmung aus schlanken Pappeln als Schutz vor den permanenten Winden.

Schwer vorzustellen, daß sich wenig entfernt eines der faszinierendsten Gebirge der Welt erhebt, denkt Maestri, und dann: Wo sind Bonatti und Mauri jetzt bloß? Sind sie vor uns? Der Gedanke quält ihn, aber schneller hätten sie nicht sein können. Er versucht zu schlafen.

Das gute Wetter hält sich, und deshalb beschließt der Pilot, einen kleinen Abstecher zu machen. Am Ostufer des Lago Viedma dreht er nach Westen ab und umrundet die Gipfel von Cerro Torre und Fitz Roy zweimal. Alle sind sofort wieder hellwach und kleben an den Fenstern; sie sind sprachlos angesichts der ungeheuer steilen Gipfel zwischen zerrissenen Gletschern und der Eiswüste, die sich hinter ihnen erstreckt, und in Gedanken ziehen sie schon Kletterrouten durch die rot-gelb schimmernden Granitwände.

Schließlich landen sie auf einer Schotterpiste am Südufer des Lago Argentino, in der Nähe der Ortschaft El Calafate. Cesarino hat vorgesorgt. Schon bald sind alle Kisten auf einem alten, blauen Lastwagen verstaut, ebenso die Bergsteiger. 250 Kilometer staubige Schotterpiste liegen vor ihnen, es geht nach Norden Richtung Lago Viedma. Cesarino sitzt im Führerhaus neben dem Fahrer, einem jungen, blonden Mann mit Namen Broderson. Sein Vater kam einst aus Dänemark als Einwanderer nach Patagonien, eröffnete am Ostufer des Sees die kleine Herberge Punta del Lago und betreibt nebenher noch ein kleines Kaufhaus mit allen Waren, die auf den abgelegenen Estancias gebraucht werden. Eine Handvoll Schaffarmen verliert sich in den Weiten rund um den Lago Viedma, viele wurden um die Jahrhundertwende von skandinavischen Einwanderern gegründet. Manche Neuankömmlinge blieben hier, manche zogen weiter, und andere wurden von Patagoniens mächtigen Großgrundbesitzern vertrieben, die viele Farmen mit unlauteren Methoden aufkauften und von Verwaltern betreiben ließen.

Langsam geht die Fahrt voran, mehrmals queren sie umständlich Flußläufe, zuerst den Rio Santa Cruz, den Abfluß des Lago Argentino, und dann zweimal den Rio la Leona, der vom Lago Viedma in den Lago Argentino entwässert. Brücken existieren nicht, die kleineren Flußläufe werden an Furten durchfahren, an den größeren transportieren an gespannten Stahlseilen hin- und herfahrende Flöße die Reisenden zum gegenüberliegenden Ufer.

Maestri sitzt auf der Ladefläche des schaukelnden Lastwagens und betrachtet die Pampa. Eine Wüste hatte er sich so vorgestellt, karg, braun, anscheinend völlig wasserlos. Die schnell dahinziehenden Wolken zaubern ein stetig wechselndes Spiel von Licht und Schatten auf Bergflanken und Ebenen. Auf dem steinigen Boden wachsen nur einige Sorten Hartgräser, nicht einmal an den Flußufern stehen Bäume. Der stetig wehende Wind läßt keine größeren Pflanzen zu. Alt und leblos wirkt das Land auf ihn: abgerundete kahle Hügel bis zum Horizont, dann eine Bergkette, flache Tafelberge, die Flanken durchzogen von Erosionsrinnen. Nur einmal sieht er am Ufer des Rio la Leona eine Herde Guanakos grasen, die sich durch den scheppernden Lastwagen nicht aus der Ruhe bringen lassen, und später einen einzelnen Strauß, der ungerührt und aufmerksam den vorbeiziehenden Wagen verfolgt, bevor er weiter durch die Einöde stolziert.

Am späten Nachmittag umfahren sie das Ostufer des Lago Viedma, dessen türkisfarbenes Wasser im Licht der tiefstehenden Sonne und vor dem schmutzigen Braun der umliegenden Hänge noch intensiver glänzt. Jetzt können sie zum ersten Mal am Horizont die Kordillere sehen. Direkt hinter dem westlichen Seeufer steigen die dunklen Zacken des Cerro Torre und des Fitz Roy empor, umringt von kleineren Granittürmen und schneebedeckten Gipfeln. Noch sind sie 70 Kilometer entfernt, aber ihr Ziel wirkt schon zum Greifen nah. Trotz der Erschöpfung nach der langen Reise und der Anspannung durch die Konkurrenzexpedition löst sich die Stimmung, sie lachen, freuen sich und schmieden Pläne für die kommenden Tage.

Am Rio de las Vueltas müssen sie zelten, hier gibt es weder eine Fähre noch eine zu durchfahrende Furt. Cesarino organisiert einen schweren Ochsenkarren von der nächstgelegenen Estancia, mit dem normalerweise in mühseligen Fahrten Schafwollballen von den Farmen zu den Häfen an der Atlantikküste transportiert werden. Am nächsten Morgen ziehen zehn Ochsen einen mächtigen, zweirädrigen Karren mit der kompletten Expeditionsmannschaft samt Gepäck durch den reißenden

Fluß und dann nach weiteren zehn Kilometern durch den Rio Fitz Roy, das letzte Gewässer, das sie noch von der Stelle trennt, an der sie ihr Basislager aufschlagen können.

Was sie nicht wissen können: Bonatti und Mauri sind in Buenos Aires durch Zollformalitäten aufgehalten worden und haben dadurch Zeit verloren. Außerdem konnte die italienische Botschaft zur selben Zeit nur einer heimatlichen Expedition ihre Unterstützung zusagen, und das war in diesem Fall die Gruppe aus Trient. Die Anreise zum Cerro Torre gestaltete sich für Altáns Expedition also wesentlich schwieriger als erwartet. Sie haben eine ganze Reihe von Tagen eingebüßt, aber so trifft man nun mehr zufällig als gewollt am Ufer des Rio de las Vueltas aufeinander.

Der Kontakt bleibt auf das Nötigste beschränkt, dabei stellt sich allerdings heraus, daß Altáns Gruppe entschieden hat, über das Tal des Rio Túnel zur Westseite des Torre zu gelangen, um dort einen Aufstiegsweg zu suchen. Nun können sich die beiden Expeditionen wenigstens nicht mehr an ein und derselben Seite des Berges in die Quere kommen, denn Detassis und Fava favorisieren dessen Ostseite für ihren Besteigungsversuch.

Maestri bleibt allerdings eine sonderbare Begegnung mit dem Leiter der zweiten Expedition nicht erspart. Bei einem kleinen Spaziergang in der Umgebung des Lagers kommt ihm auf einmal Folco Doro Altán auf einem Pferd entgegen. Er schlägt sofort einen Befehlston an, gibt sich als vom Gouverneur der Provinz Santa Cruz legitimiert aus und befiehlt Maestri, das Land hier samt seiner Expedition innerhalb von 24 Stunden zu verlassen. Der Verweis auf vermeintliche staatliche Autoritäten imponiert dem Anarchisten Maestri wenig, er belebt vielmehr seinen Widerspruchsgeist. Er greift zur Pistole, die er zum Schutz vor Pumas bei sich trägt (eine dafür wenig geeignete Waffe), mit der Bemerkung: »Und in 30 Sekunden bist du aus meinem Blickfeld verschwunden.« Damit ist die Unterhaltung der beiden Bergsteiger beendet, und am nächsten Tag trennen sich die Wege der beiden Expeditionen wieder – vorerst.

Bald haben sie das Tal des Rio de las Vueltas erreicht. Es verläuft direkt in Nord-Süd-Richtung parallel zum nur wenige Kilometer entfernten Patagonischen Inlandeis. Die Bergketten von Cerro Torre und Fitz Roy halten die heftigsten Stürme vom Pazifik ab. Gleichzeitig bringen die feuchten Luftmassen genug Regen in das Tal, so daß ausgedehnte Nothofaguswälder und dazwischen weite Wiesen gedeihen können. Mit jedem Kilometer Richtung Osten nimmt der Niederschlag rapide ab, das Land wird trocken und steinig. Im rauhen patagonischen Klima ist das Vueltastal ein geschütztes Paradies.

Das erkannte der dänische Siedler Andreas Madsen als erster, als er 1903 im Dienste der argentinisch-chilenischen Grenzkommission in das menschenleere Gebiet vordrang. Bald darauf baute er auf einer Halbinsel des Rio de las Vueltas eine erste Hütte, pflanzte Obstbäume, jagte und fischte, hielt eine Schafherde und baute Gemüse und Getreide an. Er trotzte dem widrigen patagonischen Winter und rabiaten Großgrundbesitzern. Schließlich holte er seine Frau aus Dänemark nach, und bald lebte eine Familie mit vier Kindern auf der Estancia

Fitz Roy. Madsen liebte dieses Land, trotz aller Entbehrungen, die es für ihn barg. Er erkundete die Berge und Täler der Umgebung, konnte stundenlang einen Sonnenuntergang am Fitz Roy beobachten, aber nie wäre es ihm in den Sinn gekommen, zu versuchen, einen dieser Gipfel zu ersteigen. Er hatte schon Padre de Agostini 1935 auf seinen Exkursionen ins Fitz-Roy-Gebiet beherbergt, die Italiener um Graf Bonacossa im Jahr 1937, und auch die am Fitz Roy erfolgreichen Franzosen hatten Madsens Hilfe und Gastfreundschaft geschätzt. Trotz allem blieben Gipfel wie Cerro Torre und Fitz Roy für ihn von Gott geschaffene Symbole für die Begrenztheit der menschlichen Fähigkeiten.

Am Flußufer gegenüber von Madsens Farm richtet die Tridentiner Expedition ihr Basislager ein. Es ist ein idealer Platz, windgeschützt auf einer Weide zwischen einzelnen Magellanbuchen; der Rio de las Vueltas fließt in unmittelbarer Nähe vorbei. Von Madsen können sie bei Bedarf frische Lebensmittel kaufen, und mit dem Gaucho Ranelli, der für verschiedene Estancias am Lago Viedma arbeitet, verabredet Cesarino einen Transport der Ausrüstungskisten per Pferd bis zum nächsten Lager an der Laguna Torre.

In den nächsten Tagen erkunden sie den besten Weg durch das Tal des Rio Fitz Roy, der im kleinen Gletschersee Laguna Torre entspringt. Nur ein schmaler, schluchtartiger Durchlaß verbindet das Torretal mit dem breiteren Vueltastal. Vom Basislager aus steigen sie über eine niedrige Hügelkette hinab in das dichtbewaldete Tal, durch dessen Grund breit mäandernd der Fitz Roy fließt. Überall an den Bergflanken zieht sich dichter Buchenwald empor, einmal wachsen dem steten Sturm sich ergebende knorrige Stämme fast waagerecht, dann wieder recken sich im Windschatten die Nothofagusbäume 15 bis 20 Meter gerade in die Höhe; von Sturm, Blitz oder Alter zum Sturz gebrachte Stämme bilden ein dichtes Unterholz, dazwischen leuchten die blutroten Blüten der Notrosbüsche. Die Tiere der Pampa, Guanakos oder Strauße, trauen sich nicht in die bewaldeten Täler am Kordillerenrand, dafür schrecken die seltenen menschlichen Eindringlinge hier immer wieder Hasen auf oder einmal eine Gruppe scheuer Huemuls, einer patagonischen Hirschart, die auf einer Lichtung äst. Wildenten fliegen am Fluß auf, an den Buchenstämmen arbeiten lauthals die Spechte, und in großer Höhe kreisen regelmäßig Adler über der Gruppe. Eine Idylle, denkt Cesarino, ein verstecktes Tal der Wunder.

Sie überqueren zwei alte, bewachsene Moränenrücken, Relikte einstiger Vorstöße des Torregletschers. Schließlich erklimmen sie die letzte, gut 30 Meter hohe Schuttwand, der Bewuchs wird spärlicher, und auf dem Kamm stehend, blicken sie hinunter auf den grau-blauen Gletschersee. Kleinere Eisberge schwimmen auf dem Wasser, ihnen genau gegenüber lappt die Stirn des Torregletschers bis an das Ufer. Dahinter zieht der Hauptarm des Gletschers flach in einen weiten Bergkessel, der von 1000 Meter hohen, zerrissenen Eisflanken überragt wird. Ein weiterer Eisstrom zieht nach Norden in das Tal zwischen Fitz Roy und Cerro Torre hinein. Dorthin müssen sie vordringen.

Doch vorerst suchen sie nach einem geeigneten Platz für Lager 1 und entscheiden sich für die nördliche Seeseite; dort sieht der mögliche Übergang vom Moränenschutt zum Gletscher gangbarer aus als am Südufer. Sie steigen mit ihren schweren Rucksäcken den schuttigen Moränenkamm empor, der um den See herumführt und sich dann am Hang der nördlichen Talseite langsam verliert, bis sie etwa 100 Meter über dem Talboden stehen, genau oberhalb des Übergangs vom Gletscher in den See. Zwischen den letzten grünen Waldinseln suchen sie nach einer windgeschützten Stelle und stoßen schließlich auf eine kleine Lichtung, die sie nur etwas von Totholz säubern müssen. Sogar eine Quelle findet sich in der Nähe. Zelte werden aufgebaut, und aus dicken Ästen entsteht ein größerer Unterstand als Materialdepot, Küche und Aufenthaltsraum. Bald brennt ein Feuer, ein Topf mit Teewasser hängt darüber. Es ist der 17. Januar 1958.

Die nächsten Tage vergehen mit Erkundungstouren entlang des Torregletschers Richtung Ostseite des Cerro Torre. Die sechs Tridentiner stehen im Talkessel und diskutieren. Wo wäre eine mögliche Aufstiegslinie, wo sind geeignete Plätze für die weiteren Lager, wo öffnen sich gefährliche Spalten oder drohen Gletscherbrüche? Das alles muß geklärt werden. Das Wetter hilft der Expedition nicht bei ihren Unternehmungen, es ist patagonisch-normal, das heißt schlecht: ein andauernder Mix aus Sturm, Schnee und Regen und hin und wieder Sonnenschein. Und auch die Stimmung in der kleinen Gruppe ist nicht gut. Oft können sie sich nicht über ihre nächsten Schritte einigen. Sollen wir Trainingstouren machen, sollte man so schnell wie möglich weitere Lager Richtung

Torre anlegen, sollte man trotz des schlechten Wetters den weiteren Weg erkunden?

Beim Besteigungsversuch des Eisgipfels des Cerro Grande kommt es zu Mißverständnissen und Streit. Wir scheinen das Ziel unserer Expedition vergessen zu haben, denkt Maestri und frißt seinen Ärger vorerst in sich hinein. Der Expeditionsleiter Bruno Detassis ist unentschlossen über das weitere Vorgehen, doch er schweigt, und niemand stellt ihn zur Rede. Dann folgen drei Tage Regenwetter und eine Zwangspause im Lager 1; sie schlafen, schreiben, spielen Karten. Trotz der äußeren Ruhe und Gelassenheit sind die Nerven aller angespannt. Auf einmal bricht ein Streit über die verpatzte Cerro-Grande-Besteigung aus. Bruno Detassis geht dazwischen und fordert Ruhe, und nach einer kleinen Pause fügt er leise hinzu: »Der Cerro Torre ist ein unmöglicher Berg. Gerade auch für eine solch kleine Expedition wie die unsere. Es ist absurd, daß wir weiterhin Energie und Zeit bei dem Versuch verschwenden, ihn zu besteigen. Ich will nicht, daß einer von euch sein Leben aufs Spiel setzt, und verbiete euch in meiner Eigenschaft als Expeditionsleiter, den Torre anzugehen.«

Keiner sagt ein Wort. Cesare Maestri ist schockiert, aber er kann es nicht aussprechen. Er schaut zu Fava hinüber, der anscheinend gedankenverloren in die Flammen blickt.

Brunos Bruder Catullo holt hörbar Luft und sagt dann: »Ich teile Brunos Meinung … ich denke, der Cerro Torre ist wirklich unmöglich.«

Marino Stenico nickt unmerklich.

Da hält Cesare es nicht mehr aus. »Was ist los mit

euch? Habt ihr vergessen, warum wir hier sind? Was wir in Italien versprochen haben? Den Cerro Torre zu besteigen! Es wenigstens ernsthaft zu versuchen! Und noch nicht einmal das haben wir bislang getan. Seit fünf Jahren arbeite ich für dieses Ziel, träume ich von diesem Berg! Wir haben Geld gesammelt, haben Unterstützung und Hilfe von so vielen Leuten bekommen, die an uns und dieses Unternehmen glauben, die können wir doch nicht so enttäuschen und sagen, wir hätten es noch nicht einmal versucht!«

Cesare ist aufgestanden, macht mit den Armen eine weite, irgendwie hilflose Bewegung und läßt sie dann sinken. Natürlich unterstützt ihn Fava, und auch Eccher sagt, daß man wenigstens einen Versuch starten sollte. Aber trotz des Stimmengleichgewichts von drei zu drei entscheidet das Votum des Expeditionsleiters. Und der läßt sich nicht von seiner Meinung abbringen.

»Alle meine Träume sind in diesem Moment in sich zusammengefallen, und ich habe jede Diskussion aufgegeben«, meinte Maestri später.

Dann zeigt Detassis auf die Kette der Eisgipfel südlich des Cerro Torre.

»Cesare, welcher dieser Gipfel ist schon bestiegen?«

»Nur einer.«

»Und welcher?«

»Der Cerro Ñato, gleich gegenüber, den hat doch dein Freund Castiglioni 1937 bestiegen, mit der Bonacossa-Expedition.«

»Und alle anderen sind noch unbestiegen? Der Cerro Grande, die Adelas und der Cerro Doblado?« fragt Detassis noch einmal.

»Ja!« wiederholt Cesare.

»Gut, dann sollen das unsere Berge sein, der Cerro Grande und die Adelas!«

Am nächsten Tag steigen Cesare und Cesarino zum Basislager ab, um neue Lebensmittel zu holen. Sie denken über Detassis Vorschlag nach, und irgendwann sagt Maestri: »Laß uns den Cerro Grande angehen, das schulden wir uns und denen, die uns geholfen haben. Irgend etwas müssen wir doch erreichen!«

Am übernächsten Tag brechen sie zu viert auf und kämpfen zwei Tage lang bei stetig schlechter werdendem Wetter um den Cerro-Grande-Gipfel. Am Morgen des dritten Tages, nur noch Maestri und Fava sind am Berg, müssen sie einsehen, daß die Neuschneemassen zu groß sind; sie rutschen und fallen Richtung Lager 1.

Aber noch haben sie Zeit, noch haben sie eine Chance! Maestri entdeckt zwei Tage später weiter oben im Tal auf einem Moränenrücken inmitten des Torregletschers einen geeigneten Platz für ein vorgeschobenes Lager, direkt unter einem mächtigen Granitblock, geschützt gegen Sturm und Schnee. Zu seiner Überraschung stimmen alle seinem Plan zu, dort Lager 2 einzurichten. Sie ziehen um und liegen jetzt genau unterhalb der Cerro-Torre-Ostwand und des Fitz Roy auf der anderen Talseite. Am Abend glühen die beiden Felsspitzen im letzten Sonnenlicht, der folgende Tag verspricht schön zu werden. Maestri entscheidet sich, allein zu klettern. »Ich kann dem Drang nicht widerstehen.«

Am frühen Morgen verläßt er das Lager und läuft über den obersten Torregletscher direkt auf einen Grat zu, der vom Fitz-Roy-Gipfel Richtung Nordwest streift und »Filo del hombre sentado« heißt. Zwei markante Spitzen im Gratverlauf hat er sich ausgeguckt. Auf 300 bis 400 Meter Höhe schätzt er die Wände. Es ist fast windstill, die Sonne steigt über den Fitz Roy und erwärmt den bräunlichen Granit schnell. Maestri beginnt zu klettern.

»In mir wuchs die Ruhe. Die Möglichkeit, weit weg von den anderen, an Orten, die noch kein menschlicher Fuß betreten hatte, allein klettern zu können, erfüllte mich mit Begeisterung und Stolz. Das war die Mischung, die mein Herz beflügelte und den Körper zu seinen Leistungen anfeuerte ... Berge und Schweigen, ich war glücklich und traurig zugleich.«

In wenigen Stunden hat er die beiden Gipfel erreicht, er tauft sie Punta Mujer und Punta Anna, in Erinnerung an seine Schwester. Den ganzen Tag umkreist ihn in angemessenem Abstand ein Kondor.

Am nächsten Tag überzeugt Maestri seine Mitstreiter, den Cerro Grande unbedingt noch einmal anzugehen, wenn das Wetter mitspielt. Das ausschlaggebende Argument bringt Catullo Detassis am Nachmittag aus dem Basislager mit: einen Brief vom Gaucho Ranelli. Spätestens am 12. Februar müssen sie alle am Rio de las Vueltas sein, um die Rückfahrt anzutreten, und bis dahin bleiben nur noch wenige Tage Zeit.

Sie brechen früh am Morgen des 5. Februar auf, es ist noch dunkel im Tal des Torre, die Steigeisen knirschen im gefrorenen Schnee. Maestri, Stenico und Catullo Detassis gehen an einem Seil, Bruno Detassis, Fava und Eccher bleiben im Lager. Die Gletscherflanke zeigt sich von ihrer besten Seite, das Wetter bleibt stabil. Schon nach wenigen Stunden stehen die drei in der Scharte zwischen Cerro Doblado und Cerro Grande. Zuerst erreichen sie von Süden die Doblado-Spitze und dann im Rückweg noch den Gipfel des Grande, zwei Erstbesteigungen. Am liebsten wäre Maestri noch auf den Kamm weiter gen Norden geklettert, über die Adela-Spitzen, aber es ist zu spät, sie steigen ab.

Zwei Tage später, das Wetter hält, versucht er es noch einmal, diesmal zusammen mit Eccher und Fava an einem Seil. Im tiefen Schnee hat Fava mit seinen amputierten Füßen Probleme, er wird am Dobladojoch auf die anderen warten. Eccher und Maestri steigen in Richtung der drei Adela-Gipfel auf. Plötzlich glauben sie, ihren Augen nicht zu trauen: Zwei schwarze Punkte bewegen sich über die Schneeflanken in die gleiche Richtung! Könnte es sein …? Maestri treibt zur Eile, der von ihm als »unsinnig« abgetane Wettlauf um den Gipfel stachelt ihn plötzlich an, das Äußerste zu geben. Eccher kann kaum mehr mithalten. Dann erkennt auch Maestri, daß sie den Vorsprung der anderen Seilschaft nicht mehr aufholen können. Wenige Meter unter dem Gipfel der Adela Sur treffen sie auf die Seilschaft Bonatti und Mauri, die am Morgen von ihrem Lager auf der Westseite des Torre aufgebrochen war. Sie wechseln nur wenige Sätze, aber beide Gruppen erfahren, daß auch die jeweils andere bislang ihr eigentliches Ziel, den Gipfel des Cerro Torre, nicht errreicht hat. Warum, erzählt man sich nicht. Maestri und Eccher klettern die wenigen Meter zum Adela-Gipfel empor, wo ein paar zurückgelassene Büchsen und gelbe Spuren im Schnee noch einmal belegen, daß sie nicht die ersten Menschen hier sind.

Maestri ist frustriert. Seit einer Ewigkeit steht hier am Ende der Welt dieser unberührte Gipfel, und dann müssen ausgerechnet heute zwei Seilschaften zur gleichen Zeit dieses Ziel ansteuern. Und dann auch noch ausgerechnet Bonatti und er! Wie absurd. Ein Zeichen, daß er von diesen Gipfeln lieber die Finger lassen sollte? Doch den Gedanken verdrängt er schnell wieder. Die Konkurrenzexpedition, die man schon fast vergessen hatte, war wieder aufgetaucht. Was war geschehen?

Nach der Trennung am Rio de las Vueltas hatte sich die Altán-Expedition wie angekündigt die Westseite des Cerro Torre vorgenommen. Zu erreichen war sie nur über einen 50 Kilometer langen, umständlichen Marsch durch das Rio-Túnel-Tal, über den Paso del Viento und weiter über das Inlandeis. Die Wand selbst ist allen Stürmen und Wetterunbilden aus Westen direkt ausgeliefert; starker Wind und eisüberzogener Fels sind auf dieser Bergseite keine Seltenheit. Klettertechnisch bietet sie trotzdem einen möglichen Zugang, das hatte Folco Doro Altán erkannt. Außerdem war die Wandhöhe hier um einiges geringer als an der Ostseite.

14 Tage lang schleppte die Expedition Material und Lebensmittel in Lager 3, das sie im Circolo des Los Altares, dem Gletscherkessel unter der Westwand des Cerro Torre, errichtet hatte. Bis zum 3. Februar mühten sich Bonatti und Mauri wiederholt in der Wand ab und erreichten schließlich einen Sattel, den sie »Col de la Esperanza« tauften, »Sattel der Hoffnung«, denn sie waren entschlossen, wiederzukommen. In den Tagen darauf be-

stiegen sie als erste den abgelegenen Eisgipfel des Cerro Mariano Moreno auf dem Inlandeis und standen schließlich ebenfalls als Erstbegeher auf dem Gipfel des Cerro Adela, wo sie auf Maestri und Eccher trafen.

Obwohl sie den Gipfel des Cerro Torre nicht erreichten, war ihre Expedition alles andere als ein Mißerfolg. Und so schrieb Folco Doro Altán dann auch mit Selbstbewußtsein und nationalem Pathos in seinem Bericht für die CAI-Zeitschrift, es hätte eine »Krone voller Eroberungen für den CAI und die Trikolore gegeben« und auf diese positiven Erfahrungen könnte eine nächste Expedition hervorragend aufbauen. Und um keine Unklarheiten über den Stellenwert der jeweiligen Expedition aufkommen zu lassen, zeichnete er auf der Übersichtskarte in seinem Bericht den Weg seiner Expedition als den der »Italiener« ein und die Route der Gruppe Detassis als die der »Tridentiner«.

Doch zum Zeitpunkt des Erscheinens seines Berichtes, im Januar 1959, ist bereits die nächste Expedition am Cerro Torre eingetroffen, wieder an der Ostseite und wieder mit Cesare Maestri, aber diesmal als Expeditionsleiter.

»Eingebrannt in meine Seele existiert für mich nur der Torre mit seinen glatten Wänden, mit seinen Eiskuppeln, mit seinen ewig heulenden Winden. Alles andere, das nun vorüber ist, hat keine Bedeutung mehr.«
Cesare Maestri

Interludium 1 –
»Der Weg ist frei!«

Cesare Maestri war frustriert aus Patagonien abgeflogen; er fühlte sich um seine Chance betrogen. Es wäre mehr möglich gewesen, da war er sich sicher, und sein Freund Fava teilte seine Meinung. Der Entschluß war schnell gefaßt: »Wir alle hatten das Gefühl, daß wir oben am Torre etwas Unvollendetes zurückgelassen hatten. Ich mußte wiederkommen, und ich würde wiederkommen!«

Zuerst wollte Maestri Argentinien gar nicht verlassen, sondern sich sofort um die Organisation einer neuen Expedition kümmern. Doch dann sah er ein, daß sein Einsatz in Trient gebraucht wurde und Fava sich um die Angelegenheiten in Buenos Aires kümmern konnte. Aber er ließ seinen Eispickel im Circolo Trentino in Buenos Aires als Pfand zurück und gab den Mitgliedern das feierliche Versprechen, in der nächsten Saison wiederzukommen, um den Cerro Torre zu besteigen. Auch in seiner Heimatstadt schlug dem Enttäuschten Mitgefühl entgegen; in einem Artikel des SAT-Vereinsheftes hieß es pathetisch: »Der, dessen Hände es gewohnt waren, die Mauern des Unmöglichen zu berühren, weinte in seinem Zelt.«

Doch dazu war jetzt keine Zeit mehr. Nur wenige Monate verblieben Maestri, um eine neue Expedition zu organisieren, neue Ausrüstung, neue Geldgeber und vor allem neue Seilpartner zu finden. Die erfolglose Expedition war der erste Tiefpunkt in seiner alpinen Karriere, für ihn eine »Niederlage«. Und das nagte an ihm. Er litt zeitweise unter Depressionen, ekelte sich vor dem Klettern und dem Fels, befürchtete sogar schon, nie mehr als Bergführer arbeiten zu können. Doch seine Verfassung besserte sich. Nach und nach kehrte er in die Berge zurück, kletterte auch wieder allein, fand neues Selbstbewußtsein. Im Sommer 1958 gelang ihm sogar die erste Wiederholung der extrem schwierigeren Hasse/Brandler-Führe an der Großen-Zinne-Nordwand. Doch der Traum vom Cerro Torre beherrschte ihn unverändert.

Und die neue Expedition nahm Gestalt an: In Trient sagte die Sezione Universitaria des SAT finanzielle Unterstützung zu, und auch Firmen und Einzelpersonen gaben Geld. Parallel dazu arbeitete in Buenos Aires der rührige Cesarino Fava mit unermüdlicher Energie und Geduld an der Neuauflage der Expedition, die ursprünglich seine Idee gewesen war. Der Circolo Trentino stand nach wie vor hinter ihm und Maestri und ihrem Vorhaben.

Doch es gab auch Rückschläge. Der italienische Alpenverein verweigerte diesmal jede finanzielle und ideelle Unterstützung. Der CAI hatte sich festgelegt, im Falle einer neuen Torre-Expedition nun den vormals benachteiligten Bergsteigern den Vorzug zu geben: Bonatti und Mauri. Außerdem reichten die in Trient gesammelten Beträge noch lange nicht für die aufwendige Expedition. Maestri machte Schulden, lieh sich Geld, nahm Darlehen auf und verkaufte – für ihn besonders schmerzhaft – sein Auto. Ein Mailänder Industrieller spendierte ihm schließlich das Flugticket von Mailand nach Buenos Aires.

Doch nun drohten andere Schwierigkeiten. Der Wettlauf der Italiener am Ende der Welt war durch die Spalten der Fachmagazine gegangen und ein großes Thema in der Bergsteigerszene Europas. Nun weckten die schauerlich-schönen Geschichten von der Südhalbkugel neue Begehrlichkeiten. Die Franzosen, schon einmal souverän erfolgreich in den patagonischen Bergen, begannen eine Expedition zu planen. Die potentiellen Leiter, Jean Couzy und Lucien Devies, waren überzeugt davon, daß Bonatti und Mauri nicht wenige Monate nach ihrer Expedition zum Cerro Torre erneut dorthin aufbrechen würden, vor allem, da sie im Sommer 1958 an einer anstrengenden und für sie erfolgreichen Expedition zum Gasherbrum IV im Karakorum teilgenommen hatten.

Doch Folco Doro Altán schmiedete in Buenos Aires weiter Pläne für eine zweite Expedition mit Bonatti und Mauri im kommenden südlichen Sommer, hatte aber Probleme, Geldgeber zu finden. Die italienischen Immigranten in Argentinien waren vom Wettbewerb zweier Expeditionen, die sich das nationale Etikett »Italien« anhefteten, nicht begeistert, und die Presse tat ein übriges, so daß Altáns Unternehmung nicht im besten Licht dastand. Aber vorerst ließ er sich davon nicht beirren.

Couzy fragte derweil beim CAI an, ob es Pläne für eine weitere Cerro-Torre-Expedition gab.

Dadurch erfuhr Bonatti erstmals von dem französischen Vorhaben und schrieb daraufhin an Couzy, daß auch Mauri und er – aller Voraussicht nach – wieder nach Patagonien fahren würden. Couzy antwortete umgehend und ausführlich. Er und seine Mitstreiter hielten zwei Expeditionen auf den Cerro Torre in einer Saison für nachteilig, und da man Bonatti und Mauri ältere Rechte nach ihrem Versuch anerkennen wollte, »haben wir uns in diesem Fall entschlossen, von unseren Plänen Abstand zu nehmen. Wir überlassen dir das Feld.« Das großzügige Angebot der Franzosen beinhaltete nur eine Einschränkung. Couzy hatte verstanden, daß Bonattis Abreise noch nicht ganz gesichert war, und schrieb, daß er so schnell wie möglich Gewißheit über die italienische Expedition haben wollte, »damit unser Opfer nicht völlig umsonst gewesen ist«, denn ihre Ausrüstung sollte am 12. November nach Argentinien verschifft werden, und es war bereits der 24. Oktober. Doch noch während Bonatti über eine geeignete Antwort nachdachte und die Unsicherheit über seine Abreise andauerte, starb Jean Couzy durch einen Unfall am Berg. Die Franzosen sagten endgültig ab.

Folco Doro Altán hatte noch nicht aufgegeben. Seine beiden Schützlinge Bonatti und Mauri hatten im Verlauf des Sommers eine Expedition nach Patagonien angekündigt und dann wenig später wieder dementiert. Im Dezember veröffentlichte Altán dann plötzlich in Argentinien eine Pressemitteilung, daß es eine neue Expedition zum Cerro Torre mit Bonatti und Mauri geben würde.

Zu diesem Zeitpunkt hielt sich Maestri gerade zwei Tage in Buenos Aires auf. Der frühere CAI-Präsident in Argentinien, Manfredo Segre, telegrafierte an Bonatti die Frage, was er nun zu tun gedenke. Der antwortete: »Über Verhalten Maestris entrüstet. Mein Kommen von Organisation Doro Altán abhängig. Schreibe ihm und werde die Sache mit ihm besprechen. Bonatti.«

Dabei führte Maestri einen Brief mit sich, in dem die CAI-Zentrale bestätigte, daß Bonatti seine Expeditionspläne bereits beerdigt hatte, bevor er von Maestris endgültigen Plänen erfuhr. In Italien gab es ein äußerst negatives Presseecho auf Altáns Ankündigung mit bissigen Kommentaren. Während sich die regionalen Blätter in der Lombardei und im Trentino ihrer Herkunft und patriotischen Verantwortung in besonderem Maß bewußt waren, schimpften andere Zeitungen über diese absurde Ausgeburt des »Campanilismo«, der Kirchturmpolitik, das Ganze sei ein »Festival der Polemik« mit zwei uneinsichtigen »Matadoren«: Maestri und Bonatti. In Trient hieß es, wieder wolle sich Bonatti in einen unsinnigen Wettlauf mit einem anderen Italiener begeben, das sei eine alberne Verschwendung von Geld und Energie. Er solle sich lieber an das Sprichwort halten: »Wer zuerst kommt, mahlt zuerst!«

Schließlich sagte Bonatti ab, aus welchen Gründen auch immer. Er begrub den Traum vom Cerro Torre, der auch ihn ein Jahr lang bewegt hatte.

Nun war der Weg endgültig frei für Cesare Maestri, der in diesem Moment bereits seinen Rucksack in Buenos Aires packte. Er hatte im Herbst nach einem Seilpartner gesucht, und nach einer schweren Tour in der sommerlichen Brenta mit seinem Freund aus alten »Casoni«-Tagen, Claudio Baldessari, diesen gefragt, ob er ihn zum Cerro Torre begleiten wolle. Baldessari war Kommandant der tridentinischen Fallschirmjäger und mußte seine spontan gegebene Zusage wenige Wochen später zurücknehmen, weil ihm das Verteidigungsministerium keinen Sonderurlaub gab. Doch zeitgleich erhielt Maestri einen Brief aus Lienz in Osttirol.

»Lieber Cesare,
ich glaube, wir schreiben uns zum ersten Mal, weil wir bislang unsere eigenen Wege gegangen sind, ich mehr im Norden, du im Süden. Jedesmal wenn ich in der Vergangenheit die Chance gehabt hätte, Dich zu treffen, wäre ich glücklich gewesen. Es wäre schön, wenn wir mal die Direkte an der Großen Zinne gemeinsam wiederholen könnten. Glückwünsche für Deine Neutouren in diesem Jahr, speziell auf die Große Zinne. Ich war sehr beschäftigt mit dem Aufbau der Bergsteigerschule in Innsbruck und hatte nicht viel Zeit zum Klettern. Aus Italien höre ich, daß Du eine Expedition zum Cerro Torre planst. Lieber Cesare, ich biete Dir all meine Unterstützung an und hoffe, daß ich Dich begleiten kann. Es wird Zeit, daß der Torre bestiegen wird! Denk an mich, ich hoffe, bald von Dir zu hören,
beste Grüße! Toni Egger.«

Maestri war begeistert. Toni Egger war einer der besten Bergsteiger der Alpen. Sie waren sich einmal in den Bergen kurz begegnet und wußten natürlich von den Unternehmungen des anderen, waren aber noch nie gemeinsam an einem Seil gegangen. Maestri lieh sich noch einmal seinen bereits verkauften alten Lancia, fuhr nach Lienz, erlitt auf der Fahrt einen Totalschaden und kam so noch ärmer als zuvor bei Toni Egger in Lienz an.

Dann saßen sie zusammen bei einem Glas rotem Veltliner, und Maestri berichtete von dem Auf und Ab der vergangenen Wochen, von Couzy und Bonatti, vom Konflikt mit Altán, von der Absage seines Freundes Baldessari und den Problemen mit der Geldbeschaffung, aber natürlich auch von den rührigen Unterstützern auf der anderen Seite des Ozeans. Egger gefiel Maestris Ehrlichkeit, seine Begeisterung und Leidenschaft. Und Maestri war Eggers ruhige, umsichtige Art sympathisch, die nicht kühl und kalkulierend war, sondern von der gleichen Leidenschaft getragen wurde wie seine. Zwar hatte auch Toni Egger keine gut gefüllte Expeditionskasse zu bieten, doch das hatte Maestri auch nicht ernsthaft erwartet.

Am nächsten Morgen verabschiedete sich Maestri von Egger mit einem Handschlag und der schlichten Zusage: »Toni, wir fahren!« Mit dem Zug ging es zurück nach Trient, Maestri hätte platzen können vor Tatendrang und Glück: Er hatte einen Partner gefunden, und vielleicht sogar den besten, den es gab! Sie passierten die weiten Wiesenhänge und Obstgärten des Pustertals, Bruneck und schließlich Bozen. Bei Sonnenuntergang sah Maestri den breiten Rücken der Paganella als dunkle Masse vor sich, dahinter, im Pastell des letzten Abendlichts, erahnte er die Silhouette einiger Brenta-Gipfel. Er würde fahren und er würde wiederkommen, schwor er sich, sie würden erfolgreich sein.

»Bergsteigen war sein Weg zum Leben, und er ging ihn wie ein König. Es war sein Reich und seine Berufung.«
Heinrich Klier

Toni Egger – Der erloschene Stern oder »Immer die Sehnsucht gespürt«

Ganz wesentlich wurden die Lebenswege Toni Eggers und die seiner Eltern und Geschwister durch ein Ereignis am 23. Juni 1939 in Berlin bestimmt. Dort saßen Vertreter der deutschen und italienischen Regierungen zusammen, um über die Zukunft Südtirols zu entscheiden. Deutsche Nationalsozialisten und italienische Faschisten waren sich dabei grundsätzlich einig: Das einst deutschsprachige Südtirol sollte wie seit dem Ende des Ersten Weltkriegs weiterhin zu Italien gehören. Extreme italienische Nationalisten forderten eine »Säuberung von deutschen Elementen« in der Region, und die Nazis sprachen von »völkischer Flurbereinigung«, das hieß, Deutsche aus Südtirol sollten »heim ins Reich« geholt werden. Bei diesem Handel versprach Berlin dem mißtrauischen Bündnispartner in Rom, die Brennergrenze zu respektieren.

Für die Südtiroler Bevölkerung mündete das Ergebnis der zweistündigen Berliner Konferenz in einem Trauma, das Monate, vielfach Jahre andauerte. Die deutschsprachigen Südtiroler wurden vor die Wahl gestellt, für die deutsche Staatsbürgerschaft und damit für die Umsiedlung nach Österreich zu »optieren«, wie es hieß, oder in Südtirol zu bleiben – unter Androhung von Seiten der italienischen Regierungsstellen, nach Süditalien umgesiedelt zu werden. Bis zum 31. Dezember 1939 sollten über 200000 Südtiroler sich entscheiden, und in den Dörfern und Tälern südlich des Brenners tobte eine erbitterte Propagandaschlacht zwischen »Optanten« und »Dableibern«. Das zynische Spiel, das man heute vielleicht als »ethnische Säuberung« bezeichnen würde, führte zu großen Zerwürfnissen in der Südtiroler Gesellschaft, die lange Jahre nachwirkten.

Auch die Familie Egger mußte sich entscheiden. Franz Egger betrieb bei Bozen eine Holzhandlung, zusammen mit seiner Frau Maria hatte er vier Kinder: Franz, Hans, Toni und Stefanie. Das Holzgeschäft lief gut, die Familie lebte in bescheidenem Wohlstand und fühlte sich wohl in Südtirol. Trotzdem war die Gefahr einer drohenden Zwangsumsiedlung »südlich des Po« für Franz Egger eine große Bedrohung. Deshalb optierte er schweren Herzens für einen Umzug ins »Deutsche Reich«, obwohl er politisch weder Sympathien für die Nationalsozialisten noch für die Faschisten hatte. Zum Glück wußte die Familie, wohin sie gehen konnte. Eggers Schwester hatte kurz zuvor nach Lienz in Osttirol geheiratet und sagte dem Bruder zu, daß er dort eine kleine Landwirtschaft übernehmen könnte. Franz Egger mußte seine Holzhandlung verkaufen, denn sie durften nur das »bewegliche Eigentum« mitnehmen.

Im Sommer 1940 verließen die Eggers per Zug Bozen Richtung Innsbruck, der ersten Auffangstation für die Südtiroler Umsiedler. Ein langer Aufenthalt in einem Innsbrucker Hotel blieb ihnen erspart, da sie ja eine neue Bleibe nachweisen konnten. Bald erreichten sie das Dörfchen Debant, wenige Kilometer östlich von Lienz.

Mitten im Krieg mußte sich die Familie Egger eine neue Existenz aufbauen; sie mußten sich als Bauern bewähren, ohne viel Erfahrung dafür mitzubringen. Unter großen Entbehrungen und mit viel Unterstützung aus der Familie schafften sie es. Dann wurde der älteste Sohn Franz eingezogen und sofort an die Front nach Rußland geschickt; der jüngere Bruder Hans blieb wegen einer Fußverletzung vom Militärdienst verschont.

Am 24. März 1944 hatte Hans Geburtstag, die Familie feierte zusammen, doch am gleichen Tag bekam der siebzehnjährige Toni seinen Einzugsbefehl. Die Stimmung war gedrückt, jeder wußte, welche Gefahr ihm drohte. Am Abend folgte dann die Hiobsbotschaft: Franz war in Rußland gefallen. Die Familie trauerte schweigend. Nun sollte auch noch der zweite Sohn in den Krieg gehen? Toni zögerte kurz, dachte über Flucht nach, ergab sich dann aber doch in sein Schicksal. Er wurde sofort an die Front nach Frankreich geschickt, den heranrückenden Alliierten entgegen. Ein Jahr sollte der Krieg für Toni dauern, fast durchgehend kämpfte er an der Front. Die Deutschen zogen sich vor der Übermacht der alliierten Verbände immer weiter zurück, und schließlich geriet Toni im Elsaß in französische Kriegsgefangenschaft. Aber er hatte überlebt.

Toni wollte leben, er liebte das Leben mit jeder Faser seines Körpers; das strahlte er aus, und das schützte ihn immer wieder, wie damals in der Normandie. Seine Gruppe hatte den Befehl, eine Straße zu überqueren, um eine neue Stellung zu übernehmen und zu verteidigen. Man wußte, daß die Straße von englischen Schützen beobachtet wurde, die Möglichkeiten zur Deckung waren schlecht, Feuerschutz zu geben war fast unmöglich. Trotzdem wurden die jungen Männer in den Tod getrieben. Mehrere Kameraden von Toni lagen bereits erschossen am Straßenrand, immer wieder peitschten Schüsse eines englischen Machinengewehrs durch die Dämmerung, wenn der Schütze meinte, den Schatten eines deutschen Soldaten ausgemacht zu haben. Die Chance, die Straße lebend zu überqueren, war eins zu zigtausend; Toni zitterte am ganzen Körper.

Nun war er an der Reihe. Er war klein und enorm wendig und hoffte deshalb, unentdeckt zu bleiben. Er lief los, sprang, rollte blitzschnell wie eine Katze über die Fahrbahn, richtete sich auf und wähnte sich schon in Sicherheit, als er das trockene Klicken des Maschinengewehrs hörte und im Bruchteil einer Sekunde erstarrte. Und dann … nichts … Stille, plötzlich ein Fluchen und eine Bewegung in der Ferne, das Maschinengewehr hatte blockiert! Er war gerettet und lief weiter über die dunklen Wiesen.

Auf diese Weise überlebte er auch die Kriegsgefangenschaft und kehrte 1946 zurück auf den Hof in Debant, abgemagert, aber ungebrochen. Der Vater war mittlerweile gestorben, zusammen mit der Schwester und dem Bruder machte Toni sich an die Arbeit.

In dieser Zeit entdeckte er die Gipfel der Lienzer Dolomiten oberhalb der Stadt. Einmal war er schon vor seiner Soldatenzeit dort gewesen, gerade 15 Jahre alt, und hatte den Alpenrautekamin in der Großen Laserzwand erklettert – auf Strümpfen, die Schuhe behielt er in der Hand, um sie zu schonen. Nun schenkte er seiner Schwester zum Geburtstag eine geführte Tour auf den Roten Turm mit ihm als Seilpartner. Stefanie war zwar weder schwindelfrei noch eine begeisterte Bergsteigerin, aber sie nahm das Geschenk trotzdem an. Später lag sie dann an der Karlsbader Hütte in der Sonne, während Toni durch die Felswände der Umgebung streifte. Dafür begleitete er die leidenschaftliche Tänzerin Stefanie regelmäßig in den Tanzsaal Alpenraute – als Aufpasser für die jüngere Schwester, sonst hätte es die Mutter nicht erlaubt. Nicht daß Toni sich auf dem Tanzboden gelangweilt hätte, er war auch alles andere als ein Einzelgänger, aber das Klettern hatte ihn ganz und gar gepackt.

Der Hof warf nicht genug ab, und die Familie gab ihn auf. 1947 verließ Stefanie Debant und ging nach Kitzbühel, um in einem Hotel zu arbeiten. Toni hatte sich für die Berge entschieden und verdiente sein Geld als Holzarbeiter; jede freie Minute verbrachte er im Fels oder beim Training.

Er erkundete systematisch die Lienzer Dolomiten und fand seine ersten Freunde und Seilpartner für die immer schwieriger werdenden Touren: Franz Rienzer, Heini Heinricher und vor allem Gottfried Mayr. Sie wollten andere Klettergebiete entdecken wie die Sextener Dolomiten mit dem Traumziel Drei Zinnen. Mit dem Fahrrad ging es durchs Pustertal Richtung Toblach, dann mußte Toni, der keinen Paß besaß, über Schmugglerpfade die Grenze nach Italien passieren. Er war begeistert von den Dolomiten-Gipfeln und schrieb in sein Tourenbuch: »Bin zum ersten Mal in den Sextener Dolomiten. Bin völlig verzaubert von der Schönheit dieser majestätischen Berge. Ich muß wiederkommen, um die großen Kletterrouten hier zu machen.« Womit er sich auch beschäftigte, er kehrt viele Jahre immer wieder zu den Zinnen-Wänden zurück; noch im gleichen Jahr durchstieg er die Comici-Route in der Nordwand der Großen Zinne.

Im Jahr darauf begann Toni Egger seine Bergführerausbildung. Er kam zum ersten Mal in Kontakt mit Eis und Schnee, erkletterte die Pallavicinirinne am Großglockner und erkannte sofort seine Begabung für diese Form des Bergsteigens: Er war klein, leicht und wendig, gute Voraussetzungen für Fels und Eis. Nun erkundete er immer neue Alpenregionen, machte Touren im Kalk der Dolomiten und im Granit der Westalpen. Dann absolvierte er 1952 mit Gottfried Mayr seine ersten schweren Erstbegehungen in den Lienzer Dolomiten, am Roten Turm und an der Laserzwand, und war auch wieder an den Drei Zinnen. Er erkletterte die klassische Solleder-Route an der Civetta-Nordwestwand, im gleichen Sommer wie Cesare Maestri.

Egger war nicht nur ein begnadeter Techniker, er war auch schnell. Ähnlich wie Maestri durchstieg er große Wände und beging extreme Routen in immer neuen Rekordzeiten. Mit einem Paukenschlag der besonderen Art lieferte er im Sommer 1954 der Bergsteigerszene den Beweis für sein Können. Wieder einmal stand er am Fuß der Zinnen-Nordwände, wieder einmal zusammen mit seinem Freund und Seilpartner Gottfried Mayr. Noch im Morgengrauen starteten sie und durchstiegen an einem Tag innerhalb von elf Stunden die beiden großen Nordwände von Westlicher und Großer Zinne auf den klassischen Routen von Cassin und Comici. Das hatte es bislang noch nicht gegeben, Egger schrieb später: »Wir fühlten uns als die glücklichsten Menschen der Erde!«, und die Kletterwelt war tief beeindruckt.

Über Jahre hatte Toni im harten Holzarbeitergeschäft sein Geld verdient, jetzt konnte er als Bergführer zahlende Klienten mitnehmen, und er war durchaus geschäftstüchtig. Eines Tages lief er zusammen mit Gottfried Mayr zum Einstieg einer schweren Dolomiten-Route und passierte dabei eine Gruppe italienischer »Alpini«, Gebirgsjäger, in der Ausbildung. Er überlegte kurz und sagte dann zu Mayr: »Laß uns hier die Direttissima machen.«

Mayr guckte erstaunt und fragte: »Wieso?«

»Dann sieht man uns besser, Gottfried!«

Nun verstand Mayr, und wie gewohnt elegant und in ausgezeichneter Zeit spulte das eingespielte Team die Route ab, zur Freude und Erbauung der Alpini-Aspiranten und ihres Ausbilders am Fuß der Wand. Kaum wieder unten, kam der Offizier auf Egger zu und unterhielt sich zehn Minuten lang angeregt mit ihm. Dann ging Toni grinsend zu seinem Freund und erklärte triumphierend: »Ich habe einen Vertrag! Sechs Wochen Alpini-Ausbilder und im kommenden Jahr wieder!«

Solche Taten sprachen sich herum, und 1955 engagierte der italienische Verteidigungsminister Egger als Bergführer. Von Kärnten ging es per Flugzeug zuerst nach Rom und dann zusammen mit dem Minister im Hubschrauber direkt in die Brenta, wo sie einige leichtere Klettertouren absolvierten. Es war ein bemerkenswertes Lob für Eggers Fähigkeiten, daß ein italienischer Minister einen österreichischen Bergführer engagierte.

Ähnlich wie Maestri lief auch Egger in diesen Jahren zur Hochform auf, allerdings mit einem großen Unterschied: Maestri verließ selten die Gefilde der heimischen Brenta, während Egger mittlerweile überall in den Alpen unterwegs und erfolgreich war. Große Namen und Routen reihten sich aneinander: Grand Capucin, Badile, Dru, Aiguille du Midi, Marmolada. Und anders als Maestri war Egger gläubig: »Ich danke meinem Gott, daß er mich beschützt und begleitet hat bei all meinen schwierigen Wegen bislang. Wir sind Kreaturen unseres Schöpfers, und ich liebe die Schönheiten der Natur, wie Er sie geschaffen hat«, schrieb er zu dieser Zeit in sein Tourenbuch.

Der Österreichische Alpenverein wurde aufmerksam auf das große Talent und lud ihn für den Sommer 1957 ein, an der Österreichischen Kordilleren-Expedition in den peruanischen Anden teilzunehmen. Egger stimmte begeistert zu. Ziel war vor allem der 6126 Meter hohe Jirishankar in der Cordillera Huayhuash, der »Kolibrischnabel aus Eis«, das »Matterhorn der Anden« oder das

»Bollwerk aus 70 Grad steilen Riefelfirnrippen, Séracs und Lawinen«, wie Expeditionsleiter Heinrich Klier den Gipfel beschrieb. Auf jeden Fall war der elegante, eisgepanzerte Berg der höchste noch unerstiegene Gipfel der Anden und entsprechend begehrt.

Nach mehreren fehlgeschlagenen Versuchen verbrachten Toni Egger und sein Seilpartner Siegfried Jungmair am 11. Juni eine frostige Biwaknacht auf 5800 Meter Höhe. Am nächsten Morgen wollten sie den Gipfelanstieg wagen, das Wetter hielt. Klier beobachtete das Geschehen durchs Fernglas und schrieb später: »Dieser Vorstoß über den Felspfeiler, über zerbrechliche Riefelfirnrippen, senkrechte Aufschwünge in brüchigem Zapfen- oder Stangeneis und schließlich über den letzten Wächtenfirst gehört zum Kühnsten, was in den Kordilleren je gewagt wurde ... Im Schneetreiben kämpfen sich die beiden durch die Firnflanke ihrem großen Ziel zu. Gegen 14.30 Uhr erreichen sie den höchsten Punkt, die Gipfelwächte des Jirishankar. Für ein paar Minuten knattern im Wind die Wimpel der Heimat und des Gastlandes Peru und verkünden, daß Menschen ihren Fuß auf den letzten unerstiegenen Sechstausender der Cordillera Huayhuash gesetzt haben.«

Egger war nach diesem Gipfelsieg nicht nur endlich berühmt, sondern besaß jetzt vor allem auch den Ruf des exzellenten Eiskletterers. Und er übernahm die Leitung der Alpinschule Innsbruck, für ihn eine besondere Freude. Zum Jahreswechsel las und hörte er vom unsinnigen Wettlauf zweier italienischer Expeditionen zum Cerro Torre. Er betrachtete erstmals genauer die wenigen existierenden Fotos des sagenumwobenden Gipfels.

Der »unmögliche Berg«, der »schwierigste Berg der Welt«, das waren Superlative, die einen leidenschaftlichen Kletterer, dem schon mehrmals »Unmögliches« gelungen und der auf dem Höhepunkt seiner Karriere angekommen war, reizten. Da war diese ungeheuer steile, abweisende Granitnadel – warum sollte nicht auch er einen Versuch wagen? Doch noch sprach Egger nicht offen über seine Träume. Er hörte von der erfolglosen Heimkehr der beiden Expeditionen und den Plänen beider, bereits in der nächsten Saison zurückzukehren. Ein Platz für ihn bot sich da nicht.

Bei den abendlichen Hüttenrunden zwischen Montblanc und Großglockner sprach man natürlich darüber, was »die Konkurrenz« so trieb, gerade wenn es sich um zwei so neue und exponierte Könner handelte wie Egger und Maestri. Vielleicht sind sich die beiden Kletterer auf einer der von ihnen so geliebten Dolomiten-Routen oder -Hütten begegnet, denn Toni Egger wäre nie mit jemandem zu einer Expedition aufgebrochen, den er nicht als Bergsteiger kannte, und sei es nur vom Sehen. Doch verbrieft ist nichts über eine Begegnung oder sogar eine gemeinsame Kletterunternehmung der beiden vor ihrer Abreise nach Patagonien.

Im Sommer 1958, zwischen der ersten und zweiten Expedition zum Cerro Torre, waren Maestri und Egger – wenn auch im Abstand von ein paar Wochen – wieder einmal an den Zinnen-Wänden. Anfang Juli hatten die deutschen Kletterer Hasse, Brandler, Löw und Lehne in fünf Tagen eine neue Route durch die überhängende, 550 Meter hohe Nordwand der Großen Zinne begangen. Sie hatten versucht, die Wand in einer Direttissima zu durchsteigen, einer möglichst geraden Linie zum Gipfel, die als Routenführung damals besonders hohes Ansehen genoß. Die Hasse/Brandler-Route ist bis heute eine der berühmtesten Klettertouren in den Alpen und galt lange Zeit auch als eine der schwierigsten. Was aber die Bergsteigerwelt 1958 entzweite, war der großzügige Einsatz von Haken zur Fortbewegung mit Leitern, also künstliches Klettern, wobei einige der Haken noch dazu in mit Hammer und Meißel vorgebohrte Löcher geschlagen wurden.

»Das hat nichts mehr mit Bergsteigen zu tun«, »Das ist keine Kletterei«, lauteten die Kommentare. Ein italienischer Extremkletterer war schon während des Aufstiegs der Deutschen mit dem Hubschrauber an der Wand vorbeigeflogen, hatte die vier beobachtet und die Linienführung studiert: Es war Cesare Maestri, ein bekennender Befürworter von Bohrhaken auch zur künstlichen Fortbewegung. Vier Tage nach dem Erfolg der Deutschen stieg Maestri mit seinem Kollegen Bepi Holzer in die Wand, und nach 28 Stunden erreichten sie den Gipfel. Maestri war völlig erschöpft und voller Bewunderung.

»Wir konnten anläßlich der Wiederholung feststellen, daß die vier Alpinisten überall dort, wo sich ihnen nur die kleinste Möglichkeit bot, auf die Verwendung künstlicher Hilfsmittel verzichtet und die Wand in freier Kletterei überwunden hatten, die das Unmögliche streifte und die die Geschicklichkeit der größten Alpinisten auf eine harte Probe stellen wird. Die Verwendung des Bohrers ist somit nicht kompromittierender, als es ein gewöhnlicher verrosteter Mauerhaken ist ... Ehre, Ruhm und höchster Verdienst der Zähigkeit, der Widerstandskraft, dem Gemeinschaftssinn und der ausgefeilten Technik – sei es im Gebrauch von künstlichen Hilfsmitteln, sei es in freier Kletterei – jenen vier Burschen, die in diese gelbe Mauer eine der schönsten Seiten unseres Alpinismus schrieben.«

Dann folgten Schweizer und dann eine französische Seilschaft, darunter Jean Couzy, der zu diesem Zeitpunkt schon die Torre-Expedition plante und wenige Monate später umkam. Und schließlich gelang im September Toni Egger und seinem Partner Erich Abram die nächste Begehung. Es war Eggers letzte große Klettertour in jener Saison, dann wurde das Wetter herbstlich kalt, und er schrieb vom Haus seiner Mutter in Debant aus an Maestri und fragte, ob er ihn zum Cerro Torre, dem »unmöglichen Berg«, begleiten dürfe.

»Ich danke Gott dafür, daß ich mein ganzes bisheriges Leben lang ein Mann gewesen bin, der immer die Sehnsucht gespürt hat«, schrieb Egger in eines seiner genau geführten Tourenbücher.

»Der Torre ist wahrhaft ein phantastischer Berg, ein enormer Granitturm, dessen Wände wie mit einem Säbel abgeschnitten wirken. Die oberen Wandteile sind mit Eis bedeckt, ein Turm mit senkrechten Wänden, die aus den Gletschern auf 1000 Meter Höhe aufsteigen bis zur Spitze in 3128 Metern und dann im patagonischen Himmel enden.«
Toni Egger

Cerro Torre – Die zweite Expedition 1959 oder »Der Gipfel soll mein werden!«

Nun gibt es kein Zurück mehr. Der Zug verläßt langsam den Bahnhof von Trient, die Lok stampft und pfeift kurz, dann gewinnt sie an Fahrt. Cesare Maestri blickt noch einmal flüchtig zum Bahnsteig zurück, wo eine Handvoll winkender Freunde, darunter auch sein Vater Toni und Claudio Baldessari, noch immer stehen. Er hört einen letzten Ruf: »Kehr heil wieder zurück!« Dann verschwindet die Szene abrupt, der Zug legt sich in eine Kurve. Draußen ziehen letzte Ausläufer des nächtlich erleuchteten Trient vorbei, auf der anderen Seite erhebt sich die dunkle Silhouette des Monte Bondone.

Cesare Maestri läßt sich schwer in das Polster fallen und atmet tief aus. Seine Augen sind feucht. Er sitzt allein im Abteil, im Zug nach Rom. Langsam zieht er aus der Innentasche seines Anoraks das Flugticket hervor, um sich zu vergewissern, daß er es nicht vergessen hat und wie zur Bestätigung, daß er wirklich auf dem Weg nach Argentinien, zum Cerro Torre ist. »Rom/da Vinci – Buenos Aires/Ezeiza« steht dort. Ja, es stimmt wirklich, denkt er. Aber er hat kein Rückflugticket. Noch nicht. Wer weiß, wie lange sie brauchen werden? Wann sie wieder in Buenos Aires sein werden ... Ob sie wieder in Buenos Aires sein werden?

Wieder atmet er schwer aus. Er möchte mit jemandem reden, aber auf dem Sitz ihm gegenüber wackelt nur sachte sein riesiger Rucksack hin und her. Der ist zwar ein alter Vertrauter und guter Zuhörer, aber er kann seine Fragen nicht beantworten.

Maestri steht auf, legt seine Hände ans Abteilfenster und stiert in die Dunkelheit. Die letzten Tage waren eine Qual. Mehrmals war er kurz davor gewesen, alles hinzuschmeißen und abzusagen. Noch nie war er vor einer großen Tour so verwirrt gewesen wie bei dieser; an einem Tag verzagt und ängstlich und am nächsten wieder voller Glücksgefühle und Optimismus. Seine Stimmungsschwankungen verunsicherten nicht nur seine Freunde, diesmal war er selbst zutiefst verstört. Doch er konnte es niemandem erklären ... jetzt nicht mehr. Der Cerro Torre hatte ihn süchtig gemacht, aber es war keine bittersüße Liebe, keine exzessive Leidenschaft, es war der quälende Schmerz eines Abhängigen. Der Torre war der Berg seiner Träume und seiner Alpträume geworden. Manchmal wachte er morgens voller Zuversicht auf und wußte, daß er ihn besteigen würden, und dann, Stunden, Tage später, lief er durch die Straßen Trients oder den herbstlichen Wald oberhalb der Stadt, heulte wie ein kleiner Junge und war sich sicher, daß er dies alles zum letzten Mal sehen würde, weil er nicht wiederkommen würde. Er würde am Torre sterben.

Ein Süchtiger muß sterben. Aber wenn er weiß, daß er sterben wird, warum fährt er trotzdem? Aus Stolz, schreit er heraus, ja, er ist ein Mann und dazu stolz! Aber ist das nicht ein dummer Grund ... Immerhin hat er auch Verpflichtungen, die Freunde, die Geldgeber, seine Versprechungen in Trient und in Buenos Aires, seinen Partner Toni. Und es ist auch Eitelkeit, weil es heißt, der Cerro Torre sei ein »unmöglicher Berg«. Aber es gibt keine unmöglichen Berge, es kann keine unmöglichen Berge geben! Aus Eitelkeit und Stolz alles riskieren? Nein, das will er nicht, er war doch auch nicht nach der ersten Augenscheinnahme in die Eiger-Nordwand eingestiegen, wegen der unkalkulierbaren Gefahr, wie Toni übrigens auch, nein, er war kein Hasardeur.

»Niemals bin ich aus bloßem Trieb zum Vabanquespiel eine Wand angegangen, nie habe ich gesagt: entweder der Gipfel oder mein Leben! Aber diesmal war der Einsatz hoch, so hoch, daß das Bergsteigen dabei keine Rolle mehr spielte. Diesmal setzte sich der Einsatz aus Eitelkeit, Stolz, Traurigkeit, Mißtrauen, Recht und Glauben zusammen: dem Glauben, im Recht zu sein, dem Glauben, ein Mann zu sein, dem Glauben, daß man in dieser Welt mit sich selbst einig sein muß.«

So drehen sich seine Gedanken weiter im Kreis, die Waagschalen des Zweifels und der Zuversicht pendeln hin und her, während Maestri vom Zug ins Flugzeug wechselt und die langen Stunden über dem Atlantik und den brasilianischen Urwäldern in der engen Kabine zu dösen versucht.

Dann queren sie endlich die schmutzig-braune Rio-de-la-Plata-Mündung, überfliegen in einem weiten Bogen die stetig wachsenden Häusermeere von Buenos Aires und sinken langsam über den Vorortsiedlungen zum Ezeiza-Flughafen hinab. Es ist Mitte Dezember, in den Bergen über Trient liegt Schnee, und hier auf der Gangway schlägt Maestri die feuchte Wärme des Sommers am Rio de la Plata entgegen. Er ist benommen, der Klimawechsel, der lange Flug, seine trüben Gedanken, alles lastet auf ihm, doch als er hinter der Paßkontrolle eine Reihe winkender und rufender Freunde sieht, ändert sich seine Laune schlagartig.

Natürlich ist der unverwüstliche Cesarino Fava mit einer kleinen Delegation des Circolo Trentino zum Empfang gekommen. Sie umarmen sich, immer und immer wieder, lachen, tauschen Grüße aus und fahren schließlich zu den Räumlichkeiten des Circolo Trentino, wo sie noch bis in die Nacht hinein essen, trinken und über das vergangene Jahr reden.

Fava erzählt Maestri, daß Folco Doro Altán seine Expeditionspläne anscheinend immer noch nicht begraben hat, das hat Cesarino jedenfalls gehört. Maestri schaut ihn sorgenvoll an und berichtet seinerseits von dem merkwürdigen Hin und Her in Italien zwischen Bonatti, den Franzosen, dem CAI und ihm. Doch Fava winkt ab.

»Wir müssen uns keine Sorgen machen, denke ich,

Altán hat sein ganzes privates Vermögen während der ersten Expedition verpulvert, und die potentiellen Sponsoren hier in Argentinien halten sich zurück. Cinzano und Olivetti etwa haben ihn im letzten Jahr unterstützt, geben jetzt aber nichts mehr, weil sie keinen zweiten Wettlauf unter Landsleuten wollen, denn dann würden sie sich ja auf eine der beiden Seiten stellen ... Aber aus dem gleichen Grund werden auch wir von dort kein Geld bekommen.«

Und nach einer Pause setzt Cesarino triumphierend hinzu:

»Dafür haben wir aber den Circolo, die Leute hier geben, was sie können, sie sind immer noch von der Idee begeistert.«

»Ich bin dir und den Tridentinern hier sehr dankbar, Cesarino, du weißt das, ich hoffe, ich werde euch nicht enttäuschen ...«

Cesarino klopft Cesare nur kopfschüttelnd auf die Schulter und erwidert: »Wir haben die nächsten Tage noch viel zu erledigen, wir sollten nicht zu spät ins Bett gehen, aber vorher will ich dir noch jemanden vorstellen.«

Sie stehen auf und gehen in einen Nebenraum, wo einige Männer Karten spielen und reden.

»Das sind Juan Pedro Spikermann, Angelo Vincitorio und die beiden Brüder Gianni und Augusto Dalbagni«, sagt Cesarino mit einem gewissen Stolz, als ob es seine wohlgeratenen Kinder wären, und zeigt in die Runde. »Sie studieren Medizin, Geologie, Chemie und Maschinenbau hier in Buenos Aires, sie sind Kinder italienischer Einwanderer und ...« Cesarino macht eine Pause

»… sie sind begeisterte Bergsteiger, allerdings noch ohne viel Erfahrung. Und deshalb sollen sie uns begleiten und uns helfen, als Träger, als Koch und überhaupt.« Er blickt erwartungsvoll erst auf Cesare und dann auf die etwas schüchtern dreinblickenden jungen Männer, von denen noch keiner 20 Jahre alt ist.

»Ich freue mich«, sagt Cesare, umarmt jeden der vier kräftig, dann Cesarino auch noch einmal und meint: »Darauf sollten wir noch anstoßen, oder?«

Das Eis ist gebrochen, man lacht und schmiedet noch lange Pläne, die Nachtruhe ist kurz.

Diesmal wohnt Maestri im Favas neuem Haus im Stadtteil Belgrano, in dem Fava eine kleine Bar betreibt. Er besitzt einen Fiat 500, nicht unbedingt das beste Fahrzeug zum Einkauf von Expeditionsausrüstung und Lebensmittelrationen für sieben Männer und viele Wochen, doch dafür um so geeigneter für den wilden Straßenverkehr in der argentinischen Metropole. Maestri, Liebhaber schneller Autos und möglichst weniger Vorschriften, findet daran schnell Gefallen. Am Ende des ersten Tages haben sie die Produktion von Transportkisten und Eishaken in Auftrag gegeben und haltbare Lebensmittel wie Dosenfleisch und Nudeln gekauft. Täglich werden alle neuen Einkäufe, Kisten und Kartons in die Räume des Circolo Trentino gefahren, dort sortiert und neu verpackt. Alle helfen. Maestri trifft den italienischen Botschafter Rizzo, dem er schon vor einem Jahr für die Vorsprache beim argentinischen Militär dankend die Hand geschüttelt hat. Rizzi sagt ihm zu, sich noch einmal für eine kostenlose Transportmöglichkeit durch die argentinische Luftwaffe stark zu machen, und will umgehend an das Ministerium schreiben.

Dann wird Altáns Pressemitteilung in Buenos Aires bekannt; er will doch noch zum Cerro Torre fahren! Maestri ist unruhig, weiß nicht, ob es ein Bluff ist, aber Empörung und Ärger sind groß bei den Tridentinern. Doch bald erfährt man von der endgültigen Absage Bonattis und Mauris, und die Stimmung beruhigt sich wieder.

Kurz darauf trifft endlich Toni Egger ein. Wieder fahren alle zum Flughafen, um den Österreicher in Empfang zu nehmen; Fava und Egger haben bislang kein Wort miteinander gewechselt. Das Flugzeug aus Rom landet, die Passagiere verlassen die Gangway, und dann steht Toni Egger plötzlich da, unübersehbar, mit einem riesigen Rucksack, dicken Bergschuhen und Lodenbundhose ist er eine auffällige Erscheinung auf dem sommerlichen Flugfeld von Buenos Aires. Wieder werden Umarmungen und Grüße ausgetauscht, der schmächtige Mann mit den lebendigen Augen ist Cesarino sofort sympathisch, das Dreiergespann so unterschiedlicher Persönlichkeiten scheint zu funktionieren.

Die Zeit drängt, und die Transportfrage ist noch nicht geklärt. Mit dem Helfer der ersten Stunde, dem Kartographen Tito Lucchini, geht Maestri noch einmal zum Luftfahrtministerium. Sie werden vertröstet, »mañana«, auf morgen. Mal ist der Brief des Botschafters noch nicht da, dann ist er noch nicht bearbeitet, und schließlich kommt die Hiobsbotschaft: Es gibt keine Hilfe durch die Behörden. Seitdem der einstige Präsident Juan Perón – autoritär, aber bei vielen Arbeitern immer noch populär – vom Militär ins Exil nach Spanien gezwungen wurde, durchlebt Argentinien eine politische und wirtschaftliche Krise. Neue Streiks und ein rigides Sparprogramm erlauben der Regierung nicht, auch nur ein Flugzeug oder einen Piloten für solch ein Unternehmen freizustellen – so lautet die offizielle Antwort.

Im Circolo Trentino ist man ratlos. Die Linienmaschinen in die Hafenstädte Rio Gallegos oder Comodoro Rivadavia an der Atlantiküste sind zu teuer, vor allem, weil sie etwa 1000 Kilo Ausrüstung verfrachten müssen. Eisenbahnlinien führen nicht in den Süden des Landes, der Seeweg ist langwierig und auf Wochen ausgebucht. Es bleibt nur der Weg zu Land, auf der Straße!

Alle begeben sich auf die Suche nach einem geeigneten Spediteur, doch die Chancen, für den 3000 Kilometer langen Weg Wagen und Fahrer zu finden, stehen wenige Tage vor Weihnachten schlecht.

Schließlich begegnet Maestri auf der Straße ein Lastwagen mit der Aufschrift »Omar – Patagonische Transporte«. Er bremst und folgt dem Wagen bis zu einer Werkstatt. Maestri spricht den Werkstattbesitzer in gebrochenem Spanisch an. Der betrachtet ihn einen Moment schweigend und sagt dann: »Ich kenne Sie. Habe Sie nur ohne den Bart nicht gleich erkannt. Habe Sie gehört letztes Jahr im Circolo Trentino. Über diesen Berg in Patagonien, wie heißt er gleich noch … Torre. War interessant.« Maestri jubelt! Ein Italiener! Der Mann kommt aus Venedig und stellt ihm sofort die Lastwagenbesitzer vor: Vater und Sohn Nucciarelli aus Rom. Maestri beginnt gleich mit den Verhandlungen. Man einigt sich bald auf 2500 Pesos, das entspricht ungefähr dem, was Maestri als Rücklage für den Heimflug aufheben wollte. Egal, nun geht es eben für den Hinweg drauf, denkt er. Im Zweifel findet sich für mich bestimmt ein Job in Buenos Aires, und sei es in Favas Bar. Ein Handschlag besiegelt den Deal, am nächsten Tag zahlt Maestri in bar, und sie verabreden den 21. Dezember als Abreisedatum.

Noch drei Tage. Es folgen die obligatorischen Abschiedsfeste, der italienische Botschaftssekretär übergibt Maestri im Namen des Olympischen Komitees die Wimpel Italiens, Österreichs, Argentiniens, Trients und des Tridentiner Alpenvereins SAT. »Mögen sie bald auf dem Gipfel des Cerro Torre wehen!« ruft man ihnen zu, und Maestri verpackt die Fahnen sorgfältig in seinem Rucksack.

Am frühen Morgen des 21. Dezember beladen die vier argentinischen Studenten den LKW der Nucciarellis. Das Gepäck der Expedition kommt auf die Ladefläche des Zugwagens, unter dessen Plane es sich auch die sieben Bergsteiger für die nächsten fünf Tage Fahrt bequem machen müssen; im Fahrerhaus sitzen Herr und Frau Nucciarelli mit ihrem Sohn, einem Fahrer aus Sizilien und einem weiteren argentinischen Handlanger. Am Zugwagen hängen zwei schwerbeladene Anhänger mit Waren für Comodoro Rivadavia. Dann beginnt die lange, eintönige Reise Richtung Süden.

Nach etwa einer Stunde fahren sie durch die letzten Randbezirke von Buenos Aires, dann entlang ausgedehnter Weizenfelder, und schließlich beginnt die Pampa, die endlose, einsame Steppe. Jetzt im Hochsommer ist sie braun verdorrt, und die Schotterpiste zieht sich schnurgerade nach Süden. Ganz selten deutet eine Staubwolke am Horizont ein entgegenkommendes Fahrzeug an, manchmal ist es aber auch nur eine Kuhherde unweit der Straße, die auf der Suche nach einigen Grasbüscheln über die hart getrocknete Erde wandert. Die Männer dösen unter ihrer Plane, versuchen, sich auf den Expeditionskisten so hinzulegen, daß sie am nächsten Tag ohne blaue Flecken aufwachen, reichen die »Bombolla« mit Mate herum und singen manchmal traurige Tridentiner Lieder.

Tagsüber steht die Sonne hoch im Norden, nachts weht ein kühler Wind durch die Spalten der LKW-Plane und bringt den Männern etwas Abkühlung. Je weiter sie nach Süden kommen, desto unbewohnter wirkt das Land und desto größer werden die riesigen Schafherden, die plötzlich in der Ferne auftauchen: Erst nur angedeutet durch eine wogende, staubige Bewegung am Horizont, dann löst sich die Herde langsam aus der grau-grünen Unendlichkeit und Tausende – Maestri denkt manchmal, es müssen Millionen sein – blökender Schafe ziehen vorbei. Sie waren einst für die Indianer, die kein Verständnis von Privateigentum hatten, eine leichter als Guanaokos zu erlegende Beute und wurden deshalb wiederum von den Farmern gejagt; nun sind die Schafe neben den Erdölquellen am Atlantik der Reichtum Patagoniens. Ein Gaucho winkt aus dem Sattel durch die Staubwolken herüber, und schon ist die Szene entschwunden wie eine Fata Morgana. Die Stunden, Mahlzeiten, Pinkelpausen und einsamen Gehöfte, die sie passieren, verschwimmen zu einer eintönigen Symphonie, die holprige Piste gibt den Takt vor, sie verlieren das Zeitgefühl.

Nach fünf Tagen ununterbrochener Fahrt erreichen sie schließlich Comodoro Rivadavia, Hafenstadt und Erdölumschlagplatz am Atlantik. Die Handvoll Orte an der patagonischen Küste wetteifern um den Titel des trostlosesten Platzes auf der südlichen Hemisphäre, einer gleicht dem anderen, und Comodoro Rivadavia macht da keine Ausnahme. Trotzdem genießen die verstaubten und durchgerüttelten Bergsteiger nach fünf Tagen und Nächten auf der LKW-Pritsche das kalte, fließende Wasser und die schäbigen Matratzen eines heruntergekommenen Hotels. Es ist heiß, über 30 Grad, und die sieben Bergsteiger in Bundhosen, Wollstrümpfen und dicken Lederstiefeln erregen schnell die ungeteilte Aufmerksamkeit und Heiterkeit der Passanten. Außerdem ist Weihnachten, und man betrinkt sich später gemeinsam in einem drittklassigen Nachtclub-Etablissement – absurdes Theater am Ende der Welt.

Maestri geht an die frische Luft und schaut zu den ihm unbekannten Sternbildern hinauf, dann entdeckt er auf einmal das charakteristische Geviert des Orions im Norden mit seinem hellen Sternengurt in der Mitte. Wie oft hat er sich in kalten, schlaflosen Biwaknächten während langer Klettertouren in diesen fernen Sternen verloren, die für ihn gleichzeitig die Nähe der Freunde bedeuteten. Auch heute, am Weihnachtsabend, fühlt er sich weit entfernt vom gewohnten Leben wie in einem Biwak in einer hohen Felswand.

Ich brauche die völlige Einsamkeit, um das menschliche Miteinander schätzen zu können, denkt er. Es wartet keine Frau auf mich in Trient, aber für alle anderen, die jetzt vielleicht bei Wild, Nudeln und Rotem sitzen oder noch auf dem Weg zur Mitternachtsmesse sind, leuchtet der Orion wie für mich.

Am nächsten Tag werden die beiden Anhänger abgekoppelt. Um dieses Gewicht erleichtert und damit wesentlich schneller, erreichen sie schon nach 24 Stunden die Estancia Santa Margarita am Nordufer des Lago Viedma. Sie laden ab, und die Familie Nucciarelli macht kehrt, nachdem sie ihnen alles Gute für die Expedition gewünscht hat, und verschwindet mit ihrem LKW bald in einer Staubwolke am Horizont. Die Bergsteiger begrüßen den Verwalter Scinco, ebenfalls ein italienischer Einwanderer, den sie noch vom letzten Jahr kennen und der ihnen gern wieder behilflich ist.

Am nächsten Morgen verladen sie die komplette Ausrüstung auf Scincos Kleinlaster, der sie die nächsten 30 Kilometer bis zum Rio de las Vueltas bringt. Dann stehen sie am Ufer inmitten der Unmengen von Kisten und erzählen Egger von dem bizarren Zusammentreffen an diesem Ort fast genau ein Jahr zuvor mit der Expedition Altáns. Maestri erinnert sich, wie angespannt die Situation damals gewesen ist, und muß an seine Begegnung mit Altán in der Pampa denken. Inzwischen sind die vier Studenten völlig von der Sicht auf Fitz Roy und Cerro Torre eingenommen, deren Zacken sich an diesem Abend von Wolken befreit in den Himmel strecken. Sie stehen am Ufer, gestikulieren und zeigen immer wieder auf die Wände und Grate des Torre.

Der Ochsenkarren des vergangenen Jahres steht nicht mehr zur Verfügung, hat Scinco ihnen erzählt, der Treiber ist kurz zuvor verstorben, und alle anderen Karrenbesitzer in der Umgebung haben im Moment ausreichend mit Wolltransporten zu tun. Maestri schlägt vor, eine Seilbahn für den Materialtransport über den Fluß zu bauen. Sie verwenden ein altes Stahlkabel, das einst einer kleinen Fähre als Zugseil diente und noch über den Fluß gespannt ist. Toni Egger watet zu Fuß durch das Wasser und zieht ein Kletterseil hinter sich her, das alle zwei Meter mit einem Karabiner an das alte Stahlseil gehängt wird und so frei hin- und hergezogen werden kann. Sie besitzen nun eine Schwebebahn, und bereits am Abend liegt die gesamte Ausrüstung am anderen Ufer.

Sie haben Glück, denn ein Lastwagen der nahe gelegenen Estancia La Quinta kommt vorbei und sagt ihnen zu, das Material zur nächsten und letzten Flußquerung am Rio Fitz Roy zu transportieren. Der Fahrer lädt Wollballen ab und erklärt ihnen, daß wegen der starken Schneeschmelze die Flüsse alle Hochwasser führten und er mit seinem LKW die Furt nicht mehr passieren könne – auch er muß auf den nächsten Ochsenkarren warten. Solange pendelt er zwischen den beiden Flüssen und der Estancia hin und her. Schnell sind die zehn Kilometer zum Rio Fitz Roy zurückgelegt und die Kisten entladen.

Maestri läuft am Ufer entlang und sucht eine gangbare Stelle über den Fluß; ein Stahlkabel gibt es hier nicht. Er findet keine erkennbare Schwachstelle und ruft dem weiter oben stehenden Egger durch das Rauschen des Wassers zu, daß er es ohne Seil versuchen will. Barfuß, auf einen kräftigen Stock gestützt, um sich der starken Strömung entgegenzulehnen, steigt Maestri in das gletscherkalte Wasser. Sofort spürt er eine trügerische

Bodenströmung, die ihm den groben Sand unter den Füßen fortspült, und schon nach wenigen Sekunden verliert er das Gleichgewicht. Sofort reißt ihn der Fluß mit, seine nassen Sachen ziehen ihn schnell unter Wasser, er kann sich im wirbelnden Wildwasser weder orientieren noch kann er zielgerichtet schwimmen. Hilflos ist er der Kraft des Flusses ausgeliefert.

Panik steigt in ihm auf, denn genau hier ist 1952 der französische Bergsteiger Poincenot während der Fitz-Roy-Expedition ertrunken, als er wie Maestri versuchte, den Fluß zu überqueren. Maestri mobilisiert all seine Kräfte und beißt die Zähne zusammen wie damals beim Boxtraining im römischen Sportpalast. Er schwimmt mit letzter Kraft, wobei er sich die Strömung zunutze zu machen versucht. Immer wieder prallt er an große Steine, spürt aber keinen Schmerz mehr im kalten Wasser und schafft es schließlich, ein Stück Erde am anderen Ufer zu ergreifen und sich daran festzuhalten. Er kriecht die kleine Böschung hinauf, keuchend und erschöpft.

Egger ist am Ufer neben Maestri hergelaufen und sieht ihn nun auf der gegenüberliegenden Flußseite knien, keuchend und naß, aber anscheinend unverletzt. Maestri winkt Egger zu und ruft, daß er zu Madsens Farm gehen will, sich dort kurz trocknet und mit Pferden wiederkommen wird. Egger versteht und winkt zurück.

Maestri kennt den Weg, nach einer halben Stunde erreicht er die Estancia Fitz Roy, und Madsens alter Verwalter Ernst Stanhardt kommt ihm entgegen. Ein Jahr Abwesenheit ist im Zeittakt der patagonischen Wildnis nicht viel, und Stanhardt scheint nicht besonders erstaunt zu sein, den jungen italienischen Bergsteiger vom Jahr zuvor nun wieder vor seiner Farm anzutreffen, noch dazu triefend naß. Aber Stanhardt redet nicht besonders viel.

»Cesare, grüß dich, was machst du hier?«

Cesare erklärt in wenigen Sätzen die Geschehnisse der letzten Wochen und Tage und deutet mit ausholender Handbewegung auf seine nassen Sachen.

»Komm rein und wärm' dich erst mal am Ofen, wir werden die Sachen zum Trocknen aufhängen.«

Der Verwalter wirft Holz aufs Feuer, und Maestri sitzt in eine Decke gehüllt vor dem bald glühenden Ofen; sein Hemd und seine Hose hängen an der Leine darüber. Standhart stellt ihm eine »Bombolla« mit Mate hin. Maestri nickt und schlürft den Aufguß langsam durch das silberne Trinkröhrchen. Er liebt den bitteren Geschmack des Matetees nicht besonders, aber er ist heiß, und das zählt im Moment.

Stanhardt sitzt ihm gegenüber, zieht an seiner Pfeife und schweigt. Dann fragt Maestri: »Wie geht es dir? Was ist so passiert, seitdem wir hier waren?«

»Viel«, antwortet Stanhardt und schweigt wieder. Er steht auf, nimmt den blubbernden Kessel vom Herd, gießt sich heißes Wasser über sein Matekraut und setzt sich wieder hin.

»Ich bin jetzt allein hier auf der Farm«, sagt er.

Maestri schaut ihn fragend an.

»Wo ist Madsen?«

»Er ist nach Bariloche gegangen, in den Norden. Er wollte seine letzten Jahre nicht hier verbringen. Er konnte irgendwie keinen Frieden mehr schließen mit dem Tal, obwohl er es eigentlich liebte ... Du weißt doch, zwei seiner Kinder sind hier durch Unfälle umgekommen, und dann starb noch seine Frau an einer Gehirnthrombose. Dann merkte er, daß seine Kräfte nachließen, er konnte nicht mehr so arbeiten wie er wollte, na ja, er ist jetzt 78, und dann ist er gegangen, und ich habe die Farm übernommen.«

»Du bist ja auch nicht gerade viel jünger«, bemerkt Maestri schmunzelnd.

»Stimmt.« Standhart grinst ebenfalls.

Ernst Standhart ist 70 Jahre alt und arbeitet seit fast 20 Jahren auf Madsens Farm. Er stammt aus Deutschland und hat den Ersten Weltkrieg als Marinesoldat im Hafen Tsingtau an der chinesischen Küste erlebt. Danach war für ihn ein bürgerliches Leben in Deutschland nicht mehr möglich. 1920 wanderte er nach Südamerika aus. In Patagonien kaufte er sich einen Ford »T«, wohnte auf dessen Pritsche und richtete sich dort gleichzeitig ein Fotolabor ein. Als reisender Fotograf durchquerte er die Pampa und porträtierte Farmer und Gauchos, Pionierfamilien und Jäger. Dann kaufte er sich in Madsens Schafzucht ein und blieb.

»So, und ihr wollt wieder zum Torre?« fragt Stanhardt.

»Ja, das wollen wir, und diesmal wollen wir rauf, wir sind gut vorbereitet.«

Stanhardt schüttelt leicht den Kopf. Wie Madsen empfindet er Ehrfurcht vor der Urwelt der Kordilleren, und deshalb erscheint es ihm falsch, daß die Menschen versuchen, ihre unmöglichen Gipfel zu besteigen.

»Ich glaube, es wird nicht gelingen ... aber du weißt ja, wie ich darüber denke, na ja, ich bin eben kein Bergsteiger ... trotzdem viel Glück ... willst du noch einen Matetee?« fragt Stanhardt.

»Nein danke, ich will so schnell wie möglich zurück an den Fluß, um meinen Freunden beim Übersetzen zu helfen. Übrigens, ein Österreicher ist auch dabei, Toni Egger, ein hervorragender Bergsteiger.«

»Das ist schön, dann kann ich ja mal wieder etwas Deutsch sprechen«, meint Stanhardt »Ich werde dir ein paar Pferde für den Transport bereitmachen. Übrigens ist Ranelli gerade in der Gegend, er würde sicher wieder gern euer Gepäck zur Laguna Torre hinauftransportieren.«

»Das ist gut«, freut sich Maestri, »es sind verdammt viele Kisten.«

Bald darauf zieht Maestri mit einigen Pferden, trocken, gestärkt und bester Laune zurück zum Fluß, wo er sehnlichst erwartet wird. In wenigen Stunden haben sie das gesamte Gepäck über den Rio Fitz Roy geschafft und wenige Kilometer weiter am Beginn des Aufstiegs zur Laguna Torre in Sichtweite von Madsens Farm das Basislager aufgeschlagen. Sie campieren auf einer Wiese, die von knorrigen Magellanbuchen umstanden ist. Das Wetter zeigt sich von seiner freundlichsten Seite; es ist mild und fast windstill. Tatsächlich treffen sie noch am Abend den Gaucho und Nomaden Ranelli und verabreden mit ihm einen Transport am nächsten Tag zur Laguna Torre. Dann schlafen alle erschöpft ein.

Am Morgen bepacken sie fünf Pferde und laden sich selbst schwere Lasten auf den Rücken. Sie wollen soviel Ausrüstung wie möglich in einer Etappe ins Lager 1 bringen, um nicht einen dauernden Pendelverkehr mit dem Basislager einrichten zu müssen. Der Tag ist ungewöhnlich windstill und mild, immer wieder bricht die Sonne durch die von Westen herüberziehenden Schleierwolken. Eine unbestimmte und angespannte Ruhe liegt über dem Land. Langsam trottet die Karawane über die ersten Hügelketten ins Torretal, das versteckte Tal der Wunder, wie Cesarino es einst nannte. Still ist es immer noch, nur eine Handvoll Menschen ist bislang überhaupt hierher vorgedrungen. Unberüht mäandert der Fitz Roy durch die Talebene und überspült regelmäßig sandige Flußinseln. Weglos bahnen sie sich ihren Pfad durch das dichte Unterholz umgestürzter Nothofagusbuchen, dann geht es hinauf zum ersten Moränenrücken, vorbei an verwitterten Granitbuckeln.

Auf dem kleinen Paß halten sie und laufen ohne Gepäck 100 Meter einen Hang hinauf zum Gipfel eines vorgelagerten Hügels, der wie eine vorgeschobene Zinne das gesamte Tal überragt und den Eingang in die Abgeschiedenheit zu bewachen scheint. Auf dem runden Gipfelplateau krallen sich mehrere niedrige Buchen mit gewundenen Wurzeln in die steinige Erdschicht und widerstehen dem permanenten Wind, indem sie sich seiner Kraft beugen und so schräg gewachsen sind, als ob sie in einer starken Bö erstarrt wären.

Die Bergsteiger setzen sich auf ein paar runde Felsbrocken und schauen sich um. In der Ferne verschwimmt der Dunst am Horizont mit der Wasserlinie des Lago Viedma, davor geht die Steppe langsam in bewaldetes Vorgebirge über, die grünen Hänge des Vueltastals kontrastieren mit dem Braun der nahen Pampa. Und hinter ihnen leuchtet nur wenige Kilometer entfernt eine bläulich-weiße Gletscherwand über dem Tal, an dessen Flanken der niedrige Wald noch weit über das Eis hinauswächst und Schmelzwasserbäche lautstark die Hänge herabstürzen. Die Gletscherstirn kalbt in einen kleinen See, und die provozierende Nadel des Cerro Torre überragt das ganze Szenario wie ein unerschütterlicher Wächter. Weiter hinten – nur zu erahnen – beginnt das große Eis, das bis zum Pazifik reicht, von wo aus heute nur einzelne Wolkenfetzen Richtung Osten ziehen und der Sturm gezähmt zu sein scheint.

In einem einzigen Blick erfassen sie die dramatischen Extreme der patagonischen Kordillere, das Nebeneinander von Eis und Wald, Sturm und Ruhe, Schnee, Regen und Steppe. Und der Mensch ist hier ein Fremder geblieben. Auch die nomadisierenden Indianer Patagoniens hatten die Gebirgstäler gemieden. Die Tehuelche waren Jäger, ihre Beutetiere Strauß und Guanako lebten in der Pampa, und ihnen waren sie gefolgt. Sie kannten natürlich die ungeheuren Gipfel am Eisrand, gaben ihnen ehrfurchtsvolle Namen, trafen hier manchmal zu Beratungen zusammen und ließen sich auch in Sichtweite der Berge beerdigen. Doch dann zogen sie weiter, Tausende Kilometer durch die Pampa, von Nord nach Süd, vom Meer bis an die Berge, im ewigen Wechsel der Jahreszeiten und Tierzüge. Und als die ersten Weißen sie fragten, was jenseits der eisigen Berge läge, antworteten sie: Nichts, nie sahen wir von dort menschliche Wesen kommen.

Toni Egger ist sprachlos, als er nun zum ersten Mal die Bergkette in ihrer ganzen Größe sieht, mit dem Torretal und den riesigen Wänden des Turms.

»Es ist unglaublich, so etwas habe ich noch nie gesehen … Ist es nicht wie die Schöpfung?« sagt er leise wie zu sich, doch Maestri und Fava haben es gehört und nicken schweigend.

Sie gehen zurück zu den wartenden Packpferden und laden sich wieder ihre 30-Kilo-Säcke auf die Schultern, auch Fava, der trotz seiner amputierten Füße sogar mit schwerem Gepäck am Berg schnell und wendig ist – nur weicher Schnee ist eine Qual für ihn. Weiter geht es, über den nächsten Moränenrücken, und nach weiteren drei Stunden stehen sie am Kiesstrand der kleinen Lagune. Maestri spurtet den Moränenhang hinauf in Richtung des alten Lagerplatzes. Er will als erster dort ankommen.

Bald findet er die kleine Lichtung. Die im vergangenen Jahr aus Ästen und Zweigen erbaute Hütte ist teilweise eingestürzt, überall liegen noch Reste der Holzkisten mit der Aufschrift »Expedición Trentina« herum, die alte Feuerstelle sieht aus, als ob sie noch vor kurzem benutzt worden ist. Ein Strichkalender, den Detassis in eine Baumrinde geritzt hatte, ist verwittert und fast verschwunden.

Nein, ich will diese vertanen Tage nicht noch einmal zählen, denkt Maestri bitter, denn ich bin wieder hier, und diesmal leite ich die Expedition.

Dann erreichen die anderen schwitzend und erschöpft den Lagerplatz. Die Pferde werden vom Gepäck befreit, der Platz gesäubert, Brennholz gesammelt und die Zelte aufgestellt. Schließlich summen die Kocher, und sie bereiten das Essen vor. In der Dämmerung sitzen sie dann noch müde um das Feuer herum, jeder irgendwie mit seinen Gedanken allein, zu Hause, in den Wänden des Cerro Torre oder irgendwo ganz anders.

Es ist der 31. Dezember, Silvester, eine Flasche Wein kreist, was machen wohl die Freunde und Verwandten zu Hause? Sie schweigen und hängen ihren Gedanken nach. Im Val Torre wechselt der Abend zum neuen Tag so still und unmerklich wie in allen anderen Nächten auch.

Nun haben wir 1959, denkt Maestri, das Jahr, in dem ich den Cerro Torre besteigen werde! Er blickt hinauf zum Gipfel, als ob der ihm eine Antwort auf seine Fragen geben könnte, doch der Berg schweigt. Maestri legt noch einmal Holz aufs verglimmende Feuer und geht als letzter schlafen.

Am Morgen ist es weiterhin trocken und leidlich windstill. Alle sind noch von der langen Anreise und der Plackerei des Vortags erschöpft; vor allem den vier Studenten tun die Knochen weh, aber angesichts der Berge vor ihnen sind alle euphorisch und möchten bald aufbrechen. Doch erst steht Lagerroutine auf dem Programm: Mit den Pferden muß Nachschub vom Basislager geholt werden, die zusammengestürzte Hütte wird wieder aufgebaut, die Zelte und die Feuerstelle werden hergerichtet. Toni klagt über Schmerzen am Fuß, es könnte eine Entzündung sein. Jeder sortiert und packt seine persönliche Ausrüstung für die kommenden Tage und Wochen zusammen; jeder ist selbst verantwortlich dafür, daß er die richtige und ausreichende Ausrüstung dabei hat. Am nächsten Tag soll es den ersten Transport zum Lager 2 geben.

Toni kann am Morgen nicht laufen und wird sich schonen, der Medizinstudent Vincitorio gibt ihm ein Antibiotikum. Maestri läuft mit Cesarino und zwei der

Studenten über den Torregletscher Richtung Lager 2. Jeder hat sich eine schwere Last aufgeladen, denn auch ins nächste Lager soll so schnell wie möglich ausreichend Material transportiert werden. Solange das Wetter halbwegs stabil bleibt, wollen sie die Lagerkette so zügig wie möglich einrichten. Der Gletscher hat sich im Vergleich zum Vorjahr nur wenig verändert; der Weg über Blankeis, kleine Spalten und Moränenschutt gleicht beinahe dem von 1957/58, und auch der große Block, in dessen Schutz das zweite Lager stand, hat sich nur geringfügig bewegt. Allerdings ist die aus Steinen aufgeschichtete Windschutzmauer umgestürzt. Maestri findet unter dem Fels den alten Karton, den Detassis damals beschriftet hatte: »Tridentinische Expedition – Lager 2«.

Maestri blickt sich um, es kommt ihm wie eine Ewigkeit vor, daß er hier war, dabei ist es gerade einmal zwölf Monate her. Die Mittagssonne steht hoch im Norden und scheint unerbärmlich in den großen Gletscherkessel hinein. Rechts von ihnen ragt in einem wilden Gewirr aus Pfeilern, Graten und Türmen die zerrissene Westwand des Fitz Roy über 2000 Meter in die Höhe, umrahmt von den nicht minder eleganten Spitzen Poincenot, Saint-Exupéry, Mermoz und Guillaumet, von den Franzosen 1952 in Erinnerung an ihren verunglückten Freund und die französischen Flieger benannt, die in den dreißiger Jahren den ersten Flugpostverkehr in Patagonien aufbauten.

Auch das Talende und seine linke Seite werden von wilden Granitzacken und vergletscherten Bergen eingerahmt, viele noch unbenannt und die meisten unerstiegen. Zwei kleine Zacken im Nordwestgrat des Fitz Roy haben allerdings mittlerweile einen Namen, freut sich Maestri, und denkt an seinen erfolgreichen Solo-Ausbruch vom Jahr zuvor.

»Da ist noch unentdecktes Land für Generationen von Bergsteigern«, ruft Maestri Fava zu, der schweigend die Arena aus Fels und Eis mustert.

Sie säubern den alten Lagerplatz, schütten etwas Sand zum Niveauausgleich auf, reparieren die alte Windschutzmauer mit Steinen und verfugen die Ritzen mit Moränenschutt. Vor dem Abstieg zum Lager 1 schaut Maestri noch zum Gletscherarm hinauf, der Richtung Torre-Ostwand führt. Hier beginnt unbekanntes Terrain, denkt er, aber jeder Tag, jeder Schritt bringt mich dem Gipfel näher. Zufrieden über das bislang Erreichte steigen sie über den flachen Gletscher ab, zurück zum Basislager. Dort erfahren sie, daß schon das komplette Expeditionsgepäck mit den Packpferden heraufgebracht worden ist.

Phantastisch, denkt Cesare, und lobt überschwenglich immer wieder die Einsatzfreude und Hilfsbereitschaft von Spikermann, Vincitorio und den Dalbagni-Brüdern.

Der einzige Wermutstropfen in der guten Stimmung ist Tonis entzündeter Fuß. Obwohl er wegen seiner zwangsweisen Untätigkeit völlig entnervt ist, bleibt er optimistisch, denn seit den Antibiotika-Gaben sind die Schwellung und die Schmerzen nicht schlimmer geworden.

Am 4. Januar steigen Cesare und Cesarino über die seitliche Flanke des Torregletschers in Richtung Torre-Ostwand hinauf. Etwa 400 Meter höher finden sie den geeigneten Platz für das dritte Lager: ein Schneerücken im Windschatten eines kleinen Felsvorsprungs, nur sanft geneigt; der Wandfuß des Torre ist von hier aus noch etwa 200 Meter entfernt. Sie müssen eine geräumige Schneehöhle graben, denn sie ist der einzig sichere und dauerhafte Schutz, wenn sie über längere Zeit dem patagonischen Wetter trotzen wollen. Doch für heute ist es zu spät, um mit dem Graben zu beginnen. Das werden sie mit der Verstärkung der Studenten morgen oder übermorgen angehen.

Dafür setzt sich Maestri noch einen Moment lang auf den Schneerücken und studiert die Struktur der Cerro-Torre-Wände. Glattpoliert, steil und massiv wirken die gelblichen Granitmauern, hier und da geben Pfeiler, breitere Felsrisse und verschneite Rampen der Wand etwas Kontur und Charakter. Noch nie hat jemand sie aus solcher Nähe betrachtet. Wo ist die Schwachstelle, wo die mögliche Aufstiegsroute? Leicht und ungefährlich ist kein Weg, das ist sicher. Aber welcher ist überhaupt machbar und Lawinen und Steinschlag nur wenig ausgesetzt?

Maestri erwägt zuerst die vom Gipfel nach Südost herabziehende Kante, doch kurz unter der Spitze endet sie in einer anscheinend völlig glatten Mauer. Das ist ungünstig in der Höhe, glaubt Maestri, und außerdem wäre man dort dem Wind ungeschützt ausgesetzt. Direkt vor ihm in der Ostwand leiten mehrere große Verschneidungen zu einem dreieckigen Schneefeld auf einem Pfeilerkopf empor. Darüber scheint ein System von Rissen und Rampen in die kleine Scharte zwischen Cerro Torre und seinem nördlichen Nachbargipfel zu führen. Von dort könnte es über die steile Nordwand bis zum

Gipfel weitergehen. Diese Route erscheint Maestri wegen des anfänglichen Windschutzes und der klaren Gliederung in mehrere Abschnitte sinnvoller. Er fragt Fava nach seiner Meinung.

»Du magst recht haben, aber mir macht das große Schneefeld in der Mitte Sorgen. Du siehst doch, daß alles, was von oben kommt, genau darauf fällt; es ist lebensgefährlich, sich dort aufzuhalten.«

»Ungefährlich ist es sicher nicht, aber wir müssen die Stelle einfach genau beobachten, wann die Lawinen abgehen und wann Ruhe herrscht, um den richtigen Zeitpunkt zu bestimmen, an dem wir passieren können.«

»Sprechen wir mit Toni darüber.«

Das Wetter verschlechtert sich, doch trotz Regen und gelegentlichem Schneefall geht die Routine weiter: Lasten tragen, Lager ausbauen. Am 6. Januar hält es Maestri nicht mehr aus, er schnappt sich Seil und Kletterzeug und läuft über die Schneehänge zum Einstieg der von ihm favorisierten Verschneidung. Die Randkluft und der anschließende Lawinenkegel sind schnell überwunden, dann steht er vor dem Fels und will schon den ersten Schritt setzen. Plötzlich zögert er: Langsam schiebt er den Kopf in den Nacken, bis er fast nach hinten fällt. Der Himmel über ihm ist ausgefüllt vom Granit des Cerro Torre, die dreieckige Ostwand umschlingt ihn, er kann seinen Traum endlich berühren und ertastet nun erstmals den gelblichen Fels; fast zärtlich erkundet er seine Rauheit, seine Struktur. Ich muß dich gut kennenlernen, denkt Maestri, deine Geheimnisse und Fallen, sonst werde ich verlieren. Dann, mit einem energischen Schritt, setzt er den Fuß auf eine schmale Leiste und zieht sich hoch. Er fingert mit der Rechten einen Stahlhaken vom Klettergurt, setzt ihn sacht in einen dünnen Riß, dann greift er den mit einem Seil am Gurt befestigten Hammer und schlägt den Haken weiter in die Spalte. Erst sachte, bis der Haken greift, und dann mit zunehmender Kraft drischt er ihn in die Tiefe des Felsens; mit jedem Schlag singt der Haken einen Ton höher, ein Zeichen, daß er fest sitzt. Er klinkt den Karabiner in die Hakenöse, das Seil in den Karabiner und steigt höher. Die rhythmischen Hammerschläge hallen weit im Talkessel des Torregletschers wider, ein bislang ungewohntes Geräusch in dieser Bergwildnis. Es ist kurz nach zwölf Uhr.

»Wir sind da, Cerro Torre! Mit Haken, Bohrern, Seilen und Trittleitern. Aber auch mit dem unerschütterlichen Willen zu siegen. Von dieser Absicht werden uns diesmal weder Wind noch Schnee noch kleinliche Befürchtungen abhalten.«

Dann schlägt das Wetter um. Zwei Tage hält der Dauerregen an, alle bleiben in ihren Zelten, Toni und die Studenten im Lager 1, Fava und Maestri im Lager 2. Bei der ersten sich bietenden Gelegenheit steigen die beiden auf. Es ist höchste Zeit, Lager 3 herzurichten, denn ohne einen gut eingerichteten Unterschlupf nahe der Wand kann kein ernsthafter Besteigungsversuch unternommen werden. Am 8. Januar buddeln und graben Maestri und Fava eine geräumige Schneehöhle mit einem Eingang nach Südosten aus dem Gletscher; die Höhlenöffnung ist dem Wind abgewandt, dann folgt ein abknickender

Eingangstunnel, und dahinter liegen zwei Kammern, ein Küchen- und Eßraum sowie ein »Wohnzimmer«, in dem sie das Zelt aufstellen werden. Sie nennen es Lager »Kühlschrank«.

Erleichterung: Toni geht es besser, der Fuß schwillt ab, die Schmerzen lassen nach, auch wenn er noch nicht wie gewünscht auftreten kann. Anderntags will er aufsteigen, so weit wie es geht. Angelo, der Medizinstudent, gibt ihm grünes Licht.

Am übernächsten Morgen sind alle im neuen Lager 3, dem »Kühlschrank«, vereinigt. Es verspricht ein traumhafter Tag zu werden, nur ein schwacher Wind geht durchs Tal, die Sonne scheint, aber es wird nicht zu warm. Cesare will die Verschneidung weiter emporklettern und mit Fixseilen ausstatten, damit die späteren Aufstiege schneller gehen. Cesarino und die vier Studenten begleiten ihn, Toni bleibt vor der Schneehöhle in der Sonne sitzen und beobachtet sie. Sie erreichen die Randkluft, Cesare überquert mit seinem Klettermaterial das Hindernis und stapft den Schneekegel zum Einstieg empor. Seine Freunde stehen auf der anderen Seite und gehen dann noch ein paar Schritte zurück, um bessere Sicht auf ihn zu haben.

Plötzlich läßt ein dumpfes Poltern in der Höhe Maestri zusammenzucken. Er blickt hinauf und sieht, wie eine riesige Schneemasse vom überhängenden Gipfeleispilz des Torre abbricht und über die Ostwand hinabfällt. Er weiß, es bleiben ihm nur wenige Sekunden, er schreit den Jungen und Cesarino zu – die mittlerweile auch die Lawine entdeckt haben, aber noch wie erstarrt stehenbleiben –, nach unten zu laufen, weg von der Wand, so schnell es geht! Jetzt endlich bewegen sie sich, auch Cesarino! Aber was soll er selbst machen? Zurück? Dafür reicht die Zeit nicht. Keine Höhle, kein Überhang ist da, der ihn schützen könnte. Er hat keine andere Wahl. Er preßt sich so eng es geht an die Wand, zieht den Rucksack schützend über den Kopf und erwartet zusammengekauert den Aufprall der Eisstücke. Aber es geschieht nichts.

Da schreit Cesarino: »Cesare! Schau! Dort oben!«

Noch etwas unsicher erhebt sich Maestri und richtet den Blick nach oben die Ostwand hinauf. Es ist unglaublich! Die Eislawine hat sich aufgelöst und ist auf ihrem Weg nach unten in Tausende immer kleiner werdende Stücke zerbrochen, die dann plötzlich durch eine der gewaltigen patagonischen Sturmböen wieder nach oben Richtung Gipfel gedrückt und dabei pulverisiert wurden. Nichts scheint hier der Gewalt der Winde widerstehen zu können. Jetzt fegen die Reste der Lawine als weiße Schneefahnen über dem Gipfel gen Himmel.

Lange stehen sie noch wie angewurzelt da. Cesarino meint später, daß erst diese »grenzenlose Macht der Elemente« alle ins Grübeln gebracht habe, »ob man sich nicht doch lieber weniger wilden Zielen zuwenden sollte«. Aber die Zweifel dauern nicht lange an. Kaltblütig stemmt sich Cesare die Verschneidung hoch und setzt seine Arbeit im Fels fort, wenn auch noch mit zittrigen Knien. Und Toni Egger behauptet seit diesem Erlebnis nicht mehr, daß der »schreckliche patagonische Wind« eine Ausgeburt Maestris zu lebendiger Phantasie sei.

Fava behält diesen 10. Januar trotz seiner Gleichgültigkeit gegenüber Daten und Zahlen als einen der wenigen bedeutsamen Tage in seinem Leben genau im Gedächtnis. Doch das liegt nicht nur an ihrer wunderbaren Rettung vor der Eislawine, sondern auch daran, daß er am Nachmittag des gleichen Tages das Glück hat, gemeinsam mit Maestri noch etwa 100 Meter in der bereits gesicherten Ostwandverschneidung hochzusteigen und damit endlich den Berg zu besteigen, um den sein Denken und Trachten seit vielen Jahren kreist. »Mit allem Respekt und auch Demut umarmte ich diesen Berg.«

Fava folgt Maestri durch die Verschneidung. Er beobachtet den Vorsteigenden, wie er mit ruhigen, fließenden Bewegungen elegant und kraftvoll in gleichmäßigem Rhythmus die Wand hinaufklettert. Es sieht so leicht aus, staunt Fava immer wieder und versteht nun, warum Maestri den Titel »Spinne der Dolomiten« trägt.

Etwa 100 Meter über dem Einstieg machen sie auf einer kleinen Terrasse halt. Fava ist völlig ruhig und schaut in den weiten Kessel des Torregletschers. Die sinkende Sonne bescheint die gegenüberliegende Talseite und taucht die zerrissene Westwand des Fitz Roy in ein warmes Licht. Er überragt bei weitem die umliegenden Gipfel; wie ein unumschränkter Herrscher in seinem Reich, denkt Fava. Sie müssen sich abseilen und machen es sich in der Schneehöhle von Lager 3 so weit es geht bequem.

Die nächsten Tage vergehen mit Routine. Maestri und Egger rüsten, unterstützt von Fava, die unteren Verschneidungen der Ostwand mit Fixseilen aus und transportieren Klettermaterial in die Wand, das sie weiter oben benötigen werden. 500 Meter Hanfseil stehen ihnen für die unteren Wandpartien zur Verfügung, mehrere hundert Meter Nylonseil schleppen sie für die Ausstattung des weiteren Weges mit sich.

Dieses Vorgehen war ein übliches Verfahren in den fünfziger Jahren. Hohe, extreme Berge wurden von den Expeditionsteams förmlich belagert: Der Aufstiegsweg wurde über lange Strecken mit Fixseilen präpariert, um den Kletterern ein schnelles Auf- und Absteigen zu ermöglichen, und es wurden, soweit es die Wände zuließen, Zwischenlager angelegt, mit Material- und Lebensmitteldepots, in denen dann das Gipfelteam auf die gute Wetterperiode warten konnte, die entscheidend war, um den Gipfel zu erreichen. Die klassische alpine Technik war anders: Eine Seilschaft mit zwei, drei Kletterern stieg in eine Route ein, war völlig auf sich gestellt, nahm alles nötige Material zum Klettern und auch für ein mögliches Biwak mit und erkletterte Seillänge für Seillänge die Tour, ohne vorher montierte Fixseile oder bereits angelegte Zwischenlager zu nutzen. An einem Berg wie dem Cerro Torre, in einem völlig unbekannten Gelände und bei unberechenbaren Schlechtwettereinbrüchen entschied man sich für gewöhnlich für die Expeditionsstrategie.

Meter für Meter arbeiten sich Egger und Maestri voran. Sie wechseln sich in der Führung ab, müssen teilweise schon erste Bohrhaken einsetzen und legen Materialdepots an. Das Wetter zeigt sich wie meist in der Region launisch. An einem Tag ist die Wand von Neuschnee bedeckt, dann überzieht Wassereis den Fels, oder es stürzt ein Bach Schmelzwasser die Verschneidung herunter und durchnäßt beide Kletterer. Nach fünf Tagen haben sie das erste Teilstück geschafft, 300 Meter Wand sind überwunden, sie befinden sich am unteren Rand des dreieckigen Schneefeldes.

Die Querung und der Weiterweg über Rampen Richtung Scharte erscheinen Maestri aus der Entfernung betrachtet nicht sonderlich schwierig. Aber er ist am Ende seiner Kräfte, die Anstrengungen der vergangenen Wochen machen sich bemerkbar. Mit Fieber und Schüttelfrost liegt er in seinem Schlafsack im Lager 3 und fühlt sich elendig. Medizinstudent Vincitorio rät ihm abzusteigen ins Basislager, eine Eishöhle ist nicht der geeignete Platz, um sich zu erholen. Maestri sträubt sich. Er schläft viel, trinkt heiße Schokolade und Brühe, aber noch ändert sich sein Zustand kaum, im Gegenteil, jetzt macht sich eine schmerzhafte Schwellung an seiner Hand bemerkbar. Und zu alledem endet anscheinend die Gutwetterperiode endgültig. Es stürmt und schneit rund um die Uhr, der Wind heult über den Gletscher. Cesarino und Toni müssen mehrmals am Tag den Höhleneingang freischaufeln, sonst würden sie nicht mehr durch die Neuschneemassen ins Freie gelangen.

Dann sind sich alle einig: Es hat keinen Sinn, bei diesen Verhältnissen im Lager 3 zu hocken, auf Genesung zu warten und dabei die mühselig hochgeschleppten Lebensmittel und Brennstoffvorräte zu verbrauchen. Also Abstieg: Durch den Schneesturm steigen sie ins Lager 2 ab, dort gehen die Flocken in Regentropfen über, aber am nächsten Morgen schneit es auch hier, und so müssen sie weiter hinab ins Lager 1 an der Laguna Torre.

Trotz des Dauerregens gelingt es ihnen, mit dem feuchten Holz ein Lagerfeuer zu entzünden. Sie genießen die Wärme, rücken dicht um das Feuer zusammen, doch schon am nächsten Tag hat die Kaltfront auch die tiefen Lagen erreicht. Es schneit hinab bis ins Lager 1; ein weißer Schleier überzieht schon das Blätterdach der Buchen. Also ganz hinunter zu Madsens Farm! Mit den Gedanken bei heißem Kaffee, Ofenwärme und frisch geröstetem Schaffleisch trotten alle bis auf die in Lager 1 zurückbleibenden Brüder Dalbagni durch den Dauerregen talwärts. Überall stürzen Bäche die Hänge herunter, der Pfad durch den Wald ist matschig und aufgeweicht, ihre Kleidung längst völlig durchnäßt. Doch wenige Stunden später erreichen sie das Tal und Madsens Farm.

Stanhardt empfängt sie wie immer wortkarg, aber gastfreundlich, und am Abend bereitet er ein klassisches Asado zu. Dabei wird ein aufgeschlitztes Schaf auf ein Eisenkreuz gespießt und langsam über einem kleinen Feuer gar geröstet. So sehr ihnen allen der Braten schmeckt, man konnte dem Grundnahrungsmittel der patagonischen Steppe auch überdrüssig werden. Gebraten, geschmort, gesotten und sogar kalt – es wurde Schaffleisch gegessen, morgens, mittags, abends. »Wir dachten manchmal schon, wir stinken selbst nach Schaf«, erinnerte sich Cesarino. Die Bergsteiger können es sich im Holzschuppen neben der Farm bequem machen, der ansonsten für die Schafschur benötigt wird, aber die beginnt erst in einigen Wochen.

Das schlechte Wetter hält an, die Bergflanken verschwinden dicht über dem Talboden im tristen Grau der Regenwolken, aus denen es beständig schüttet, und dabei bleibt es kalt und windig. Oben müssen Unmengen von

Schnee fallen, ist sich Fava sicher, und Stanhardt stimmt ihm zu. »Das wird sich nicht so schnell ändern.« Sie sägen Holz, reparieren das Hausdach, machen kleine Ausflüge und schnitzen aus Schafsknochen Schachfiguren. Ein Spielbrett ist schnell aus rohem Holz und mit etwas Farbe hergerichtet, regelrechte Turniere werden veranstaltet.

Am fünften Tag des erzwungenen Müßiggangs zeigt sich wieder die Sonne! »Das sieht gut aus«, prognostiziert Stanhardt mit seiner jahrelangen Erfahrung, und schnell sind die Rucksäcke gepackt. Einige Stunden später sitzen alle Expeditionsteilnehmer vereint im vor Feuchtigkeit dampfenden Wald rund um das Feuer im Lager 1. Alle fühlen: Jetzt ist es soweit! Maestri wirkt ungeduldig, nervös, drängt zum Aufbruch.

Sie steigen anderntags zum Lager 2 auf, die Sonne scheint unerbittlich in den Gletscherkessel, es ist warm. Alle schauen immer wieder gebannt zum Cerro Torre hinauf, denn das haben sie noch nicht gesehen: Die Felsnadel hat sich verwandelt, ist plötzlich eingehüllt in einen Mantel von Eis und Schnee. Der Berg ist in reines Weiß getaucht und erhebt sich wie eine direkte, den Naturgesetzen widersprechende Fortsetzung des Gletschers in den Himmel. Oben in der Gipfelregion fegt der Wind Schneefahnen in die Leere.

Lager 2 ist tief verschneit, aber bald mit vereinten Kräften wieder freigeschaufelt. Am nächsten Morgen brechen Cesarino Fava, Toni Egger und Cesare Maestri mit schwerem Gepäck auf zu Lager 3. Es ist der frühe Morgen des 26. Januar 1959, das Wetter wird wieder wechselhaft. Sie verabschieden sich von den vier Studenten. Keiner spricht aus, was alle wissen: Der Aufstieg soll beginnen. Sie umarmen sich, man wünscht sich Glück, wann sieht man sich wieder? Keiner weiß es.

Sie stapfen über die frisch verschneiten Hänge bergan. Der Eingang zum Lager »Kühlschrank« ist ebenso vom Neuschnee verschlackt wie ein außerhalb angelegtes Materialdepot. Alle Markierungen der Umgebung versinken unter meterhohem Schnee. So beginnen sie mehrere Stollen in die vermutete Richtung des Materialdepots zu graben, und nach Hunderten von Flüchen und Schweißtropfen stoßen sie Stunden später auf die vergrabenen Eis- und Felshaken und Karabiner, die sie für den Aufstieg so dringend benötigen. Auch der Zugang zur Eishöhle ist mittlerweile wieder freigelegt.

So sitzen sie am Abend bei Kerzenlicht, eingemummelt in Daunenjacken auf den Schneebänken, essen Pasta mit Fleisch und Erbsen und öffnen eine Flasche Wein, die eigentlich erst für die Siegesfeier vorgesehen war.

»Ich denke, wir sollten die Strecke oberhalb des Schneefeldes bis in die Scharte ebenfalls mit Fixseilen ausstatten«, meint Cesare, »falls wir doch noch einmal den Rückzug antreten müssen.«

»Ich bin dagegen!« erwidert Toni. »Wir sollten das Wetter ausnutzen und schnell vorgehen. Das Eis ist für uns von Vorteil, glaube ich, und wenn ich an den Jirishankar vor zwei Jahren denke – da haben wir einfach alles eingepackt, was wir für fünf, sechs Tage brauchten, und sind losgeklettert ... Schwere Rucksäcke waren es, klar, aber wir waren immer noch schneller, als wenn wir zusätzlich Fixseile hätten legen müssen. Nein, ich denke, wenn die Verhältnisse stimmen – und das tun sie jetzt –, dann geht es vor allem ums Tempo.«

Cesare denkt nach. Tempo, ja, das ist wichtig hier am Torre. Sie sind beide schnelle Kletterer, er im Fels, aber Toni auch im Eis. Sie haben die ersten 300 Meter gesichert, sind in guter Form und gesund. Das Wetter stimmt, es gibt keinen Grund mehr, zu zögern. Und er ist der letzte, der das will.

»Du weißt, Toni, was ich immer gesagt habe: Jeder meiner Schritte muß mich dem Torre näherbringen, jede meiner Anstrengungen muß ein Beitrag sein zu seiner Bezwingung … davon rücke ich nicht ab … der Jirishankar ist nicht der Torre, wir benötigen viel, sehr viel Material noch weiter oben, und wer weiß für wie lange … gehen wir erst einmal los, als Seilschaft werden wir nicht mehr umdrehen, das weiß du.«

Toni nickt. Er würde nie sein Leben für einen Berg riskieren, hat Toni zu Cesare mehrmals gesagt. Wenn er jetzt so fest entschlossen ist, alles auf eine Karte zu setzen, dann ist er seiner Sache anscheinend ganz sicher. Cesare stimmt zu.

»Also gut, dann auf die schnelle Tour!«

»Und was das Transportproblem betrifft«, meldet sich der bislang schweigende Cesarino zu Wort, »ich würde vorschlagen, daß ich euch als Tragesel ein Stück begleite und dann umkehre. Ihr wißt, auf den Gipfel wollte ich nie, auch wenn ich es schaffen könnte.«

Nach kurzer Diskussion ist die Entscheidung getroffen. Cesarino würde sie begleiten, bis zu welcher Stelle war noch ungewiß, aber vielleicht war es möglich, bis zur Scharte zu dritt zu steigen. Dann müßte sich Fava allerdings allein abseilen … man wird sehen. Sie legen sich hin und versuchen zu schlafen.

Abschied von der Erde

»Im Leben eines jeden Menschen gibt es immer wieder Augenblicke, in denen alles ein ganz besonderes Gewicht erhält, in denen nichts anderes mehr zählt als das Bemühen, endlich das gesteckte Ziel zu erreichen. Es sind die Momente, in denen der Wille zur Tat an die Stelle der bloßen Hoffnung tritt. Heute ist einer dieser Augenblicke für mich gekommen. Wenn ich nicht wiederkehre, so sagt den Leuten, daß ich dort oben auf dem Torre den ›Sinn meines Lebens‹ gesucht habe. Und erinnert euch meiner dann und wann.«

Cesare Maestri

Es ist der 28. Januar 1959, und es sind tausendmal geübte, routinierte Handgriffe: im frühmorgendlichen Lagerchaos die Rucksäcke packen, noch halb benommen von der kurzen Nacht und den schweren Gedanken. Der Bezinkocher summt und züngelt vor sich hin, drei flackernde Kerzen erleuchten die eisige Welt von Lager 3 und werfen flüchtige Schatten an die Höhlenwände; der Atem der drei Bergsteiger kondensiert sofort. Pickel, Steigeisen, Seile, Biwakausrüstung, Fotoapparat, Medikamente, Ersatzhandschuhe – alles wandert nacheinander in die riesigen Säcke, das ist die Pflichtausrüstung. Bleibt noch Platz für etwas Persönliches, das es wert ist, für die Stunden größter Entbehrung mitgenommen zu werden und das an die Welt der Menschen erinnern wird. Cesare faltet die fünf Wimpel aus Buenos Aires fein säuberlich zusammen und steckt noch einen Zettel mit ihren Namen ein – für den Gipfel.

Toni legt sein Tagebuch in eine Plastiktüte und verstaut es in der Deckeltasche, Cesarino trägt das Geschenk einer Frau aus Buenos Aires in der Hosentasche. Sie schweigen, beim Packen, beim Teetrinken, essen mag niemand. Dann ein letzter Blick auf das Lager, und sie treten hinaus in die Dunkelheit.

Es ist eine kalte Nacht, der Schnee hart gefroren, er knirscht unter ihren Schuhen, während sie den kurzen Hang zum Einstieg hinüberlaufen. Schon jetzt drücken die Rucksäcke auf den Schultern, und sie keuchen bereits nach wenigen Schritten. Cesarino bleibt kurz stehen und verschnauft. Noch sind die Sterne klar am Nachthimmel über ihnen zu erkennen, doch im Osten hinter dem Fitz Roy hebt sich bereits das erste Licht des anbrechenden Tages. Ein leichter Pastellton löscht unmerklich die Schwärze aus, nur noch der Morgenstern flackert wenige Minuten, bis auch er verblaßt. Sie stapfen weiter bergan, jetzt im gleichen Schrittrhythmus.

Es ist ein Zwischenzustand, so kurz vor dem Beginn einer großen Tour. Man hat Abschied genommen, ist die ersten Schritte gegangen, die schwerfallen, und hat doch noch nicht richtig begonnen, weiß noch nicht, was einen in den nächsten Stunden und Tagen erwarten wird, wie sehr Kraft, Ausdauer und Können gefordert sind oder auch Klugheit und Humor. Bald kommen die Stunden, in denen man keine Zeit und keinen Raum mehr zum Nachdenken hat, ob es richtig war einzusteigen. Dann heißt es nur noch handeln, mit jeder Faser des Körpers. Aber hier im Zwielicht des neuen Tages gibt man sich noch einmal kurz der Illusion hin, man könne auch umkehren, wenn man wolle. Aber sie wollen ja nicht, sie haben ja jahrelang auf diesen Moment hingelebt, könnte es überhaupt irgend etwas in der bekannten Welt geben, das sie jetzt noch aufzuhalten vermag?

Dieser Zwischenzustand ist merkwürdig gefühllos; die Zeit der Vorfreude ist vorbei, auch die der Unsicherheit und Furcht. Beides mag im Verlauf der kommenden Stunden wiederkehren, aber jetzt, so wenige Minuten vor dem Einstieg, ist die Stimmung gedämpft. Jeder hängt seinen Gedanken nach in diesem ungleichen Trio, das vor allem die Faszination dieses abweisenden, kalten Berges am Ende der Welt zusammenhält.

Cesare Maestri geht voran, der athletische, muskulöse Tridentiner senkt den Kopf und stapft mit zusammengebissenen Zähnen durch den Schnee. Ja, er hat sich selbst das Versprechen gegeben, den Kampf bis zum Letzten zu führen. Ja, er hat von Stolz und Ehre gesprochen, und er ist anderen und sich etwas schuldig, und schließlich ist er doch immer noch der einzige, der Routen mit Schwierigkeitsgrad VI allein hinauf- und hinunterklettert, oder?

Cesarino Fava muß seine amputierten Füße immer wieder umständlich im hohen Schnee voreinandersetzen, bricht ein ums andere Mal tief ein, aber es stört ihn nicht. Das gehört zum Spiel, seinem Spiel. Ob er mit 30-Kilo-Rucksäcken über Schneeflanken stapft, durch Dauerregen läuft oder in Eishöhlen schläft, nur um seinen Freunden Material für den Aufstieg zum Torre zu tragen – das alles gehört dazu. Den Gipfel braucht er nicht, er weiß, daß für ihn dort kein Glück der Erde wartet, der Cerro Torre wird für ihn persönlich unversehrt bleiben, ein Symbol der eigenen Grenzen. Wir sind Romantiker, vielleicht die letzten, denkt Cesarino, der Alpinismus ist kein Sport, kein Wettkampf, sondern eine Philosophie, eine Lebensform. Wie Lionel Terray immer sagte: Der Gipfel ist bedeutungslos, entscheidend ist die »Eroberung des Nutzlosen«, der Weg dahin. Wie recht er hat, denkt Cesarino und lacht kurz auf.

Das läßt Toni stutzen, der kurz hinter ihm geht, mit ruhigem Atem und großen Schritten. Er hat gerade an seine Schwester gedacht, wie sie sich damals an der Roten Wand oberhalb von Lienz so angestellt hatte, halb im Spaß und halb im Ernst. Sie sei gar nicht schwindelfrei, hatte sie geschimpft, und sie könne dieses kleine »Wandl« nicht hinaufklettern, auch wenn er sie sichern würde. Und dann lachte sie und ging hinauf, wie selbstverständlich, freute sich auch oben noch über ihre Leistung und sagte, aber nun wolle sie sich endlich ausruhen und sonnen. Ich brauche ihre Leichtigkeit heute, und ich glaube, ich habe sie auch. Toni Egger strotzt vor Zuversicht. Ihm ist in den vergangenen Jahren alles gelungen, er hat Karriere in den Bergen gemacht, man bittet um seinen Rat, seine Vorträge sind beliebt, seine Ausbildung wird geschätzt. Dieser Berg wird ihn ganz nach vorne bringen, er kann Geschichte schreiben … und die Vorzeichen stehen gut. Er bekreuzigt sich.

So erreichen sie den Einstieg. Sie tauschen die Rucksäcke, Maestri nimmt einen leichteren und steigt an den Fixseilen entlang als erster hinauf; dann folgt Fava, den Abschluß bildet Egger. Die zwölf Millimeter dicken Hanfseile sind durch den Frost steif gefroren und mit Schnee bedeckt; nur mühsam lassen sich die Sicherungsknoten die Seile entlangschieben. Die ersten Sonnenstrahlen haben den Gipfel des Cerro Torre erreicht, und die Felsstrukturen sind nun immer deutlicher zu erkennen. Jetzt in der frühen Morgenstunde drohen noch keine Lawinen vom dreieckigen Schneefeld abzugehen, doch die Männer beeilen sich, denn der Weg ist noch weit.

Nach etwa drei Stunden haben sie das Schneefeld und das dortige Materialdepot erreicht. Sie beschließen, das steile Schneefeld nach rechts zu queren. An seinem Ende beginnt eine Reihe deutlich erkennbarer Risse, die direkt Richtung Scharte führen. Sie sind sich einig, daß das der am besten geeignete Weg ist. Toni Egger übernimmt die Führung, und mit Pickel und Steigeisen bewehrt überwindet er das vereiste Schneefeld in kürzester Zeit. Die Querung endet unter einem breiten Riß, der sich in einen mit gepreßtem Schnee überdeckten Kamin verbreitert.

Egger zögert nicht lange. Er nimmt einen langen Eishaken in die Linke, umfaßt mit der Rechten den Pickel an der Haue und steigt das schmale Eisband auf den vorderen Zacken seiner Steigeisen empor. Eissplitter spritzen bei jedem Schlag mit der Pickelspitze und bei jedem gezielten Tritt mit den scharfen Steigeisen in alle Richtungen. Mal klingt es erschreckend dumpf und hohl unter der Eisschicht, wenn Egger seine Eiswerkzeuge hineinschlägt, dann wieder ist nur ein kurzes, trockenes *Tack, tack* zu hören; das Eis hält und ist fest mit dem Fels verbunden.

»Wenn Maestri der wahre Meister im Fels war, so zeigte Toni jetzt, daß er der Meister im Eis war.« Fava ist begeistert, die eleganten Kletterkunststücke Eggers erinnern ihn an eine »tänzelnde Gazelle«. Die Arbeitsteilung ist klar: Im Fels führt Maestri, im Eis Egger. Cesare Maestri, der nie die Führung einer Seilschaft abgeben wollte, läßt völlig selbstverständlich nun Toni Egger den Vortritt.

Weiter geht es aufwärts, durch Risse und Verschneidungen, über Platten und Wände. Am Beginn einer Traverse hinterlassen sie ein weiteres Fixseil, das ihnen irgendwann den Abstieg erleichtern soll. Mal ist der Fels von Eis überzogen, mal trocken; sie wechseln nach den Gegebenheiten die Führung. Die Ostwand türmt sich senkrecht viele hundert Meter über ihnen auf, der gelbe Granit ist kompakt und rauh, für Maestri kein Vergleich mit dem kleingriffigen Dolomitgestein seiner Heimat, aber er findet sich mit den neuen Bedingungen schnell zurecht. Später spricht er von schwerer Kletterei »mit Strecken VI. Grades«.

Seillänge um Seillänge spulen sie ab, rasten kaum, vergessen Hunger, Durst und Zeit. Das Wetter bleibt freundlich, die Sonne erwärmt den Fels, und noch bewegen sie sich im Windschatten der Ostwand; das wird sich erst oberhalb der Scharte über ihnen ändern. Kurz vor der Einsattelung geht eine kleine Schneelawine auf sie nieder, doch außer Schnee im Hemdkragen kommen alle drei zum Glück ungeschoren davon.

Irgendwann am Nachmittag stehen sie in der schmalen, ausgesetzten Scharte zwischen dem Cerro Torre und seinem damals noch namenlosen Nachbargipfel im Norden – jene Scharte, die Maestri »Col de la Conquista« tauft, »Sattel der Eroberung«. Bescheidenheit war nie Maestris hervorstechendster Charakterzug, und seine Namensgebung war eine gezielte Verhöhnung seiner Konkurrenten Bonatti und Mauri und des von ihnen ein Jahr zuvor erreichten Sattels auf der Westseite, »Col de la Esperanza«, »Sattel der Hoffnung«. Später schrieb Maestri: »In den Bergen ist Hoffnung ein wertloses Wort, allein der Wille zum Erfolg zählt. Hoffnung ist die Waffe der Schwachen.«

Fast senkrecht brechen die Felswände beiderseits des Sattels mehrere hundert Meter in die Tiefe – ins Nichts. Im Westen liegt weit unter ihnen die unendliche Weite des Patagonischen Inlandeises. Eine monotone, weiße Gletscherfläche, hier und da durchzogen von dunkleren Streifen, den großen Gletscherspalten. Erstarrt und öde erscheint diese Welt, denkt Maestri, und doch ist sie so anziehend. Nur der permanente Wind aus den Weiten des Pazifiks und das schnelle Wechselspiel der Wolken verleihen ihr Abwechslung und den Anschein von Leben.

In etwa 20 Kilometer Entfernung erhebt sich aus dem Gletscher der mächtige Gebirgszug des Cordón Mariano Moreno, eine Kette über 3000 Meter hoher Gipfel, deren Flanken mit riesigen Hängegletschern zum Inlandeis hin abbrechen. Dahinter wieder Eis und Gletscher, die sich irgendwo im Wolkengebräu der pazifischen Fjordküste Chiles verlieren, unbewohnte, rauhe Gestade, an denen es 300 Tage im Jahr regnet und die Gletscher inmitten des südlichen Regenwalds direkt ins Meer kalben. Eine Urwelt, die noch unbekannte, unerforschte Täler und Gipfel kennt. »Unexplored«, das Zauberwort aller Rastlosen und spät gekommenen Entdecker steht noch immer auf den Karten einiger abgelegener Regionen des Hielo Continental, wie das Eisfeld in Südamerika genannt wird.

Maestri schaut nach rechts. Unterhalb des letzten Gipfels der Moreno-Kette verschwimmt in der Ferne das

Weiß der Gletscher mit dem Wattegrau der Wolkentürme, die flach über das Eis gejagt kommen, von einer Bö plötzlich in die Höhe gerissen werden und kurz einem Strahl fahlen Sonnenlichts Platz machen, um dann gleich wieder das Licht zu verschlucken, wabernd hinabzufallen und sich wie eine schwere Decke über den Gletscher und die angrenzenden Berge auszubreiten. Dann ist alles wieder in ein einheitliches Grau gehüllt, durch das nur das Geräusch des Windes dringt. Wie ein geheimnisvoller Vorhang, der versteckte Eingang zu einer anderen Welt, aus der es kein leichtes Entrinnen gibt und die gleichzeitig unwiderstehlich anziehend ist.

Nur eine Handvoll Menschen hatte diese Weite bislang mit eigenen Augen gesehen und noch weniger sie betreten und in Teilen erforscht, wie de Agostini 1935 und dann vor zwei Jahren Bonatti, Mauri und Altán, als sie auf der Westseite vergeblich den Cerro Torre zu besteigen versuchten. Nach dem Abbruch ihres Versuchs hatten sie in einem dreißigstündigen Gewaltmarsch das Eis überquert und erstmals einen Gipfel der Moreno-Kette erreicht.

Maestri laufen Schauer über den Rücken, und schuld daran ist nicht nur die durchdringende Kälte des Windes aus Westen. Er atmet tief durch und sieht erst jetzt, daß Toni und Cesarino neben ihm stehen und schweigend mit weiten Augen ebenfalls zum Eis schauen. Cesarino blickt zu ihm herüber.

»Wird man da nicht doch gläubig, wenigstens ein kleines bißchen?« Er will Maestri, der immer gern seinen Atheismus betont, aus der Reserve locken.

»Solche Schönheit braucht nicht unbedingt einen

Gott, mein Lieber, ich kann vor der Natur Ehrfurcht empfinden, auch ohne an einen Schöpfer zu glauben!« Maestri lächelt, denn er weiß, daß sein Freund ihn nur necken will.

»Ach, Cesare, ich will dir glauben, aber ich weiß, du siehst dort drüben vor allem unerreichte Gipfel, unerstiegene Wände, zu eroberndes Neuland ... aber manchmal muß man auch innehalten können und nur schauen ...«, sinniert Cesarino weiter, und etwas leiser, wie zu sich selbst: »Wir sind eigentlich so etwas wie Priester, oder sollten es zumindest sein.«

Dann wenden sie sich vom Eis ab und betrachten die Wände links und rechts von ihnen. Die Scharte ist im Norden und Süden eingerahmt von senkrechten, fast völlig strukturlosen, plattenartigen Wänden. Eine einfache Aufstiegslinie gibt es nicht, im Gegenteil, die Nordwand sieht im ersten Moment abweisend und unbegehbar aus. Man erahnt die felsige Struktur nur, denn je höher sie schauen, desto mehr Eis entdecken sie. Der tagelange Sturm mit feuchter Luft aus West, der stete Schneefall in Kombination mit den tiefen Temperaturen hat die Wände Stück um Stück mit einer Schicht aus Rauheis überzogen, und unter dem Druck des Sturms auf den Fels ist eine kompakte Eisschicht gewachsen. Aber kann das Eis einer Seilschaft Halt geben?

Maestri als wenig erfahrener Eiskletterer weiß es nicht, sagt aber kein Wort, denn er hat Angst vor dem unaussprechlichen »unmöglich«. Nein, bis hierher sind sie gekommen, der Gipfel ist nah, es kann, es darf einfach kein Zurück mehr geben!

Toni geht die paar Schritte zum Fuß der Wand hin-

Die vereisten Spitzen von Torre Egger und Cerro Torre über dem Inlandeis (von Westen)

Cesare Maestri in den frühen 50ern als Kletterer in der Brenta

Abendstimmung am Lago Viedma, am Horizont die Silhouetten von Fitz Roy und Cerro

Die Stirn des Perito Moreno-Gletschers bricht in den Lago Argentino.

Schmelzender Eisberg im Lago Argentino

Der Lago Desierto nördlich des Dorfes El Chalten

Der Cerro Torre von Südosten über den Gletscherbrüchen des Torre-Gletsche

Hauptstraße von El Chalten

Die Kapelle für Toni Egger am Ortsrand von El Chalten

Der Gipfel des Fitz Roy von Norden im letzten Sonnenlicht

Lager auf dem Inlandeis während der Umrundung des Torre-Massivs

Abend am Fitz Roy – für die Tehuelche-Indianer »der rauchende Berg«

Der Autor am Cerro Torre, Februar 2005

über, schlägt mit dem Pickel die Eisschicht ab, um ihre Stärke zu prüfen, stößt dann mit seinen Frontalzacken hinein. Es gibt einen leicht dumpfen Klang, dann steigt er ein, zwei Meter hinauf und nickt.

»Es geht, das Eis scheint gut zu halten, es ist wohl einen halben Meter dick und mit dem Fels leidlich gut verbunden.«

Maestri nickt erfreut, diese nüchterne Analyse des erfahrenen Eisgehers beruhigt ihn, schließlich hat Toni immer wieder gesagt, daß er – sogar für den Cerro Torre – kein unkalkulierbares Risiko eingehen wird. Und wenn Toni sagt, es geht, dann erübrigt sich jede weitere Diskussion.

Sie blicken wieder die Wand hinauf. An der rechten Begrenzung bildet sie eine ausgeprägte Kante mit der angrenzenden Westwand. Diese scharfe Schneide sieht etwas gestufter aus als der vereiste Fels direkt oberhalb von ihnen, und durch ihre exponierte Lage ist sie besonders stark vereist. Das scheint der naheliegendste und sicherste Aufstiegsweg zu sein.

Sie sind sich schnell einig. Dann schweigen sie, denn nun trennen sich ihre Wege. Schließlich sagt Fava mit einem Blick auf die Uhr: »Ja, dann will ich mal ...« Er versucht, entspannt zu wirken, aber sie spüren seine Nervosität.

»Schaffst du es wirklich, dich allein abzuseilen?« fragt Maestri besorgt.

»Schon, wenn ihr mich die Traverse hinablaßt, so daß ich zum oberen Fixseil komme, dann werde ich es schon zum Schneefeld hinüber schaffen und weiter zu den nächsten Fixseilen in der Verschneidung.«

Er klingt nicht überzeugt, und Maestri weiß, daß sein Freund Angst hat, aber es gibt keine Alternative, das wußten sie vorher.

Fava seilt sich an. Sie umarmen sich noch einmal, fast erscheint es Maestri, als ob Cesarino Tränen in den Augen hat. Er flüstert beinahe: »Kehrt wohlbehalten zurück!«

»Das machen wir«, antwortet Maestri. »Vergiß nicht, daß ich es dir zu verdanken habe, daß wir hier sind.«

Sie winken noch einmal, dann lassen sie Cesarino am 200 Meter langen Seil über eine Karabinerbremse gesichert in die Tiefe hinab, in den Schatten der Ostwand.

Die Fahrt dauert lang. Das Seil ist fast völlig ausgegeben, da gibt es drei starke Züge, eine Pause, noch einen Zug und wiederum eine Pause gefolgt von drei weiteren Zügen; das vereinbarte Zeichen. Cesarino hat das Fixseil erreicht und sich losgebunden. Nun holen sie die 200 Meter Seil wieder hinauf.

Jetzt ist Cesarino völlig auf sich allein gestellt, denkt Cesare, hoffentlich kommt er unbeschadet zur Eishöhle hinunter ... und wir sind wieder einer weniger, für uns beide gibt es nur noch einen Weg: den nach oben.

Es ist bereits später Nachmittag, und sie buddeln sich eine Schneehöhle mit der Öffnung nach Südosten, dem Wind abgewandt, in der sie es sich mit Biwaksack und Schlafsäcken leidlich bequem machen können. Am Abend läßt der Wind nach, im Mondlicht scheint das Inlandeis wie von innen bläulich zu leuchten, über dem Mariano-Moreno-Kamm wölbt sich die Milchstraße, und trotz des fast vollen Mondes strahlen viele Sterne so klar und scharf, wie sie es noch nie zuvor gesehen haben. Sie kochen Suppe und Tee, der Kocher brummt. Toni erzählt vom Leben auf dem Hof, von seiner Schwester, der Kriegsgefangenschaft, der Jirishankar-Expedition und auch von Maria auf der Drei Zinnen-Hütte, seiner Freundin damals im Elsaß, und von Lore, seiner Freundin in Lienz. Maestri muß lächeln, natürlich kennt auch er Maria – welcher Kletterer auf der Zinnenhütte hatte sich nicht in sie verliebt? Und er erzählt von dem Mädchen auf der Pedrottihütte und von den Frauen in Trient …

»Wartet jemand auf dich, Cesare?« fragt Toni dann. Und Maestri überlegt lange.

»Ja, schon … aber keine Frau«, sagt er und versucht dann zu schlafen.

Das wird schwer, in einer kleinen Schneehöhle am »Sattel der Eroberung«, zwischen glatten Bergwänden über senkrechten Abgründen und Gletschern, allein mit seinen Gedanken und fern der Menschenwelt. Maestri wälzt sich unruhig hin und her, die dunklen Silhouetten der Torre-Wände wirken immer bedrohlicher, wieder quälen ihn Todesahnungen, er wird alles nicht mehr wiedersehen, was er liebt: Freundinnen und Freunde, seinen Vater und seine Geschwister, den herbstlichen Brenta-Wald, den Lago Tovel im Morgengrauen; kein Sommerabend in Trient mehr, kein langer Abend mit Cesarino im Circolo Trentino. Alles vorbei, unten geblieben, er wird in dieser Welt gefangen bleiben, hier, zwischen Granitwänden und Eislawinen, verurteilt, für immer und ewig den Cerro Torre zu ersteigen … Doch langsam kriecht das erste Tageslicht über den Horizont der Pampa und vertreibt vorerst die nächtlichen Dämonen.

Schnell ist das Lager abgebaut, sie springen und stampfen sich warm, essen ein paar Kekse, schlürfen heißen Tee und stehen bald am Einstieg unter der Nordwestkante. Sie packen die Rucksäcke: Neben der Biwakausrüstung und den Lebensmitteln nehmen sie mehrere Dutzend Fels- und Eishaken mit, Trittleitern, Reepschnüre und Bohrhaken samt Meißel. Die Säcke wiegen jeder mehr als 20 Kilogramm. Dann binden sie sich mit einem 200-Meter-Seil zusammen.

Toni übernimmt die Führung. Der schmächtige, leichte Mann steigt über die prekären Eisschollen hinauf, mal vorsichtig tastend, dann wieder rammt er entschieden und kraftvoll Pickel und Eishaken in den Untergrund. Er fühlt die Eisverhältnisse, tänzelt bald kreuz und quer über die Wand, immer auf der Suche nach den weniger steilen Wandpartien, da dort mit der haltbarsten Schneeauflage zu rechnen ist. Mal bricht eine Scholle, mal klingt es beim Aufschlag der Eisen hohl unter der Oberfläche, doch dank seinem geringen Gewicht hält der Eispanzer. Hier und da setzt er Eishaken zur Zwischensicherung. Sehr leicht sind sie ins Eis zu treiben, im Ernstfall würden sie einen schweren Sturz nicht auffangen können. Der windgepreßte und gefrorene Schnee hat eine Dicke von wenigen Zentimetern bis zu fast einem Meter.

»Er geht mit einer Selbstverständlichkeit über senkrechtes Eis wie andere eine Treppe hinaufsteigen.« Maestri ist ein aufs andere Mal beeindruckt. »Wie eine Fliege klebt er an der Wand.«

Aufgrund der Verhältnisse am Berg behalten sie ihre Arbeitsteilung vorläufig bei: Egger führt und sucht den richtigen Weg, Maestri folgt und schleppt dabei oft beide schweren Rucksäcke. Immer wieder bricht unter seinen Schritten ein größeres Stück der Eiskruste krachend in die Tiefe, und Egger muß das einzuholende Seil immer auf Spannung halten. An den Standplätzen schlägt er das Eis bis auf den Felsgrund weg und sucht nach guten Sicherungsmöglichkeiten. Manchmal findet er einen Riß, in den er einen Haken treiben kann, aber meistens ist der Fels glatt und kompakt, und er meißelt mit mehreren hundert Schlägen ein zwei Zentimeter tiefes Loch in den Granit, in das dann der kleine Haken geschlagen wird, dessen Schaft sich mit seinem quadratischen Querschnitt in dem Loch festbeißt; es sind Expansions- oder Bohrhaken, die den Aufstieg über vollkommen glatte Wände möglich machen. Dann sichert Egger sich selbst an den Haken, schlingt sich das Seil um Schulter und Brust und ruft schließlich Maestri zu, daß er nachkommen kann.

Es bleibt eine extreme, kraftraubende, nervenzehrende und auch gefährliche Kletterei, das wissen beide und reden nicht darüber. Wenn nur die Temperatur um ein, zwei Grad steigen würde und der Schnee schmölze … sie laufen in eine Falle und wissen es. Jetzt gibt es nur noch den Berg und sie, kein Gestern und kein Morgen, der nächste Schritt, der nächste Haken, die nächsten Meter Richtung Gipfel – das ist alles, was zählt. Die bedrohlichen Eisüberhänge am Gipfel spielen keine Rolle. Sie sprechen nicht miteinander, sie verstehen sich blind und wissen instinktiv, was zu tun ist, was der andere tun muß und tun wird. Die Außenwelt verblaßt, es bleibt kein Platz mehr für Zweifel und Ängste.

Nach zwölf Stunden sind sie am Ende ihrer Kräfte und 300 Meter über dem Col de la Conquista. Auf einer Rippe mit dicker Schneeauflage pickeln sie eine möglichst waagerechte Fläche heraus, auf der sie einigermaßen sitzen können. Dann verankern sie sich selbst an einigen Bohrhaken und kochen Tee. Die Sonne sinkt schon über dem Cordón Mariano Moreno, sie kriechen noch tiefer in die Daunenschlafsäcke, denn das gute Wetter hält an, die Temperatur fällt schnell. Maestri döst mit geschlossenen Augen und versucht, sich zu entspannen, aber wirre Gedanken schießen ihm durch den Kopf. Währenddessen schreibt Toni noch etwas in sein Tourentagebuch. Später in der Dunkelheit sprechen sie über ihre Kriegserlebnisse, an der Front und als Partisanen, über Angst, Lebenslust und Hoffnung.

»Wie wollte ich doch, daß das ganze Abenteuer schon zu Ende wäre. Zu Ende, damit ich heimkehren kann, um mit den vertrauten kleinen Dingen zu leben, an einer Blume zu riechen, mich am Vogelflug zu ergötzen und einer geliebten Frau die Hand zu drücken. All dies wird für mich keinen Wert mehr haben, wenn ich nicht zuvor den Torre bezwungen habe ... Für Toni liegen die Dinge anders, er wird glücklich sein, den Gipfel zu erreichen, aber er muß nicht hinaufgelangen. Ich dagegen muß, weil ich es mir gelobt habe.«

Maestri fällt in einen unruhigen Schlaf, und die Nacht am Cerro Torre ist kurz.

Am Morgen, es ist der 30. Januar, herrscht Biwakroutine: Schnee schmelzen für den Tee, die kalten und steifen Glieder massieren und strecken, die Ausrüstung verstauen. Das Gelände wird nun gestufter, die Nordwand geht über in den Beginn des Gipfelaufbaus. Doch noch ist der Weg dorthin weit und der Grat mit den wunderlichsten Eisformationen bestückt. Die Bergsteiger turnen weiter über Eisüberhänge, die an exotische Pflanzen erinnern, graben sich durch Schneeüberhänge wie Maulwürfe und gewinnen langsam an Höhe. Manchmal ist das Eis hart wie Fels, dann bricht es unter jedem Tritt weg wie morsches Holz. Sie nähern sich dem entscheidenden Gipfelaufbau, doch es ist bereits früher Abend, und sie sind wieder seit zwölf Stunden unterwegs. Besser, sie suchen sich hier in einer Schneehöhle einen geeigneten Biwakplatz und nehmen morgen ausgeruht die letzten Meter in Angriff. Sie graben eine Höhlung, kochen Tee und versuchen sich auszustrecken. Der Höhenmesser zeigt an, daß ein Tiefdruckgebiet naht, das Wetter wird schlechter werden, schnell sogar. Sie schauen sich an, als wollten sie sagen, das wußten wir doch.

»Wir werden schnell sein, Cesare. Und morgen stehen wir auf dem Gipfel!« sagt Toni noch, bevor sie trotz der unbequemen Lage erschöpft in einen kurzen Schlaf fallen.

Am Morgen gibt es Tee, etwas Schokolade und Zwetschgen; ihre Vorräte gehen zur Neige. Eine Büchse Fruchtsirup und Schokolade nehmen sie im Rucksack mit Richtung Gipfel. Toni Egger klettert jetzt wieder voran. Es ist der 31. Januar, der vierte Tag am Berg, und sie arbeiten nur noch automatisch, instinktiv, so wie sie es sich in all den Jahren mit extremen Bergtouren angeeignet haben. Längst schon sind sie am Ende ihrer physischen und psychischen Leistungsfähigkeit, doch es gibt nur noch das eine Ziel. Sie hacken Minute um Minute, Schritt um Schritt die Steigeisen in die Schneekruste, schlagen die Pickelhaue in das Eis, ziehen, stapfen, treten und klettern irgendwie höher; die Schmerzen in den Zehen und den abgeschürften Fingerknöcheln spüren sie schon lange nicht mehr. Noch steht die Sonne über ihnen.

Maestri blinzelt schräg nach oben, leckt sich mit der Zunge über die aufgeplatzten Lippen. Wo sind ... wir müßten doch eigentlich ... nein, noch nicht, noch einmal das Seil gestrafft. Wo ist Toni, da oben, die Eissplitter fliegen, er kämpft an einem Überhang, er schafft es. Maestri weiß nicht, ob es wirklich ist oder ob er träumt, aber auf einmal hört er Toni über sich rufen: »Cesare, der Gipfel! Wir sind da!« Es ist der 31. Januar 1959, 15.30 Uhr.

Maestri schreit, schreit irgend etwas, schreit vor Glück, vor Erlösung oder warum auch immer, er weiß es nicht. Er stößt den Pickel mit letzter Kraft bei jedem Schritt bis zum Schaft in den Schnee, zieht sich daran hoch und rammt ihn erneut hinein. Er macht seine letzten Schritte, dann rutscht er auf allen vieren auf das Gipfelfeld, denn von Minute zu Minute nimmt der Sturm an Stärke zu. Mit jeder Bewegung verschwindet vor seinen Augen die Wand, das Eis, auf das er seit Tagen blickt. Auf einmal kippt alles nach vorn, es geht nicht mehr weiter, nicht mehr höher, das ist der Gipfel!

Er ist die letzten Meter heraufgekrochen und stellt sich nun gegen den Sturm breitbeinig neben Egger, da wirft eine Windbö von hinten sie zu Boden. Sie rammen die Pickel in das Eis des Gipfelpilzes, und auf allen vieren hockend, umarmen sie sich; Toni Egger weint vor Freude.

Der Sturm läßt kurz nach, Maestri stemmt sich noch einmal auf die Beine, atmet und schaut, dreht sich um die eigene Achse, einmal, zweimal. Die Welt da unten ist so fern, ja, dort hinten beginnt die Pampa, da liegt der Viedmasee, die Farmen, die sie vor langer Zeit passierten, und dort drüben das Eis, die Gletscher und dahinter, im aufziehenden Sturm versteckt, irgendwo der Pazifik. Um sie herum ragen die Spitzen und Grate der kleineren Gipfel auf, aber auch sie sind weit unter ihnen, bis auf den Fitz Roy auf der anderen Talseite. Dort unten am Fuß der Wand muß die Schneehöhle sein, in der Fava ausharrt und auf sie wartet, und dort ist auch der große Block auf der Moräne, unter dem die vier Studenten im Lager 2 auf ihre Rückkehr hoffen.

Und nun? Maestri blickt nach oben in die schnell vorbeiziehenden Wolkenfetzen und den darüber noch flüchtig durchschimmernden blauen Himmel. Weitersteigen! Weitersteigen! Was kann ich denn sonst tun? Er weiß auf einmal nicht mehr, wofür er hergekommen ist, warum er gelitten und gekämpft hat. Er fühlt sich leer und nutzlos. Ist dies nicht ein Gipfel wie alle anderen auch?

»In diesem Augenblick wurde mir stärker als je zuvor klar, daß ein Berg niemals ein Menschenleben wert sein kann. Mich überfiel Ekel vor dem Gipfel.«

Er wickelt die fünf Wimpel von Argentinien, Österreich, Italien, Trento und dem Alpenverein um seinen Eispickel; sie knattern im Sturm. Alle wollten teilhaben an diesem einsamen Sieg in den fernen Kordilleren.

»Wem habe ich dies alles bewiesen? Gehen wir doch weg, es war alles umsonst!«

Egger schießt ein paar Fotos, und dann steckt Maestri noch den Zettel mit ihren Namen in eine kleine Süßigkeitenbüchse, die sie vorher geleert haben, und vergräbt sie im Schnee. Der immerwährende Wind wird alles wegblasen, die Eispilze, Fahnen, Fußspuren, Blechbüchsen, Siege und Erinnerungen, denkt Maestri noch, als Egger ihn am Arm faßt und nach Westen zeigt. Sie müssen weg, sie müssen runter, die Temperatur steigt, und der Sturm nimmt immer noch zu, schon hüllen sie die ersten grauen Wolkenfetzen ein. Auf dem Gipfel hat man immer erst die Hälfte des Weges hinter sich, das wissen sie beide nur zu gut.

Sie pickeln einen Pilz aus dem Eis und legen um seinen schmalen Fuß eine Reepschnurschlinge, durch die dann wiederum das doppelt gelegte Seil zum Abseilen läuft. Als Maestri die beiden Enden in die Tiefe werfen will, wirbelt sie der Wind wie verrückte Luftschlangen wieder in die Höhe und ihm vor die Füße. Also muß er Egger mit einer Seilbremse ablassen, und während der dann den nächsten Abseilstand einrichtet, kommt Maestri hinterher und zieht das Seil ab, und so geht es weiter.

Sie brauchen bis zum Abend, um den Platz ihres letzten Biwaks zu erreichen, und beschließen, dort zu bleiben, denn die Lawinengefahr nimmt zu, je tiefer sie in die Nordwand gelangen. Die alte Schneehöhle ist noch da, der Eingang aber verschüttet. Sie legen ihn frei, kriechen hinein und schaffen es noch einmal, den kleinen Kocher zum Laufen zu bringen, um etwas Schnee zu schmelzen. Etwas Eßbares haben sie schon lange nicht mehr, auch wenn sie immer wieder die Rucksäcke durchwühlen, um noch Schokoladenreste oder Kekskrümel zu finden. Es ist vergeblich. Draußen brüllt der Wind, dumpf poltern die schmelzenden Eisplatten und Schneelawinen an der Höhle vorbei in die Tiefe. An Schlaf ist nicht zu denken, in einem Dämmerzustand der Erschöpfung warten sie frierend und hungrig auf den Morgen.

Es dämmert. Der 1. Februar, der fünfte Tag am Berg, bricht an. Es ist Wahnsinn, sich aus der Höhle zu begeben, aber sie haben keine Alternative. Es ist wie damals an der Straße in der Normandie, denkt Toni, das Maschinengewehr wird versagen. Es herrscht Krieg am Berg. Der Sturm tobt in einer entfesselten Gewalt, die keiner für möglich gehalten hat; es klingt wie ein Bombardement, wie Kanonenfeuer oder dröhnende Triebwerke. Die Geschosse kommen von oben, denn der ganze Panzer aus Eis und Schnee schmilzt, wird mürbe, fällt, reißt weiteres, loses Material aus der Wand mit sich und wird vom Sturm fortgerissen und nach unten geschleudert. Sie schauen beide schon lange nicht mehr nach oben, fatalistisch ergeben sie sich dem Beschuß größerer und kleinerer Lawinen.

»Verdammt, laß uns nicht den weißen Tod sterben!« fleht Toni immer wieder.

Ihre einzige Chance liegt in der Geschwindigkeit. Doch sie kommen nur langsam voran, denn die Nordwand, über die sie vor zwei Tagen auf einer mürben Eiskruste hinaufgeturnt sind, ist nun freigefegt, ein glatter senkrechter Fels, der keinen Absatz, kein Dach bietet, unter dem man sich schützen, verstecken oder ausruhen könnte. Bei jedem Abseilmanöver muß der erste, am Ende des Doppelseils hängend, mühsam mit Hammer und Meißel zwei Löcher für Bohrhaken schlagen, dann sich selbst daran befestigen, bevor der zweite nachfolgen, das Seil abziehen und an einer durch die beiden Haken gefädelten Reepschnur für die nächste Abseilfahrt befestigen kann. In ihrem Zustand benötigen sie eine Ewigkeit für diese Routineverrichtungen.

Längst haben sie jedes Zeitgefühl verloren, ihre Kleidung ist naß, die Hände schmerzen, Hunger und Erschöpfung werden von der Angst betäubt, nicht mehr lebend vom Berg herunterzukommen.

Sie versuchen, sich über eine leicht diagonale Strecke an der Nordwand abzuseilen, da ihnen diese Seite lawinensicherer erscheint als ihre direkte Aufstiegsroute. Aber sie haben keine Chance. Noch oberhalb des Col de la Conquista müssen sie noch einmal in der erdenklich unbequemsten Lage eine Nacht in der Wand verbringen. Auf einer schmalen Leiste kauern sie nebeneinander, den fast leeren Rucksack zum Schutz über den Kopf gezogen, noch nicht einmal mehr Tee können sie hier kochen. Sie schlürfen Schmelzwasser von der Felswand und dämmern fast bewußtlos dem Morgen entgegen. Was sie am Leben erhält, ist allein die Aussicht, am nächsten Tag diesem Inferno entrinnen zu können – sonst werden sie es nicht überleben, das wissen sie.

Sie überstehen die Nacht und machen sich auf zum nächsten Abseilmanöver. Sie müssen heute aus der Wand herausfinden! Es ist der 2. Februar, der sechste Tag am Berg.

Abgestumpft und gleichgültig gehen sie ans Werk: Seil

auswerfen, Haken schlagen, Löcher bohren, dann haben sie endlich das Niveau des Cols erreicht, und mit jeder weiteren Seillänge lassen sie den tobenden Sturm in der Höhe hinter sich. Der Wind dröhnt nur noch über ihnen durch die Spalte im Grat wie durch eine Düse und fegt Lawinenreste weit ins Tal hinab. Sie erreichen die Traverse, an der Cesarino fünf Tage zuvor das zurückgelassene Fixseil für den Abstieg mitgenommen hat. Es geht weiter, das dreieckige Schneefeld ist in Sichtweite, die Fixseile beginnen bald dahinter. Aber es dämmert bereits, sie beraten sich.

Maestri hält es für Wahnsinn, in ihrem Zustand im Dunkeln entlang der Fixseile abzusteigen. Egger will weiter, er sagt: Laß mich weiter unten nach einem guten Platz zum Biwakieren suchen. Maestri weiß, daß Toni ein weiteres Biwak vermeiden will, denn wenn er erst einmal weiter unten ist, wird Maestri natürlich nachkommen sollen.

»Laß mich ein Stück weiter hinunter, Cesare«, bittet Toni.

Maestri stimmt schließlich zu und läßt Egger ein Stück per Seilbremse hinab, er denkt dabei noch, daß er nicht nachkommen wird, sondern lieber hier die letzte Nacht verbringen will. Er führt das Seil über die Schulter, durch die rechte Hand und einen Bremskarabiner, selbst gesichert an einem Haken im Fels, so wie immer. Egger fährt langsam in die Tiefe, ist jetzt vielleicht 20, 30 Meter unter ihm, als Maestri plötzlich oben am Berg ein Grollen und dumpfes Poltern hört. Er wendet den Kopf.

Ein schwarzer Schatten breitet sich in Sekundenbruchteilen über die Ostwand aus, eine riesige Lawine hat sich gelöst und fällt zu Tal. Sie wird größer, und ein anschwellendes Rauschen wie das eines herannahenden Zuges erfüllt den Kessel.

Maestri schreit: »Toni, paß auf!«

Sein Freund hat in diesem Moment ebenfalls den Kopf nach oben gewendet und erkennt sofort die Gefahr. Er versucht blitzschnell seinen Körper an die Wand zu drücken, als ob er in den Fels hineinkriechen will, um sich zu schützen, doch es ist zu spät. Er schaut noch einmal kurz hinauf, und ihre Blicke treffen sich für eine lange Sekunde. Cesare sieht Tonis erstarrtes Gesicht, dann schließt er im gleichen Moment wie Egger die Augen.

Sofort wird es dunkel, und Maestri spürt einen starken Luftzug. Eisblöcke stürzen auf Arme und Kopf, immer wieder neue, aber er spürt keinen Schmerz mehr. Er hält das Seil weiter fest in beiden Händen; es führt nach unten und ist noch immer straff gespannt. Die Lawine scheint kein Ende zu nehmen, dann ist es plötzlich still. Kein Wind, kein Grollen in der Luft mehr, kein Schrei. Stille.

»Toni!«

Lauter: »Toni!«

Stille.

»Tooonii!«

Stille. Er blickt auf das Seil, das er in den blutigen Händen hält. Es ist nicht mehr straff gespannt, ein Rest hängt schlaff in seiner Faust, langsam holt er es ein, zwei, drei, fünf Meter, dann kommt das Ende herauf, ein zerfaserter, zerrissener Seilrest.

Toni!?

Aber da ist niemand mehr. Cesare kann sich nicht bewegen, ist gelähmt, beugt sich zitternd ein wenig vor und schaut von seinem Standplatz hinab auf die Stelle, an der vor wenigen Sekunden noch sein Freund zu ihm heraufgeschaut hatte. Ist er vielleicht doch noch ... nein, da ist nichts am Fels, kein Absatz, keine Spalte, wohin er sich hätte retten können; die Felsplatte ist blankgefegt. Toni ist abgestürzt, weggerissen von der Lawine, zerschmettert am Fuß dieser Wand.

»Ich konnte nicht einmal heulen, ich hielt nur das Stück Seil in der Hand; das war das letzte, was mich mit ihm verband. Warum er? Ich sollte am Cerro Torre sterben, ich hatte meinen Kopf gesetzt bei diesem Spiel! Toni hatte noch alles vor sich; jeden Abend hatte er mir von seinen Plänen erzählt. Was war nur geschehen, was war das für eine Strafe? Wenn es Gerechtigkeit gab, dann sollte auch ich diesen Berg nicht wieder lebend verlassen. Ich war allein, völlig allein ... der Torre schwieg ... wenn ich doch nur hätte weinen können.«

Wie lange Cesare Maestri dort steht, weiß er später nicht mehr. Irgendwann kehren Schmerzen und Durst zurück und damit sein Überlebenswille. Mit der Lawine ist auch sein Rucksack mit den letzten Ausrüstungsgegenständen in die Tiefe gerissen worden. Er verbringt die Nacht, wo er ist. Es wird die einsamste Nacht seines Lebens.

Nach dieser Nacht wird nichts mehr sein können, wie es war. Was immer ich tun und wo immer ich sein werde, denkt er, ein Teil von mir ist hier in dieser Wand geblieben, in dieser Nacht, etwas in mir wird diese Einsamkeit immer spüren, sie wird mich den Rest meines

Lebens begleiten und nichts und niemand wird sie heilen können.

Ein grauer Morgen dämmert im Tal des Torregletschers, und es herrscht absolute Stille, durchbrochen nur von Eisbrocken, die ab und zu auf den Gletscher hinunterpoltern und häßlich krachend auseinandersplittern. Es ist der 3. Februar, der siebte Tag für Maestri am Berg. Er ist sich nicht mehr sicher, ob das noch die Welt der Lebenden ist oder ob er bereits das Tor zum Schattenreich durchschritten hat. Er hält noch immer das Seil in Händen, an dem Toni Egger gehangen hat. Langsam nimmt er es auf, schlingt es zum Doppelseil und wirft es in den Abgrund hinunter, auf die Verschneidung mit den Fixseilen zu.

Alles läuft automatisch. Wie in Trance stolpert er über das hängende Schneefeld, erreicht die obere Kante der Verschneidung und damit das Ende der rettenden Fixseile; von hier kämpft er sich weiter hinunter zum Gletscher. Dorthin gelangen die Lawinen aus dem Gipfelbereich nur äußerst selten. Es hat wieder begonnen zu schneien, der Neuschnee überzieht die Felsen und das Hanfseil. Jetzt sieht Maestri unter sich zwischen seinen Beinen hindurch das Ende der Felsen, noch vielleicht zehn, zwölf Meter, dann beginnt der Lawinenkegel über der Randkluft, und er ist gerettet.

Im nächsten Moment rutscht er weg, seine Füße verlieren den Halt, schreiend will er nach dem rettenden Seil greifen, doch er stürzt, alles dreht sich um ihn, und dann folgt ein dumpfer Aufschlag. Er liegt im Schnee, im weichen Schnee, und hat keine Kraft mehr aufzustehen, will nur noch liegenbleiben und schlafen. Er schmeckt Schnee und Blut auf seinen Lippen und schließt die Augen ... Toni, ich komme doch!

Cesarino Fava verläßt an diesem Morgen seine Eishöhle für immer – so denkt er. In seinen Rucksack hat er alle verbleibenden persönlichen Utensilien von Maestri und Egger gepackt und noch einen Zettel hinterlassen: »Kehre heute zurück zu den Studenten ins Lager 2. Entschuldigt. Cesarino.«

Er hat die Nacht nicht geschlafen, ebenso wie die beiden vorangegangenen Nächte, und eigentlich hat er seit seinem Eintreffen im Lager »Kühlschrank« am Abend des 28. Januar überhaupt sehr schlecht geschlafen. Die erzwungene Einsamkeit in der Eishöhle gefiel ihm nicht, aber er wagte es auch nicht, für längere Zeit zu den vier Studenten abzusteigen, denn jederzeit hätten ja seine Freunde hier eintreffen können, und er würde benötigt. Nein, er konnte nicht riskieren, nicht im Lager zu sein, wenn Maestri und Egger vom Cerro Torre kamen, wann auch immer.

Der Abstieg allein durch die Ostwand hatte ihm alles abverlangt. Ja, er hatte Angst gehabt, während der langen Ablaßaktion vom Col de la Conquista hinab bis zum ersten Fixseil, das er dann abzog, um sich damit weiter abseilen zu können. Schließlich war er dem steilen, dreieckigen Schneefeld bis zum Beginn der abgesicherten Verschneidung gefolgt, die ihn dann an den Fuß der Wand und zur sicheren Höhle führte. Am Ende war er seit dem Aufbruch fast 24 Stunden unterwegs gewesen, mittlerweile war es dunkel in der Ostwand.

Am Ende seiner Kräfte, blickte er noch einmal hinauf zum Col, bevor er in der Höhle verschwand, und glaubte kurz, einen schwachen Lichtschimmer dort oben zu erkennen, aber wahrscheinlich war es doch nur eine Sinnestäuschung, denn auch Egger und Maestri saßen zu diesem Zeitpunkt in einer kleinen Schneehöhle.

In den zwei Tagen darauf, am 29. und 30. Januar, hatte Cesarino Fava das gute Wetter am Cerro Torre und das Nichtstun genossen. Er saß in der Sonne, streifte durch die Gegend und schaute immer wieder zur Nordwand hinauf, ohne jedoch eine Bewegung erkennen zu können. Leider hatten sie kein Fernglas mitgenommen. Einmal ging er auch zum Einstieg hinauf und stieg wenige Seillängen weiter in die Wand, um bei den Fixseilen nach dem Rechten zu sehen. Als er wieder im Lager ankam, fand er einen Zettel von den Studenten. Sie waren dagewesen und dann wieder abgestiegen. Schade, er hätte gut etwas Gesellschaft vertragen können. Die Einsamkeit schlug ihm vor allem abends aufs Gemüt, wenn er allein in der kalten Eishöhle saß und die Kerzen flackernde Schatten an die Wände warfen.

Am 31. Januar wurde er unruhig. Nun hätten sie im besten Falle wieder unten ankommen müssen, dachte er und streifte den ganzen Tag über durch das Gelände nahe der Verschneidung, den Blick immer nach oben gerichtet. Doch dort bewegte sich nichts.

Stille und Einsamkeit wurden zu seinen vertrauten Begleitern; er gewöhnte sich an Selbstgespräche, sang laut vor sich hin, aber manchmal fühlte er sich auch beobachtet. Noch nie hatte er die Bergkulisse des Torretales, deren Schönheit er schon lange erlegen war, so ungestört erleben können.

Doch am Nachmittag des 31. Januar schlug das Wetter um. Fava spürte schon im Lauf des Tages die steigenden Temperaturen; am blauen Himmel schoben sich hohe Schleierwolken aus Westen voran, und über dem Domo Blanco bildeten sich Lenticulariswolken, ein sicheres Anzeichen für heraufziehende Schlechtwetterfronten. Als Maestri und Egger sich zum Abstieg bereitmachten und in ihrer Biwakhöhle Schutz suchten, begann es im Tal leicht zu schneien und zu regnen.

Die nächsten Tage brachten Regen, Schnee und Wind und für Fava wachsende Sorgen. Morgens buddelte er den Eingang zur Höhle frei, dann stapfte er mehrmals täglich durch kniehohen Neuschnee und Nebelschwaden Richtung Einstieg, schaute und rief in die graue Ödnis hinauf, aber niemand antwortete. Manchmal glaubte er, einen sich bewegenden Punkt in der Wand zu erkennen, doch jedesmal fand er ihn nach einer Stunde immer noch an derselben Stelle verharrend wieder. Nachts glaubte er schon, Schritte im Schnee oder Stimmen zu hören. Seine Hoffnung narrte die Sinne. Er rechnete nach und kam zu dem Ergebnis, daß sie es unmöglich länger als bis zum 2. Februar in der Wand aushalten könnten.

In der folgenden Nacht hatte er mehrmals an den Tod seiner Freunde gedacht, und sein Gesicht ist noch immer gezeichnet vom Weinen, als er nun schwer bepackt die Höhle verläßt und absteigen will.

Wieder hat es leicht zu regnen und zu schneien angefangen. Tief hängen die Wolken über dem Tal, Cesarino muß an ein weißes Leichentuch denken, das alles friedlich verhüllt. Er blickt noch einmal hinauf zum Einstieg in die Verschneidung, wie er es in den vergangenen Tagen Hunderte von Malen getan hat. Er blinzelt. Oben auf dem Lawinenkegel erkennt er einen dunklen Punkt. Der war gestern noch nicht da. Wahrscheinlich ein herabgestürzter Stein, denkt er, und wendet sich zum Gehen Richtung Tal. Und wenn vielleicht doch ... Er dreht sich wieder um. Der dunkle Punkt ist weg ... nein, da ist er. Aber war er eben nicht höher? Wahrscheinlich eine Täuschung, bedingt durch die Entfernung und den Schneefall ... aber doch, da ist eine Bewegung. Der Punkt ist groß, eigentlich auch zu groß für einen Stein. Nein, er muß es wissen, er muß nachsehen! Er wirft den schweren Rucksack in den Schnee und stapft los. Dem kleinen Fava reicht der weiche Neuschnee bald bis an die Hüfte, mit seinen verstümmelten Füßen muß er sich mühsam den Weg hinauf freiwühlen und -stampfen, er keucht und kämpft, dann hat er endlich die Randkluft erreicht, rutscht hinüber und krabbelt auf allen vieren den Lawinenkegel hinauf. Nein, es ist kein Stein, es ist ein Mensch, da schimmert der rote Anorak durch den Schnee! Wer ist es?

Keuchend steht Fava neben dem bewegungslosen Körper. Er liegt auf dem Bauch. Fava greift mit beiden Händen den Anorak am Arm und dreht ihn mit aller Kraft auf den Rücken. Maestri! Die Augen sind geschlossen, das bärtige Gesicht blutig und verschrammt, alles ist mit Schnee verkrustet. Maestri versucht etwas zu sagen, aber es kommt nur ein leises Krächzen hervor. Doch er lebt!

Fava spürt seinen Atem, der Brustkorb senkt und hebt sich gleichmäßig, die Hände sind noch nicht abgestorben, er kann noch nicht so lange hier liegen. Was tun? Er kann Maestri nicht über die Schulter legen und hinuntertragen, dazu ist er viel zu schwer für den schmächtigen Fava und der Neuschnee viel zu hoch. Fava zieht seine Jacke aus, deckt sie über Maestri, versucht ihn warm einzupacken, und rennt so schnell wie möglich bergab zur Eishöhle. Er kramt atemlos in seinem Rucksack nach der Apotheke und holt schließlich eine Packung Pervitin hervor, ein von Bergsteigern in Notsituationen benutztes Mittel, um letzte Kraftreserven zu mobilisieren. Wieder stapft er hinauf. Bei Maestri angekommen, tröpfelt er dem halb Bewußtlosen das Medikament in den Mund. Fava nimmt Maestris Kopf in beide Hände.

»Cesare! Cesare, hörst du mich? Ich bin es, Cesarino!«

Wieder massiert er ihm die Wangen, die kalten Hände. Da schlägt Maestri die Augen auf und blickt wie in weite Ferne, er scheint nichts zu erkennen.

Wo bin ich? Da ist jemand bei mir. Ist Toni zurückgekommen? Oder bin ich tot ... nein, ich glaube, ich lebe noch, alles tut weh, ich kann nicht schlucken, aber ich habe solch einen Durst. Aber mir ist nicht kalt, das ist schön ... Wer ist da, ich kann ihn nicht erkennen, es ist alles so verschwommen, sein Gesicht kommt ganz nah heran ... Cesarino?! Ja, Cesarino, du bist doch gekommen, hast mich gerettet. Ich bin also unten, in Sicherheit?! Ich will sprechen, aber es geht nicht.

Cesarino beobachtet, wie Cesare zu Bewußtsein kommt. Dann fragt er: »Wo ist Toni?«

Zweimal fragt er.

Cesare nickt.

Ich habe dich verstanden, Cesarino, ja ... wo ist Toni, da war die Lawine, daran erinnere ich mich, es ging so schnell ...

Er versucht den Kopf zu heben und flüstert: »Toni ist abgestürzt ...«

Cesarino beißt sich auf die Lippen und schickt still einen Fluch gen Himmel.

»Wart ihr oben ... wart ihr auf dem Gipfel?«

Cesare schaut ihn an, nun erkennt er das vertraute Gesicht, das gleichzeitig zu lachen und zu weinen scheint.

Waren wir oben ... waren wir auf dem Gipfel ... ja, da waren wir, aber das war in einem anderen Leben, in einer anderen Welt ...

»Wir waren oben, Cesarino ... aber wofür?!« Mehr bringt er nicht heraus.

»Cesare, wir müssen zur Höhle, dort gibt es zu trinken und zu essen, einen Schlafsack, aber ich kann dich nicht tragen, wir müssen es zusammen schaffen, verstehst du mich?«

Maestris Überlebenswille erwacht wieder, er erkennt langsam die Situation. Dort unten, 200 Meter entfernt ist die Höhle; trinken, schlafen. Ja, sie werden es schaffen! Einfach nur nach unten, weg vom Torre, weg vom Tod. Er rollt sich einfach den Lawinenkegel hinunter und über die Kante der Randkluft.

Irgendwie kriechen, laufen und torkeln sie dann gemeinsam durch den tiefen Schnee zur Höhle. Fava packt seinen Rucksack wieder aus, kocht Tee, Brühe, entzündet Kerzen und läßt den Benzinkocher brummen. Maestri liegt jetzt im Schlafsack, trinkt und trinkt.

»Cesare, wir müssen runter ins Lager 2, da kannst du besser gepflegt und versorgt werden. Wir schaffen das, wir bauen einen Schlitten.«

Cesare nickt nur schwach, er will nur noch schlafen. Mit vereinten Kräften gelingt es ihnen, Cesare auf ein Stück Zeltplane zu legen. Fava verschnürt ihn und die Plane mit einem Seilrest und läßt das Paket über das steile Schneefeld hinab. Als das Gelände flacher wird und er den schweren Maestri nicht mehr ziehen kann, läßt er ihn liegen und läuft die letzte Strecke ins nicht mehr weit entfernte Lager 2. Die vier Studenten sind da! Mit wenigen Sätzen stößt er keuchend hervor, was passiert ist, und läßt sich dann erschöpft fallen. Zwei der jungen Männer rennen den Berg hinauf, um Maestri zu holen, der nächste bereitet mit einigen Schaffellen ein möglichst bequemes Lager, und der vierte beginnt Pasta zu kochen. Fava schlürft heißen Tee und massiert seine verstümmelten Füße, die gefühllos geworden sind.

Nach weniger als einer Stunde erreichen die beiden Träger mit dem lethargischen Maestri Lager 2. Er legt sich hin und versucht etwas Suppe zu löffeln, erbricht aber sofort wieder und trinkt noch einmal Tee. Das Sprechen fällt ihm noch immer schwer, seine Lippen sind geschwollen, er krächzt heiser. Er wechselt wenige Sätze mit Fava im Tridentiner Dialekt, dann sagt er noch: »Ihr habt mir das Leben gerettet, danke!« und schläft ein.

Lange schläft er. Die Jungen sehen Fava fragend an, der zuckt mit den Schultern.

»Ich weiß auch nur das bißchen, das er vorhin erzählt hat. Sie waren oben, Toni wurde von einer Lawine erfaßt, der Abstieg war furchtbar, und er möchte am liebsten alles ungeschehen machen.«

Alle warten schweigend, kochen Tee, laufen herum. Draußen schneit es. Irgendwann wird Maestri wieder wach, und dann beginnt er zu erzählen, langsam, umständlich. Vom ungewöhnlichsten Aufstieg seines Lebens, von einem weit entfernten Gipfel, vom schlimmsten Biwak, der einsamsten Nacht, den bedrohlichsten Lawinen; vom besten Eiskletterer und guten Freund, von der Ungerechtigkeit des Schicksals, vom Schmerz und der eigenen Eitelkeit, die er verabscheut. Alle schweigen. Es ist dunkel geworden, und draußen schneit es immer noch.

Am nächsten Morgen macht sich Fava mit Spikerman und Augusto Dalbagni auf, um nach Toni Eggers Leiche zu suchen. Der Schnee fällt in dicken Flocken herab, Nebel liegt auf dem Gletscher, die Sicht im grauen Einerlei geht gegen null. Längst sind alle Spuren der vergangenen Tage verschwunden, nur seinem Instinkt folgend, steigt Fava bergauf.

Als erstes steuern sie das alte Lager 3 an. Sie finden es, schaufeln den Höhleneingang frei, essen drinnen eine warme Suppe und bergen ihre letzten Habseligkeiten, die noch zurückgeblieben waren. Dann queren sie unterhalb der Wand, doch bald wird der Neuschnee unüberwindbar. Fava weiß, daß unter ihnen überall große Spalten lauern und bei diesem Wetter auch jederzeit mit neuen Lawinen von oben zu rechnen ist. Weitergehen wäre Wahnsinn. Fava will das Leben seiner Begleiter auf keinen Fall in Gefahr bringen. Sie kehren um.

Am späten Nachmittag treffen sie wieder im Lager 2 ein. Der Medizinstudent Angelo Vincitorio hat Maestri noch zwei Tage Ruhe verordnet. Am nächsten Morgen beginnen alle mit dem Abbau des Lagers; die Stimmung ist gedrückt, alles wirkt trostlos, das schlechte Wetter hält an. Maestri versucht erstmals wieder aufzustehen und macht ein paar Schritte. Er redet nicht viel.

Tags darauf machen sie sich zum Abstieg bereit. Maestri übergießt den verbleibenden Abfall mit Benzin und zündet ihn an. Toni wollte es so. Sie schultern ihre Rucksäcke und verlassen das Lager unter dem Felsblock. Noch lange züngeln die Flammen im grauen Schneegestöber, und Maestri betrachtet sie, als er sich beim Abstieg ein letztes Mal umdreht. Jetzt kann er weinen.

Langsam steigen sie über den flachen Gletscher und die Moränenhalde ab. Maestri trägt den leichtesten Rucksack, er ist immer noch unsicher auf den Beinen. Das Lager 1 wirkt im Schneeregen nicht weniger trostlos als Lager 2. Sie entzünden ein Feuer mit nassem Holz und beschließen, eine Nacht hier zu verbringen.

Dann ist alles verpackt. Die vier Studenten wollen am nächsten Tag mit Pferden heraufkommen, um das verbleibende Gepäck ins Tal zu bringen. Sie steigen mit leichten Rucksäcken ab. Mit jedem Schritt bleibt die Welt aus Schnee, Fels und Eis weiter zurück. Als sie die ersten kleinen Buchenwälder und Calafatebüsche erreichen, regt sich zum ersten Mal seit Tonis Tod bei Maestri wieder ein Gefühl von Freude. Nein, er ist Toni doch nicht nachgefolgt, er kehrt in die Welt der Lebenden zurück.

Sie laufen durch den tropfenden Buchenwald. Unterhalb des letzten Moränenwalls dreht sich Maestri noch einmal um, der obere Teil des Cerro Torre schiebt sich gerade durch ein Wolkenfenster. Von hier aus erscheint er besonders hoch, und seine Spitze ist völlig verschneit; sie scheint über allem zu schweben, der übrige Berg verliert sich im Nebel.

Was lasse ich eigentlich hinter mir? fragt sich Maestri. Eine nackte, leere Wüste, Wind und Schnee, einen besiegten Gipfel und einen verlorenen Gefährten. Er dreht sich um und beschleunigt seine Schritte.

Cesarino erreicht als erster die Estancia Fitz Roy. Er trifft Stanhardt beim Holzhacken an.

»Ah, ihr seid alle noch am Leben?«

»Es ist leider einer weniger«, antwortet Fava.

»Maestri, oder?« fragt Stanhardt.

»Nein, es ist Egger.«

»Oh ... ich werde ein Asado vorbereiten, kannst du das Feuer anzünden?«

Mehr hat er nicht zu sagen. Man wird geboren, man lebt, man stirbt, irgendwo, irgendwann, das ist normal ... und *das* sagt Stanhardt allerdings häufig.

Auf der Estancia Santa Margarita ist gerade ein Priester anwesend, und so halten sie zwei Tage später vor dem Haus eine Totenmesse für den abgestürzten Toni Egger ab. Der Wind fegt wieder aus Nordwest, Staubfahnen wirbeln durch die Luft, und alle blicken zum verschneiten Gipfel des Cerro Torre über dem Tal hinüber, der stolz und unnahbar dasteht, während der Geistliche leise seine Gebete murmelt. Es scheint, daß das Schicksal uns Sterblichen nie einmal alles geben wird, denkt Cesarino Fava.

Auch der Atheist Cesare Maestri nimmt an der Messe teil und versucht zu beten. Dann, während der Fahrt über die staubige Piste zum Flugfeld in El Calafate, sitzt er mit geschlossenen Augen wie betäubt da und läßt sich von dem rumpelnden Bus hin und her schütteln. Der Cerro Torre verschwindet endgültig hinter einer flachen Meseta, einer Hochebene, aus ihrem Blickfeld.

»Ist es nicht unbegreiflich, daß das Leben wie immer weitergeht, daß wie immer der Schlaf an uns herantritt, daß wie immer die Nacht vergeht und es wieder Tag wird?«
Cesare Maestri

Interludium 2 – »Es ist schmerzlich zu überleben«

Zehn Tage waren seit Maestris Rettung am Berg vergangen, und noch wußte niemand außer den Expeditionsteilnehmern und wenigen patagonischen Farmern, daß Toni Egger tot war und die beiden Bergsteiger den Gipfel erreicht hatten. Cesare Maestri schrieb nach der Totenmesse für Toni Egger auf der Estancia Santa Margarita einen Brief, der dann per Funk dem Circolo Trentino nach Buenos Aires übermittelt und von dort aus als Telegramm nach Italien weitergeschickt wurde. Es war ein Text, der sogar für ein Telegramm sehr kurz gehalten war: »Habe Torre besiegt. Betrübt mitzuteilen, daß Toni ums Leben kam. Unterschrift Maestri.«

Das Telegramm war an seine Schwester Anna gerichtet, die zu der Zeit beim Fernsehen in Mailand angestellt war, sowie an die CAI-Zentrale in Mailand und an seinen Freund Dino Buzatti, einen Journalisten und Autor, der für die große Tageszeitung *Corriere della Sera* arbeitete. Die Redaktion beauftragte umgehend ihren Korrespondenten in Buenos Aires, Martin Lugano, mehr in Erfahrung zu bringen. Wenig später telefonierte Lugano nach Mailand, daß er vom Circolo Trentino erfahren habe, daß die Besteigung des Cerro Torre am 31. Januar gelungen sei, und zwar durch Maestri und Egger; allen anderen Expeditionsteilnehmern gehe es gut – keine weiteren Informationen über Eggers Schicksal. Der österreichische und italienische Rundfunk brachte die Nachricht von Eggers Tod bereits am Abend des 13. Februar in den Nachrichten. Buzatti telefonierte noch am gleichen Abend mit Maestris Vater Toni in Trient und veröffentlichte am Morgen darauf die Geschichte im *Corriere della Sera*. Es war Sonnabend, der 14. Februar, und die Überschrift lautete: »Maestri und Egger auf dem Cerro Torre. Dann die Tragödie!« Doch auch Buzatti wußte vorerst nicht mehr zu erzählen – neben der ganzen Vorgeschichte – als das, was das dürftige Telegramm und die Recherche seines Kollegen ergeben hatten. Er fragte im Namen seiner Leser: »Was ist geschehen?« und schloß episch: »Diese glückliche und diese tragische Meldung sind der Epilog zur sicherlich anspruchsvollsten alpinen Unternehmung der vergangenen Jahre.«

Von Buenos Aires aus wurde telegrafisch auch Erich Abram, ein enger Freund Eggers, über das Unglück informiert, der dann Eggers Mutter in Debant besuchte, um ihr die Nachricht zu überbringen.

Schnell sprachen sich die Neuigkeiten aus Südamerika herum. Italienische Medien, die keinen Südamerika-Korrespondenten besaßen, versuchten unablässig, telefonisch beim Circolo Trentino Auskunft zu erhalten, der einzigen Adresse für genauere Informationen über den Verlauf der Expedition.

In Trient trafen Vertreter der alpinen Vereinigungen noch am Abend des 14. Februar zusammen und beschlossen, sofort ein Beileidsschreiben an Eggers Mutter Maria zu schicken und eine kleine Delegation zu ihr zu entsenden. Die Tridentiner Zeitungen veröffentlichten Todesanzeigen für Toni Egger: »... gestorben bei der glorreichen Eroberung des CERRO TORRE«.

Die Expeditionsteilnehmer selbst befanden sich erst im Anflug auf Buenos Aires, niemand hatte bislang persönlich mit ihnen gesprochen, und Maestri stand kaum der Sinn nach einer großen Pressekonferenz.

Sie landeten in Buenos Aires, wo Maestri wieder bei Cesarino Fava unterkommen sollte. Am Flughafen standen die Journalisten Schlange. Sie wollten etwas erfahren über den genauen Ablauf der Besteigung und über die Umstände von Toni Eggers Tod. Weltweit erschienen nun Berichte über die Erstbesteigung des »schwierigsten Berges der Erde«, so auch in der *Süddeutschen Zeitung* vom 28. Februar 1959. Dort hieß es unter der Überschrift »Glück und Unglück am Cerro Torre«: »... eine der kühnsten alpinen Leistungen hat ihr Opfer gefordert!«

Maestri stand noch vor der unangenehmen Aufgabe, Geld für seinen Rückflug zu sammeln. Er wollte nicht betteln, also bot er Vorträge an. Jedesmal war es für ihn eine Überwindung, jedesmal versuchte er, die nahe Erinnerung zu verdrängen, über die er gerade doch berichten sollte. Trotz seines wenig lebhaften oder mitreißenden Vortrags kamen genügend Zuhörer, das Geld war bald beisammen, und er nahm Abschied von Buenos Aires, von den vier Studenten Spikerman, Vincitorio, den Brüdern Dalbagni, von Lucchini und Ferrara und den vielen anderen Helfern und Mitgliedern im Circolo Trentino, der Familie Fava und endlich von Cesarino selbst, der nun fast sieben Jahre lang mit ihm zusammen den Traum vom Cerro Torre geträumt und verwirklicht hatte. Beide litten unter Toni Eggers Tod, dessen Unsinnigkeit und Ungerechtigkeit sie schmerzte, und gleichzeitig wußten sie, daß Alpinisten wie Maestri und Egger dieses Schicksal auch herausforderten.

Sie sprachen nicht viel an ihrem letzten Abend in Buenos Aires. Fava sagte Maestri, daß er versuchen wolle, noch einmal nach Eggers Leiche zu suchen, und Maestri erwiderte, daß er ihn bald nach Trient einladen werde, sie würden sich wiedersehen, wann und wo auch immer. Die Tridentiner brachten Maestri zum Flughafen, und zum Abschied sagte er zu Fava: »Du hast mir das Leben gerettet, ich wäre dort oben am Torre gestorben, wahrscheinlich wollte ich es sogar in jenem Moment. Aber du hast mich davor bewahrt. Ich bin dir dafür dankbar – für immer!«

Fava brummelte etwas von »Alpinismo«, wackelte von einem Bein auf das andere, und dann war er verschwunden. Für wie lange sie sich nicht mehr sehen würden, wußte zu diesem Zeitpunkt keiner von beiden.

In Rom wurde Cesare von Anna, seinem Bruder Giancarlo und seinem Vater Toni erwartet; dem Presserummel konnte er aus dem Weg gehen – noch. Cesare genoß es, im Kreis seiner Familie zu sein, zu wissen, daß jemand für ihn da war, was auch immer geschah.

Gemeinsam fuhren sie nach Trient. Dort am Bahnsteig hatten sich zu ihrem Empfang der Bürgermeister und weitere Honoratioren der Stadt eingefunden, die Repräsentanten der alpinen Vereine, Freunde, Bekannte und natürlich die Presse. Sie hielten Blumen und Fackeln in den Händen und wollten den berühmten Sohn der Stadt hochleben lassen.

Maestri bekam Beklemmungen, war kurz angebunden und unsicher, und angesichts der Blumen und Fackeln »fühlte ich mich plötzlich wie auf meiner eigenen Beerdigung, zwei Meter unter der Erde begraben«.

Aber die Ehrbezeugungen nahmen vorerst kein Ende: »Die Stadt Trient ehrte den abgestürzten Toni Egger, den tüchtigen, heldenmütigen Bergsteiger und begrüßte tief bewegt die Rückkehr von Cesare Maestri von der schmerzlichen Eroberung des Cerro Torre.«

Der CAI ehrte ausdrücklich jeden Teilnehmer der Cerro-Torre-Expedition, und der SAT ernannte Maestri und Egger zu Ehrenmitgliedern und verlieh allen Expeditionsteilnehmern das Ehrenabzeichen des Vereins in Gold.

Und auch die Alpinistengemeinde zog den Hut vor Maestri und Egger. Lionel Terray, der Erstbesteiger des Fitz Roy, der für einen Erfolg am Cerro Torre sogar sein Leben riskiert hätte, sagte: »In meinen Augen ist die Besteigung des Cerro Torre durch Cesare Maestri und Toni Egger die größte alpinistische Leistung aller Zeiten.«

Das *American Alpine Journal* erreichte kurz vor Drucklegung ein Kurzbericht über die Besteigung direkt aus Buenos Aires, in dem der Autor etwas voreilig spekulierte, daß »... mit dieser bemerkenswerten Besteigung das goldene Zeitalter des patagonischen Bergsteigens zu Ende geht«.

Zusammen mit seinem Vater, seinem Freund Giulio Gabrielli, Präsident der Universitätssektion der Società Alpinisti Trentini, welche die Expedition mit finanziert hatte, und anderen Alpenvereinsfunktionären stattete Maestri Toni Eggers Mutter in Debant einen Kondolenzbesuch ab, und in der Klosterkirche zu Lienz wurde eine Totenmesse zelebriert. Die Vereinsfunktionäre übergaben Maria Egger eine Geldspende und einen 20 Zentimeter hohen Holzkasten, gefüttert und mit Seide ausgeschlagen: darin eine künstlerische Nachbildung des Cerro Torre aus Stahl und Granit mit Steinen vom Berg. Eine Erinnerung an Toni. Maria Egger bedankte sich später gerührt: »Bitte auch meinen Toni in steter Erinnerung zu behalten, in tiefer Dankbarkeit, Ihre Maria Egger.«

Maestri mußte an sich halten, er fühlte sich am Ende seiner psychischen Kräfte.

»Als ich mit Tonis Mutter sprach, konnte ich mich des Eindrucks nicht erwehren, widerrechtlich eine Heimkehr ertrotzt und ein Weiterleben erschlichen zu haben. Toni dürstete so sehr nach dem Leben und war dort in der Ferne geblieben, so unendlich weit von hier.«

Die Anforderungen des Alltags, die Anfragen, Einladungen, Verpflichtungen der ersten Wochen nach der Rückkehr stabilisierten Maestris Seelenzustand. Doch je weniger nach dem Torre gefragt, je seltener noch um Toni getrauert und sie beide in blumigen Worten geehrt wurden, desto stärker überwältigten ihn Depressionen.

»In der einsamen, trostlosen Nacht auf dem Cerro

Torre hatte ich geglaubt, die oberste Grenze meines seelischen Schmerzes erreicht zu haben. Aber nun stellte ich fest, daß die eigentliche Tragödie nun erst begann, nun, wo ich allzuoft in dumpfes Brüten und plötzlichen Trübsinn verfiel.«

Er hatte Alpträume vom Torre, sah sich immer wieder dort stehen, mit dem nutzlosen abgerissenen Seilrest in der Hand. Solche Visionen überfielen ihn auch am Berg, mit Klienten, schließlich war er Bergführer, verdiente sein Geld mit dem Bergsteigen. Nun ödete es ihn an, ja er ekelte sich davor, vor den Bergen, dem Klettern. Oder hatte er Angst, daß wieder ein Unglück passierte? Fühlte er sich in seinem Innern mitschuldig am Tod des Freundes?

»Ich haßte die Berge. Ich haßte den Cerro Torre. Ich haßte meinen Hochmut, ich haßte mich selbst!«

Freunde bemühten sich um ihn. Ende April stiegen sie mit ihm auf den Monte Bondone, um eine letzte Frühjahrsskiabfahrt zu machen. Doch der geübte Skiläufer Maestri verlor an einem steilen Hang den Halt, glitt ab und prallte schließlich gegen eine Tanne. Im Krankenhaus wurde diagnostiziert: drei gebrochene Fußknochen. Es folgten eine Operation, Gipsverband und ein 90 Tage währender Krankenhausaufenthalt. Die Klettersaison war für Maestri damit vorzeitig beendet.

Er versuchte, seine Zeit zu nutzen, begann an einem Buch zu schreiben, und dann besuchte ihn jemand, der sein Leben völlig verändern sollte: Fernanda, eine Freundin seiner Cousine. Maestri war beeindruckt, denn Fernanda war »blond, groß, gewandt, aufreizend, eine der schönsten Frauen Trients!«. Sie war schon einmal verheiratet gewesen und bereits wieder geschieden, was im damals bigotten Trient nicht üblich war. Fernanda besuchte ihn häufig, bald fast täglich, bis sie jede freie Minute bei Maestri verbrachte. Sie verliebten sich schnell ineinander. Er konnte sich ihr anvertrauen, sie war im Moment der einzige Mensch, mit dem er über seine Ängste, seine Depressionen und seine Alpträume zu sprechen wagte. Fernanda hörte zu, gab keine guten Ratschläge und sagte auch nicht: Reiß dich zusammen!

Maestri war wegen seiner Gipsbein-»Behinderung« völlig entnervt, er wollte Fernanda ausführen, mit ihr etwas unternehmen, tanzen, in die Berge gehen ... auch wenn er schnell erfuhr, daß das ein wunder Punkt war: Klettern interessierte Fernanda überhaupt nicht, im Gegenteil, ihr machte es Angst, wenn Maestri wieder in die Berge gehen wollte.

Im Sommer wurde sein Gips abgenommen, Maestri war zuversichtlich und begann wieder, Freude am Leben zu haben. Er war verliebt, sein Fuß spielte leidlich mit, und er führte die ersten Kunden wieder in die Berge; seine Seele hatte sich erholt. Da traf ihn im August der zweite Schicksalsschlag in diesem Jahr. Giulio Gabrielli war abgestürzt – tot! Sein Freund, ein junger Mann und angehender Richter sowie Präsident der Akademikersektion des SAT, war mit einem Seilpartner in der Soldà-Route in der Marmolada-Südwestwand abgestürzt. Cesare war verzweifelt: in der Wand, durch die er vor sieben Jahren im Alleingang geturnt war, auf der Route, für die er Giulio noch vor wenigen Tagen Tips und Hinweise gegeben hatte! Nein, er konnte unmöglich in einem Jahr noch einen zweiten Freund am Berg verlieren und selbst weiter mit der Kletterei sein Brot verdienen und bald auch eine Familie ernähren, denn Fernanda war schwanger.

Um nicht wieder schwermütig zu werden, beteiligte er sich an der schwierigen Bergrettungsaktion, bei der Gabriellis Seilpartner lebend geborgen wurde und Giulio tot am Seil hängend aus der Wand geholt werden mußte. Maestri stieg als erster über die verschneiten Wände zu dem Toten hinauf, um ihm ins Gesicht zu sehen und sich davon zu überzeugen, daß es wahr war. Diesmal konnte er weinen.

Zwei Monate später, der Herbst war im Trentino eingezogen, fand das jährliche Bergfilmfestival in der Stadt statt. Maestri sprach mit seinem alten Freund und Klettergefährten Claudio Baldessari über mögliche neue Routen. Trotz aller Schicksalsschläge, trotz aller Bedenken seiner Frau – er konnte nicht anders, das Bergsteigen war sein Beruf.

Sie wollten eine Neutour an der Felsmauer der Paganella machen, eine überhängende, große Verschneidung, die noch nie versucht worden war. In zwei Tagen stiegen sie durch die Wand, und es war, als ob Maestri mit jedem Meter dieser Kletterroute zu neuem Selbstvertrauen fand, an dieser Wand, an der er vor über zehn Jahren seine ersten Schritte im Fels absolviert hatte. Einigen Reportern, die am Ausstieg auf dem Paganellaplateau auf Maestri und Baldessari warteten, erklärte er, daß er die Route Giulio Gabrielli widmen wolle. Und was er nicht mehr sagte, aber jetzt wußte: daß »der Berg, diese ungeschlachte Felsmasse, im Verlauf von Jahrmillionen geformt, keine Seele hat, und es keinen Sinn macht, ihn der Vorkommnisse anzuklagen, für die allein wir die Verantwortung tragen«.

Und dann: »Der Sieg an der Paganella war zugleich ein Sieg über den müden und niedergeschlagenen Cesare, über einen Cesare, den der unerwartete Tod zweier lieber Gefährten gebrochen hatte.«

Ihr Sohn Gian wurde geboren, und bald darauf zog die junge Familie nach Canazei um. Maestri verdiente im Sommer wieder Geld als Bergführer, im Winter als Skilehrer. Manchmal hielt er auch noch Vorträge über den Cerro Torre, das aber nur widerstrebend. Er genoß das Familienleben, den regelmäßigen Rhythmus. Zu oft, zu lange hatte er sich wie ein Getriebener gefühlt, der sich über das Ziel seiner Suche nicht im Klaren war. Jetzt schien er es gefunden zu haben. »Ich habe zwei neue Seilpartner gefunden, für mein ganzes Leben«, schreibt er später.

Doch trotz aller familiären Harmonie und Zufriedenheit merkte Maestri schnell, daß er die Kletterei, die schwere, extreme Kletterei, nicht aufgeben wollte und konnte. Vor allem mit seinem alten Freund aus Kindertagen, dem Alpini-Hauptmann Claudio Baldessari, zog er immer wieder los. Sie bestiegen meist hakentechnische Routen – künstliche Kletterei an Leitern und mit Bohrhaken, die in jenen Jahren hoch angesehen war. Einen Gipfel in der »Linie des fallenden Wassertropfens« zu erklimmen galt als das Ideal, auf welche Weise man die dabei zu überwindenden klettertechnischen Probleme bewältigte, ob mit Bohrhaken oder in eleganter Freikletterei, war zweitrangig. Maestri war ein Verfechter des künstlichen Kletterns. Mit seinem untersetzten, ungeheuer kräftig-athletischen Körper war er für diese kräftezehrende Arbeit besser geschaffen als für das freie Klettern jenseits des Schwierigkeitsgrades VI, das wenige Jahre später nicht mehr unmöglich war. Gewagte Alleingänge, mit denen er einst in der Alpinszene berühmt geworden war, ging Maestri nicht mehr an, vielleicht verzichtete er aus Liebe zu seiner Familie auf diese riskante Art des Bergsteigens. Vielleicht bestätigte sich aber auch, was er am Cerro Torre nach Eggers Absturz gefühlt hatte: Nichts wird und kann mehr so sein wie vorher.

Doch auch wenn es so schien, als wäre Maestri an der Seite von Fernanda und Gian gelassener und reifer geworden, so war dies doch nur eine dünne Schicht über dem Grund seiner Seele, in der immer noch sein Stolz und seine Eitelkeit regierten. Immer wieder sah er sich gezwungen, sich, der Familie, den Freunden und der gesamten Welt zu beweisen, welche besondere Klasse er als Kletterer immer noch verkörperte, daß er immer noch der »Beste« und der »Einzige« war. Jede kritische Bemerkung oder Nachfrage zu seinen Taten verletzte ihn, er fühlte sich nicht ernst genommen, und das weckte eine Wut in ihm, in der er zu theatralischen Gesten griff, um zu sagen: »Seht her, ich kann es noch!«

So war es auch 1960, als er mit seinem Freund Baldessari eine schwere technische Neutour durch die Rotwand in den Dolomiten legte. 400 Meter Direttissima, die direkte Linie zum Gipfel, verfolgten sie mit mehreren hundert Haken und Leitern. Acht Tage benötigte das

Duo für das athletische Kunststück. Ein Jahr später kamen die ersten Wiederholer und schafften die Strecke in drei Tagen, ein Zeitunterschied, der wenig überrascht bei dieser Art von Route, bei der die Erstbegeher nicht nur den Weg erkunden müssen, sondern alle Haken schlagen, Standplätze einrichten und eventuell zeitraubende Bohrhaken setzen müssen. Meist belassen sie den Großteil ihres Materials in der Wand, das dann die Wiederholer nutzen können.

Trotzdem stellte die Presse Fragen: »Lieber Cesare, warst du so langsam, weil du dir es bequem machen wolltest?« Maestri konnte diese Sticheleien weder souverän ignorieren noch darüber lachen. Umgehend kehrte er zur Rotwand zurück und durchstieg sie mit Baldessari in neun Stunden und wenig später sogar noch einmal allein im Auf- und Abstieg. Fernanda stand jedesmal am Fuß der Wand und schaute zu. «Bravo«, tönte es jetzt wieder von allen Seiten.

Im Jahr 1963 war der Schauplatz wieder einmal die Nordseite der Drei Zinnen, an deren Wänden sich seit Anbeginn des Bergsteigens alle Entwicklungen, seine wechselnden Moden und Ausformungen sowie die Techniken des Kletterns wie auf einer einzigen Bühne abspielten. Auch Maestri hatte immer gern zu den dort agierenden Schauspielern gehört, und ähnlich wie 1958 war auch nun der Anlaß eine Erstbegehung.

Im Januar hatte er von einer neuen Route an der Nordwand der Großen Zinne erfahren, einer noch direkteren als die Hasse/Brandler-Route, die er damals als erster wiederholt hatte, einer »Superdirettissima«. Drei Sachsen hatten sich in 16 Tagen die Linie des fallenden Tropfens hinaufgenagelt, durch 550 Meter meist überhängenden Fels, an mehreren hundert prekären Haken, darunter natürlich auch viele Bohrhaken. Eine Route im Stil der Zeit, aber sehr umstritten. Maestri war wie elektrisiert, rief sofort Baldessari an und überzeugte seinen Freund davon, ihn nach Sexten zu begleiten. Am 25. Januar erreichten sie die Nordseite der Zinnen. Es war ein kalter Winter, minus 25 Grad zeigte das Hüttenthermometer, die Schuttkare waren verschneit. Trotzdem schleppten Baldessari und Maestri am nächsten Tag ihr Klettermaterial, Biwakausrüstung und Lebensmittel an den Wandfuß und begannen mit dem Aufstieg. Ein, zwei Tage kämpfen sie sich in der Route weiter, bis sie eine Höhe von etwa 200 Metern erreichten. Sie schimpften über schlecht sitzende, gefährliche Haken, und dann, als Maestri wegen eines herausgebrochenen Bohrhakens einige Meter tief stürzte, gaben sie auf.

»Es war, als ob wir eine völlig neue Route einrichten mußten, und nicht, als ob wir die ersten Wiederholer waren«, erklärten sie später den wartenden Journalisten in der Hütte; dafür seien sie nicht ausgestattet und nach dem Sturz wäre es zu gefährlich gewesen.

Doch die italienische Presse konnte es nicht unterlassen, sich über den Rückzug eines ihrer Kletteridole zu mokieren, wohlgemerkt aus einer Route, die wenige Tage zuvor von einer deutschen Seilschaft (!) durchstiegen worden war. Wie konnte es sein, daß Cesare Maestri, die »Spinne der Dolomiten«, an einer solchen Wand als Wiederholer aufgab?

Maestri bekam anonyme Briefe: Er sei ein Feigling! Es

brodelte in ihm, Fernanda versuchte ihn zu beruhigen: »Laß dich davon nicht beeindrucken, Cesare! Du weißt, sie sind die Feiglinge, die, die dir anonym schreiben! Vergiß es einfach!«

Aber das konnte er nicht, und als sein Sohn eines Tages weinend aus dem Kindergarten nach Hause kam, weil er seinetwegen gehänselt worden war, brachte dies das Faß zum Überlaufen.

»Was ist passiert, Gian?«

»Nichts ...«

»He, man heult doch nicht, wenn nichts passiert ist, du kannst es mir sagen ... auch wenn es was Schlimmes ist, bitte!«

Gian schluchzte noch einmal.

»Aber du darfst nicht böse sein, ja?«

»Nein, bestimmt nicht!«

»Die anderen Jungen haben gesagt ... du ... du wärst ein Feigling, du hättest ja Angst gehabt, und deshalb seid ihr nicht hochgeklettert.«

»Das haben die Jungs wirklich gesagt?«

»Ja, Papa.«

Maestri streichelte seinem Sohn über das Haar und gab ihm ein Taschentuch. Dann wandte er sich ab, er bebte, Tränen traten ihm in die Augen.

Da waren sie wieder, diese Wut, dieser Schmerz. Diese Gemeinheit, diese Dummheit! Er würde sofort zurückkehren zu dieser Wand und hinaufsteigen, ob mit oder ohne Haken, bei Schnee und minus 30 Grad Frost, mit seinem Freund Claudio oder allein. Er würde es allen zeigen. Er war noch immer die »Spinne der Dolomiten« und kein Feigling, er war noch immer der stärkste und mutigste Kletterer der Welt! Das war er seinem Sohn schuldig.

Schon war er am Telefon: »Claudio, ich fahre wieder zur Großen Zinne, ich muß die Wand rauf! Kommst du mit? Wenn nicht, werde ich es allein machen.«

Aber natürlich war der treue Claudio Baldessari zur Stelle, und am 16. März standen sie wieder unter den riesigen, gelben Überhängen der Großen-Zinne-Nordwand. Sie stiegen ein. Es war Nacht und immer noch kalt, minus 20 Grad in der Wand. Sie schlugen neue Haken, mehrere Dutzend. Seillänge um Seillänge arbeiteten sie sich die »Superdirettisima« hinauf.

Daß Maestri und Baldessari es noch einmal versuchten, sprach sich schnell herum. Neugierige kamen herauf zur Hütte, standen tagsüber unter der Wand und schauten ihnen zu. Ein von mehreren Zeitungen verpflichteter Bergführer beobachtete den Fortschritt der Seilschaft durch ein Fernglas und gab seine Berichte täglich per Telefon an die Redaktionen weiter. Nach fünf Tagen erreichten sie den Gipfel. Maestri hatte es wieder einmal geschafft und mit einer großen Geste die kleingeistigen, neidischen Besserwisser zum Schweigen gebracht.

In der Hütte hatten sich mittlerweile Fotografen und Reporter zuhauf eingefunden und boten den Bergsteigern einen großen Empfang. Jubel brandete auf, und Maestri genoß ihn sichtlich. Und mittendrin stand auf einmal Fernanda, die den Bergen nichts abgewinnen konnte und dem Klettern noch weniger, die aber sehen wollte, was Cesare hier eigentlich tat. »Ich war glücklich!« sagte er später.

Die italienische Presse und die Öffentlichkeit waren

mit ihrem Helden wieder versöhnt. Applaus, da capo, Verbeugung und Vorhang. Maestri hatte sich bewußt für das öffentliche Klettern entschieden. Es gab andere, die im Stillen extremste Touren absolvierten und hinterher nur widerwillig darüber berichteten. Nicht so Cesare Maestri. Er brauchte den Applaus, die Anerkennung und die Liebe des Publikums zu seinem Helden zum Leben. Es war kein reiner Geltungsdrang, und er spielte sich nicht fälschlicherweise in den Vordergrund. Aber das Bergsteigen war für Maestri Beruf und Berufung zugleich, er lebte für das Klettern. Und er war Profi und mußte sich und seine Leistungen vermarkten, anpreisen. Warum sollte er also nicht davon berichten, wenn er wieder einmal eine neue Alleinbegehung geschafft hatte? Die Welt sollte davon erfahren, das konnte ihm nur nutzen.

Doch das Publikum und die Presse waren launische Verbündete; sie konnten einen lieben, vergöttern und sogar unsterblich machen, aber sie konnten einen auch fallenlassen, vernichten und dem völligen Vergessen preisgeben. Das verstand Maestri erst jetzt. Es war ein manchmal faustischer Pakt, aber er hatte unterschrieben. Und langsam wurde die Bühne hergerichtet für seinen nächsten großen Auftritt, den dritten Akt im Spiel um den Cerro Torre. Ob er als Drama oder Tragödie enden sollte, war noch nicht entschieden, und Maestri wußte noch nichts über die Besetzung.

Doch zunächst nahm das Leben seinen gewohnten Lauf. Maestri genoß die Stunden, in denen er mit Frau und Kind Ski fahren oder wandern ging. Und auch wenn der

Drang, extrem zu klettern, diese untergründige Lust, noch immer da war, wie er mit Genugtuung feststellte, so fiel es ihm doch immer schwerer, Fernanda allein zu Hause zu lassen, um auf eine Bergtour zu gehen.

Für kurze Zeit lebten sie in Andalo unterhalb der Paganella und betrieben das kleine Restaurant »La Baita«. Maestri konnte zwar nicht kochen, aber sein in der Region bekannter Name sorgte für ausreichend neugierige Kundschaft. Doch schon ein Jahr später zogen sie auf Anraten eines Unternehmers aus Madonna di Campiglio in das kleine Dorf am Westhang der Brenta. Es sei kurz davor, ein exklusives Touristenzentrum zu werden, hatte er den Maestris gesagt, und es wäre der richtige Zeitpunkt, um dort ein Geschäft oder ein Restaurant zu eröffnen – eine garantierte Goldgrube. Die Skiregion oberhalb von Madonna di Campiglio wuchs beständig, und von Saison zu Saison strömten immer mehr betuchte Italiener aus der Lombardei und Venetien in den aufstrebenden Ort. Maestri hatte zugestimmt, und mit etwas Hilfe hatten sie noch im Herbst des gleichen Jahres die »Bottega di Cesare Maestri« eröffnet, ein Geschäft für Sportbekleidung und Bergausrüstung.

Alles schien sich günstig zu entwickeln, das Geschäft lief, Maestri gab Skikurse und führte Kunden in die Brenta; ab und zu ging er auch wieder einmal allein klettern. Doch dann kehrte plötzlich der Alptraum vom Cerro Torre in sein Leben zurück, ein Alptraum, den er geglaubt hatte vergessen zu haben.

Um den Berg im fernen Patagonien war es in den vergangenen Jahren nicht ruhig geblieben. Es gab zuhauf neue

Gipfelaspiranten und Besessene, aber auch Skeptiker und Neider.

Cesarino Fava hatte sich tasächlich 1961 ein weiteres Mal auf den Weg zum Cerro Torre gemacht, um nach den Überresten von Toni Egger zu suchen. Wieder war das Wetter schlecht, der Schnee hoch, und er mußte unverrichteter Dinge umkehren.

In Buenos Aires spekulierte zeitgleich der umtriebige Folco Doro Altán ebenfalls über eine Suchexpedition. »Höflich, aber mit zusammengebissenen Zähnen«, wie ein Beobachter schrieb, hatte Altán per Presseerklärung der Maestri-Expedition noch viel Erfolg gewünscht, als feststand, daß sein eigener Expeditionsplan gescheitert war. Genauso höflich – verdächtig höflich, meinten manche – bot er nun an, ebenfalls nach Eggers Leiche zu suchen oder sich an einer solchen Suchexpedition zu beteiligen.

Doch galt sein Interesse tatsächlich Egger und dem Anliegen, seine Leiche beerdigen zu können, oder vielmehr dem Seilrest, der immer noch um seinen Körper gebunden sein mußte? So spekulierten Zeitungen, denn es kursierten bereits die ersten häßlichen Gerüchte, daß das Seil zwischen Maestri und Egger vielleicht auch vom Überlebenden durchschnitten worden sein könnte, damit dieser sich selbst retten konnte. Das Gerücht hielt sich lange, aber niemand bekannte sich offen zu dieser Behauptung.

Und Zweifel über das, was am Cerro Torre wirklich geschehen war, kamen auch noch aus einer ganz anderen Richtung. Einige Jahre war es ruhig geblieben im Kessel des Torregletschers und im Vueltastal. Bis 1968 waren keine Bergsteiger mehr zum Torre und den umliegenden Bergen gekommen, um »unmögliche« Touren zu versuchen. Die Estancia Fitz Roy war mittlerweile verwaist; Ernst Stanhardt starb 1967 und wurde auf einem Hügel hinter dem Haus beerdigt, neben Madsen, seiner Frau und zweien ihrer Kinder. Und ein Berg trug nun seinen Namen: eine ebenso unnahbar wie der Cerro Torre wirkende Spitze nördlich von ihm hieß jetzt Cerro Stanhardt.

Dann kamen neue Expeditionen: Ende 1967 einige Engländer, es folgten Japaner, Argentinier und schließlich Spanier. Doch alle versuchten sich am Südostgrat des Cerro Torre, und niemand wiederholte die Route von Maestri und Egger oder die Westwand, das Projekt von Bonatti und Mauri. Zu schwierig wirkte die eine, zu entfernt und abgelegen die andere.

Und auch Carlo Mauri kehrte noch einmal zum Cerro Torre zurück. Bonatti hatte sich 1965 vom Extrembergsteigen verabschiedet, aber Mauri träumte noch immer davon, wiederzukommen in diesen gottverlassenen Winkel der Welt und einen zweiten Versuch zum Gipfel des Torre zu unternehmen.

Mauri kam mit einer starken Gruppe der »Ragni di Lecco«. Zu neunt machten sie sich im Dezember 1969 auf den Weg und wählten, wie Bonatti und Mauri elf Jahre zuvor, den langen und mühseligen Anmarsch über das Rio-Túnel-Tal und den Paso del Viento zur Westwand des Cerro Torre. Mauris entscheidendes Argument für die Westseite war, daß sie einige hundert Meter niedriger ist und im wechselhaften Wetter Patagoniens eine größere Chance bietet, schnell den Gipfel zu erreichen – und wieder herunterzukommen.

Mehr als drei Wochen kämpften die Bergsteiger mit den üblichen patagonischen Widrigkeiten: Sturm, Lawinen, Kälte, Erschöpfung. Doch alle waren hervorragend trainiert und erreichten den Col de la Esperanza, bis zu dem auch Bonatti und Mauri Jahre zuvor gekommen waren. Dann kletterten sie weiter auf den Schneeabsatz, den sie »Helmo«, »Helm«, nannten und noch darüber hinaus bis 250 Meter unterhalb des Gipfels. Da mußten Mauri und Ravà aufgeben. Aber Mauri fühlte sich bestätigt: Dies war der richtige Weg, und alle seine Mitstreiter erklärten, bei einem weiteren Versuch in der Saison darauf wieder dabeisein zu wollen. Von Buenos Aires aus schickte Mauri Anfang Februar ein Telegramm nach Italien: »Unser Sieg ist es vor allem, daß wir heil und gesund vom unmöglichen Torre zurückgekehrt sind!«

Franco Rho, ein Journalist und Freund von Mauri, war der Empfänger des Telegramms. Er begann zu schreiben, über die Expedition seines Freundes und die seit einiger Zeit im Stillen blühenden Zweifel an Maestris Erstbesteigung. Bis Mauri es dann aussprach: »... der unmögliche Torre!«

Auch Cesare und Fernanda lasen die Zeitung, in der Franco Rho schrieb. Maestri lag gerade mit einem Rippenbruch vom Skifahren im Bett und rief Fernanda zu: »Ha, der Mauri, weißt du noch, der Partner von Bonatti, hat nach einem Versuch, den Torre zu besteigen, wieder von einem unmöglichen und unangetasteten Berg gesprochen! Und was ist mit mir? Mit Cesare?«

Noch nahm er es mit Gelassenheit und Humor. Doch wenige Tage später erschien ein neuer Artikel, wiederum von Rho, in dem es hieß, daß »Mauri es nicht geschafft hat, den Gipfel des Torre zu betreten, dieses großartigen Cerro Torre, den noch nie eines Menschen Fuß erreicht hat«.

Nun lachte Maestri nicht mehr. Er schrieb ein Telegramm an Franco Rho: »Der Cerro Torre ist nur ein unmöglicher Berg für diejenigen, die es nicht schaffen, ihn zu besteigen!«

Er erhielt keine Antwort. Und wurde nervöser.

Hielt er sich wirklich für so viel besser als die anderen Spitzenalpinisten aus aller Welt, die dort gescheitert waren, wo er erfolgreich gewesen war? Diese Frage stellte ihm bald darauf der Journalist Guido Carretto, der Maestri Gelegenheit geben wollte, zu den Vorwürfen Stellung zu nehmen.

»Ich glaube, daß ich das, was ich erreicht habe, nicht erreicht habe, weil ich im technischen Sinne ein besserer Kletterer als die anderen bin, sondern wegen eines geistigen Prozesses, einer geistigen Vorbereitung, die mich durchdringt, bevor ich mit dem Klettern beginne. Jede Route, die ich mir vorgenommen habe, bin ich auch geklettert.«

Und ihm fiel die Geschichte vom Matterhorn im Jahr 1955 ein, als er bei winterlichen Verhältnissen allein den Liongrat hinaufgeklettert war und der Bergführer Pellissier seinen Bericht angezweifelt hatte. Maestri sagte ihm, er könne am Gipfelkreuz ein bestimmtes Stück Schokoladenpapier finden, das er dort zurückgelassen habe. Pellissier suchte, fand es und entschuldigte sich bei Maestri.

»Und ich sage jetzt allen Zweiflern, was ich damals auch Pellissier gesagt habe«, schloß Maestri das Interview, »ihr zweifelt nicht einfach meinen Aufstieg an, ihr zweifelt das ganze Konzept des Alpinismus an!« Der ungeschriebene Ehrenkodex der Bergsteigerwelt besagte, daß dem Wort eines Bergsteigers, eine bestimmte Route erklettert oder einen bestimmten Gipfel erreicht zu haben, Glauben geschenkt wird – und berühmte Gipfelsiege und Erstbesteigungen ohne fotografische Beweise gab es in der alpinen Geschichte zuhauf.

Der Artikel von Carretto erschien in der *Domenica del Corriere* unter der Überschrift »Entschuldige, Maestri, hast du den Torre wirklich erreicht?«

Doch Mauri legte nach seiner Rückkehr noch einmal nach. Er veröffentlichte seinen Expeditionsbericht in Fachmagazinen und behauptete, »daß nur der Bergsteiger, dem es gelingt, die eiscremeartigen Gipfelformationen des Cerro Torre zu fotografieren, glaubwürdig behaupten kann, über die Grenzen des extrem Schwierigen hinausgegangen zu sein«.

Nun war Maestri außer sich. Er haßte diese versteckten Andeutungen, diese Sticheleien. Warum kam keiner zu ihm, um ihm ins Gesicht zu sagen: Wir glauben nicht, daß du am Gipfel warst! Das traute sich niemand. Statt dessen eine Kampagne in der Presse! Und er bekam auf seine Briefe keine Antwort. Warum taten sie das bloß, jetzt, elf Jahre später? Rho war Journalist, vielleicht reizte es ihn, den großen Kletterer Maestri als Lügner zu entlarven, ein gefundenes Fressen für einen Journalisten. Aber Mauri? Konnte er es nicht ertragen, zum zweiten Mal gescheitert zu sein? Ob es Toni wohl auch so ergangen wäre, wenn er, Maestri, dort oben gestorben wäre? Nein, das war kein Stil für eine Auseinandersetzung, das war eine Kampfansage. So konnte er sich nicht verteidigen. Es war wieder einmal Zeit für eine große Geste, eine große Tat. Und das konnte in diesem Fall nur eines bedeuten: Er mußte zum Cerro Torre zurückkehren!

»Also gut, Herr Journalist und Herr Alpinist! Also gut, ihr Herren Zweifler! Ihr wollt den Krieg? Nun gut, aber zu meinen Bedingungen! Ich kehre zurück zum Torre und greife seine schwierigste Wand in der ungünstigsten Jahreszeit an!

Verdammter Torre. Verflucht sei der Tag, an dem ich nach Patagonien kam.«

»Berge werden aus Leidenschaft, aus Passion bestiegen. Aber es ist eine Illusion zu glauben, es seien nur positive Emotionen. Es kann auch aus Rache, Wut oder sogar Haß geschehen.«
Cesare Maestri

Cerro Torre – Die dritte Expedition 1970 oder »Wir sind eine moderne Expedition!«

Die erste Wut war verflogen. Cesare stand in Gedanken versunken am Fenster seiner Wohnung und schaute auf das verschneite Madonna di Campiglio. Die steigende Sonne löste langsam letzte Wolkenreste auf, und die Touristen machten sich mit geschulterten Skiern auf den Weg zu den Liften; es versprach, ein perfekter Tag zum Skifahren zu werden.

Warum gehe nicht auch ich auf die Piste, fragte sich Maestri, gebe den Leuten Unterricht, bringe Gian das Skifahren bei und warte auf den nächsten Sommer? Ich habe eine Familie, eine gute Arbeit, Freunde … Muß ich wirklich zurück zum Cerro Torre? Und vor allem: Wo soll so schnell das Geld dafür herkommen? Ich habe keine Lira übrig.

Und dann Fernanda, wie sollte er ihr diesen Entschluß

erklären, ihr, die in den vergangenen Jahren all seine Depressionen und Alpträume miterlebt und ertragen und ihn mit ihrer Geduld wieder aufgebaut hatte? Konnte er ihr das zumuten? Sie würde ihn nicht gehen lassen wollen …

So grübelte Maestri vor sich hin, seine Gedanken drehten sich im Kreis, aber die einmal öffentlich ausgesprochenen Zweifel trugen bereits Früchte und wirkten wie ein schleichendes Gift, das er förmlich zu spüren meinte. Die Menschen in Madonna di Campiglio oder Trient sprachen ihn an. Sie empörten sich mit ihm über die Angriffe und versicherten ihm ihren guten Glauben und ihre uneingeschränkte Unterstützung. Doch Maestri traute ihnen nicht. Was sagten sie wohl, nachdem sie weitergegangen waren? Was wurde getuschelt in den Vereinen, auf den Hütten, in den Cafés, wenn er nicht dabei war, wenn man ihm nicht in die Augen sah? Spielten ihm immer mehr Leute Theater vor, weil sie ihn nicht verletzen wollten oder Angst vor seiner Wut hatten? Nein, so konnte es nicht weitergehen, vor allem, da immer wieder neue Artikel in den Zeitungen erschienen. Gegen alle Widerstände, Fernandas Bedenken und trotz seines eigenen Widerwillens und des fehlenden Geldes stand für ihn fest: Er mußte zurückkehren! Zum Cerro Torre! Und zwar an den Südostgrat, dorthin, wo alle Expeditionen der vergangenen Jahre gescheitert waren. Und er würde im Winter fahren und dann noch einmal – zum allerletzten Mal – allen zeigen, daß es keinen unmöglichen Berg, keine unmögliche Route gab, sondern nur Bergsteiger, die fähig waren, sie zu meistern, und solche, die unfähig dazu waren! Basta!

Er sagte es Fernanda. Die hatte natürlich seit Wochen gespürt, wie der Alptraum Cerro Torre sich langsam wieder in ihr Leben einschlich, dieser Alptraum, den sie längst überwunden geglaubt hatte. Aber sie wollte es nicht wahrhaben, bis Cesare mit ihr sprach. Sie wurde wütend, tobte und schrie ihn an, er zerstöre die Familie und alles, was sie sich aufgebaut hätten, wenn er jetzt ginge. Mit dieser Wut hatte Maestri nicht gerechnet. Er schwieg.

»Und abgesehen von mir und Gian – wenn du fährst, Cesare, tust du ihnen doch nur einen Gefallen, das ist es doch, was sie wollen. Ihre ganzen Vorwürfe laufen ins Leere, wenn du unbeeindruckt hier in Madonna di Campiglio bleibst. Wenn du fährst, gehst du doch in die Falle: Schaffst du es, ist das noch kein Beweis für eure Besteigung vor elf Jahren, und schaffst du es nicht ...«

»Sieh doch, Fernanda, jeden Tag kommen Fragen, Artikel mit doppeldeutigen Andeutungen, versteckte Anspielungen, und dann die Leute auf der Straße, jeden Tag Fragen, Fragen ...«

»Aber die meisten halten dich für den Bezwinger des Cerro Torre. Das war so, und das ist immer noch so!«

»Da bin ich mir nicht so sicher ... nein, ich muß zurück zum Torre, ich muß zeigen, daß er für mich nicht unmöglich ist.«

»Dann geh!« schrie Fernanda ihn an. »Aber ich sage dir: Du tust das nur für dich, nicht für uns! Du denkst nur an dich dabei, du bist ein Egoist, ein egozentrischer Fanatiker!«

Cesare holte Luft und wollte sagen, daß das nicht wahr sei, er tue es für sie beide in erster Linie, und dann, ja, sicherlich auch für sich selbst, aber da war Fernanda schon hinausgerannt und hatte die Tür hinter sich zugeschlagen.

Es blieb wenig Zeit zur Vorbereitung, vielleicht zwei Monate. Maestri hatte bislang weder Partner noch Geld oder einen ausgearbeiteten Plan. Was tun? Alles mußte auf einmal angegangen werden. Zuerst schickte er einen Brief an Cesarino Fava in Buenos Aires, seinen alten Freund, mit dem er zwar regelmäßig Briefkontakt hatte, den er aber seit elf Jahren nicht mehr gesehen hatte.

»Lieber Cesarino,
... ich will nicht nur zeigen, daß der Torre kein unmöglicher Berg ist, sondern ich will zeigen, daß es sogar möglich ist, ihn im Winter zu besteigen. Im Winter gibt es doch weniger Wind, und das wäre ein enormer Vorteil! Antworte bitte so schnell wie möglich!
Cesare.«

Cesarino antwortete umgehend:

»Lieber Cesare,
... es ist nicht unbedingt gesagt, daß es im Winter weniger Wind gibt dort unten, es kann sein, aber in dieser Jahreszeit ist nichts sicher. Aber angenommen, es gäbe weniger Wind als sonst, die Temperaturen liegen in dieser Zeit immer bei minus 20, 30 Grad. Und das ist nicht mal das Schlimmste! Du hast kein Tageslicht im Winter! Die Nacht beginnt doch schon gegen vier Uhr nachmittags und die Morgendämmerung um neun! Wir befin-

den uns dort auf dem 49. Breitengrad, die Tage sind kurz und kalt, die Nächte sind lang und noch kälter. Und bei diesen Bedingungen klettern, biwakieren? Wenn du mich fragst, es könnte ein Desaster geben!«

Die Antwort ließ nicht lange auf sich warten, und sie war zwei Zeilen lang:

»Lieber Cesarino! Wir werden am 24. Mai am Ezeiza-Flughafen in Buenos Aires eintreffen. Cesare!«

Amen, dachte Cesarino und zuckte nur die Schultern über Cesares ungeheure Starrköpfigkeit. Er würde kommen … und dann? Ihm die Unterstützung verweigern konnte Cesarino nicht, auch wenn er das Unternehmen im Winter für ausgemachten Blödsinn hielt. Gut, er könnte die Angelegenheit im Circolo Trentino vorbringen und sehen, was die anderen dazu sagen würden.

Maestris nächste Sorge betraf das Geld. Er würde viele Millionen Lire brauchen, diese Erfahrung hatte er hinreichend gemacht. Er nahm keine großen Umwege, taktierte nicht, sondern ging sofort zum wohlhabendsten Mann in seinem Freundeskreis, Giuliano Salvadori del Prato, einem adligen Verleger mehrerer Tageszeitungen. Bei einem Glas Whiskey in del Pratos Haus in Madonna di Campiglio fragte Maestri ihn ohne Umschweife, ob er bereit wäre, eine Expedition zum Cerro Torre zu finanzieren.

»Ich helfe dir immer gern, Cesare, aber ich helfe dir nicht dabei zu sterben. Laß den Torre! Bleib hier bei Fernanda, bei Gian, laß die Sache auf sich beruhen!«

»Aber die Leute glauben ...«

»Laß doch die Leute zweifeln, Cesare, irgend jemand redet immer, zweifelt immer, das kann dir doch egal sein. Was wäre es für eine Dummheit, wegen des Zweifels der Leute sein Leben aufs Spiel zu setzen!«

»Das ist wahr, aber meine Frau, mein Sohn ... solange die Zweifel bestehen, ist mein Name beschmutzt, das kann ich ihnen nicht zumuten.«

»Unsinn, dein Sohn wird gut damit leben können und deine Frau auch, denn sie brauchen dich lebend und nicht tot. Laß es gut sein!«

Damit hatte Cesare nicht gerechnet, er hatte große Hoffnungen auf die Hilfe von del Prato gesetzt. Aber wie es der Zufall wollte, kam er wenige Tage später mit del Pratos Frau Mariarosa ins Gespräch, die schon nach wenigen Minuten von Maestris Haltung und Plan überzeugt war und ihm zusagte, noch einmal mit ihrem Mann zu sprechen.

Kurz darauf bekam Maestri eine Art »Geschäftsvorschlag« von del Prato: Er würde seine Expedition unterstützen, wenn er erstens die Exklusivrechte für die Berichterstattung bekäme und zweitens Maestris Frau und Sohn mit nach Buenos Aires führen. Dort sollten sie per Funk und Radio mit dem Basislager in täglichem Kontakt stehen, um einerseits Maestri so nah wie möglich zu sein und andererseits die Journalisten von del Prato mit ihren Informationen zu versorgen. Und schließlich sollte auch noch Fernanda dem Plan zustimmen.

Maestri war begeistert. Euphorisch malte er Fernanda die Idee einer gemeinsamen Reise nach Südamerika in allen Farben aus, schwärmte von der technischen Möglichkeit, jeden Tag per Funk miteinander zu sprechen, und … und Fernanda erklärte, daß sie nicht daran denke, ihm zu helfen, das Ganze sei seine Sache, sie mache da nicht mit!

Auch hier nahm Mariarosa del Prato in den nächsten Tagen feinfühlig Einfluß mit dem Ergebnis, daß del Prato das Geld zusagte und Fernanda dem Arrangement zustimmte, wenn auch nur widerwillig. Tief im Innern glaubte sie immer noch nicht daran, daß aus der Expedition wirklich etwas werden würde, zu viele Fragen waren noch zu klären.

Doch Maestri war glücklich, denn das in seinen Augen größte Problem war bewältigt, jetzt galt es, sich den bergsteigerischen Fragen zu widmen. Wer kam mit? Oder besser gefragt, wer konnte es sich in so kurzer Frist erlauben, für mehrere Monate fort zu sein? Die meisten der möglichen Kandidaten hatten berufliche und familiäre Verpflichtungen, die eine solche Reise unmöglich machten. Auch sein geschätzter Freund und Seilpartner Claudio Baldessari war wieder unabkömmlich, das Verteidigungsministerium gestattete keinen Sonderurlaub.

So lud Maestri einige Freunde zum Essen zu sich ein. Dabei waren Carlo Claus, ein erfahrener Kletterer, im Hauptberuf Inhaber einer kleinen Sanitärfirma, mit 45 Jahren zwar schon recht alt, aber Maestri war durch ihre gemeinsamen schwierigen Unternehmungen von seinen Qualitäten so überzeugt, das er ihn dabeihaben wollte. Dann der Bergführer und Skilehrer Pietro Vidi aus Madonna di Campiglio, 34 Jahre alt, der jedem erzählte, er habe seine enormen Kräfte als Holzfäller in Kanada erworben, und schließlich noch die beiden jungen Bergführer und Skilehrer Ezio Alimonta und Renato Valentini, beide aus Madonna di Campiglio, 25 Jahre alt und erfahrene Brenta-Kletterer. Außer Claus verfügte keiner der jungen Bergführer über Auslands- oder Expeditionserfahrung. Und dann war da noch ein kleiner, umtriebiger Mann aus Argentinien, der mit seinen 50 Jahren für schwere Bergtouren zu alt war, wie alle meinten, der sich aber ganz und gar nicht so fühlte.

Auch Cesarino Fava war natürlich dabei. Er hatte den Tridentinern in Buenos Aires von Maestris Plänen berichtet, und wie beide Male zuvor hatte man ihm wieder jede Hilfe und Unterstützung zugesagt. Selbst Fava war von der Begeisterungsfähigkeit seiner Landsleute überrascht. Ja, hatte er Maestri geschrieben, er würde mitkommen und dort helfen, wo es nötig sei, wie schon 1958 und 1957.

Ein Freund sagte jedoch ab. Maestri hatte auch Catullo Detassis eingeladen, den Bruder von Bruno, in dessen Begleitung er sich am Berg immer sicher und wohl gefühlt hatte. Es war für ihn auch so etwas wie eine späte Verbeugung vor den Detassis-Brüdern gewesen, vor ihrer Bedeutung für das Dolomiten-Bergsteigen insgesamt, und der Dank für die Unterstützung, die sie ihm in jungen Jahren gewährt hatten. Catullo schrieb Maestri einen sehr persönlichen Brief, in dem er ihm für die Einladung dankte, aber erklärte, zurückzutreten, »um tüchtigeren Leuten nicht den Platz wegzunehmen«. Cesare war gerührt.

Bei Rotwein und Käse wurden an diesem Abend in Maestris Küche in bester Stimmung schon detaillierte Expeditionspläne geschmiedet. Fernanda war erstaunt, das ihr Mann so schnell so viele Begleiter hatte auftreiben können. Claus hatte Frau und Kinder – erhob niemand Einspruch? Die jungen Kerle Alimonta und Valentini – protestierten nicht die Eltern? Ihre Freundinnen? Nein, antworteten alle, als sie ihren Freunden und Verwandten erzählten, sie gingen mit Cesare, seien die beruhigt gewesen. Die Mannschaft stand, das Geld war da, und die Auslandsitaliener würden sie unterstützen. Und sie hatten einen Namen für ihre Expedition: »Campiglio '70«. Nun konnten sie sich dem Aufstieg widmen.

Maestri war aufgefallen, daß alle vorangegangenen Expeditionen mehr oder weniger an einem bestimmten Punkt gescheitert waren. Der Fels oberhalb dieser Wandstelle schien kompakt und ohne Risse zu sein, man mußte mit Bohrhaken arbeiten. Die Arbeit mit Hammer und Meißel erlaubte kräftigen, ausgeruhten Seilschaften, eine Handvoll Haken pro Stunde zu setzen, höchstens. In diesem Stil würde man Tage und Wochen für die Ausstattung der Wand benötigen, Zeit, in der das patagonische Wetter einen längst vom Berg getrieben hatte. Wie immer in Patagonien, spielte das Tempo eine große Rolle, wer schnell war, würde gewinnen. Also mußten die Haken schnell gesetzt werden.

Maestri griff zu einem technischen Trick, der als Kuriosum in die alpine Geschichte eingehen sollte und mit seinem Namen bis heute untrennbar verknüpft ist. Eine Woche nachdem er sein Problem dem Direktor der Firma Atlas Copco, einem weltweit operierenden Hersteller von Bohrmaschinen und Luftdruckkompressoren, vorgetragen hatte, bekam er die Nachricht, man hätte eine Lösung erarbeitet, ob er sich das Resultat ansehen wolle. Es handelte sich um einen Luftdruckkompressor, der über einen Benzinmotor mit 250 Kubikzentimetern betrieben wurde. Daran angeschlossen war ein Bohrer, »... dessen Spitze in den Granit eindringt wie ein Finger in Butter«.

Maestri war begeistert und bestellte das Gerät. Noch dazu erklärte sich Atlas Copco bereit, die Expedition mit 20 Millionen Lire zu unterstützen. Auch für die Firma lohnte sich das Geschäft; ihre Marketingstrategen ahnten bereits, daß ihr Name noch lange im Zusammenhang mit dem Kompressor am Cerro Torre erwähnt werden würde. Und schon im nächsten Heft der Atlas-Copco-Betriebszeitung erschien ein Foto von Maestris Mannschaft, die sich dekorativ um den Bildmittelpunkt »Kompressor« versammelt hatte. Das provozierte schnell böse Kommentare in der Alpinpresse, die fragte, inwieweit nun die Expeditionsleitung an den neuen »Großen Führer« abgegeben worden sei, der doch »nichts als Luft produziert«.

Doch auch wenn Maestris Begeisterung für die motorgetriebene »Aufstiegshilfe« ungebrochen war, so mußten logistische Probleme bewältigt werden, vor allem das des Gewichts: Das Gerät wog zusammen mit Bohrern, Schläuchen, Benzin, Öl und Schutzrahmen über 150 Kilogramm. Dazu mußte noch die Winde samt Stahlseil gerechnet werden, mit welcher der Kompressor den Südostgrat hinaufgehievt werden sollte – alles zusammen also ein zusätzliches 200-Kilogramm-Paket im Expeditionsgepäck, um die Bohrhaken leichter in den Fels zu treiben.

Aber Rücksichtnahme auf mögliche Kritiker war für Maestri kein Thema: Er konzentrierte sich auf das Ziel: den Gipfel über den Südostgrat zu erreichen und die dafür technisch adäquaten und modernsten Mittel einzusetzen. Er war zum rein erfolgsorientierten »Manager« geworden, der die Mittel dem Ziel des Erfolgs unterordnete – Bergleidenschaft und Passion, das war gestern.

So wollte er einen möglichst großen Teil der Ausrüstung per Helikopter auf dem Torregletscher absetzen lassen, darunter vorgefertigte Bauteile für eine Holzhütte, die für sie die Funktion des Basislagers übernehmen sollte. Weiterhin ließ er spezielle Wärmeunterwäsche entwickeln und besonders gut isolierte Plastikbergstiefel mit Innenschuh. Die Kletterer am Berg sollten über Funk mit dem Basislager in Verbindung stehen, und von dort sollte per Kurzwelle über die nächste Estancia und Rio Gallegos bis nach Buenos Aires eine Funkstrecke hergestellt werden. Es ist eine moderne Expedition, erklärte Maestri.

Da die Organisation bald abgeschlossen ist, kann Maestri seinen Abflugtermin vorziehen, und anstatt erst am 24. Mai steigt er mit Fernanda und Gian bereits am 18. April in Mailand ins Flugzeug. Für Fernanda ist es die erste Reise nach Südamerika, für den zehnjährigen Gian sein erster Flug überhaupt.

In Buenos Aires beginnt das übliche Ritual des großen Empfangs am Flughafen. Die alten Freunde und Bekannten sind gekommen, und Fernanda lernt bei dieser Gelegenheit endlich Cesarino Fava persönlich kennen, von dem sie schon so viel gehört hat, und auch den treuen Helfer im Hintergrund bei allen Expeditionen,

Tito Lucchini. Der Winter hat auf der Südhalbkugel gerade erst begonnen, noch ist das Wetter am Rio de la Plata neblig und mild, doch Fernanda friert. Im Circolo Trentino wird noch gegessen, geplaudert und getrunken, bis die drei Reisenden völlig erschöpft in ihre Unterkunft, das Hotel Regis, gehen.

Es gibt noch viel zu tun, vor allem ist das Transportproblem zu lösen; bisher ist völlig ungeklärt, wie die in wenigen Tagen eintreffenden 3000 Kilogramm Ausrüstung zum Cerro Torre gebracht werden sollen. Maestri denkt an einen Transporthubschrauber, der das gesamte Gepäck auf dem Gletscher abstellen könnte. Zusammen mit dem Vorsitzenden des Circolo Trentino, Augusto Ziglio, besucht er verschiedene Botschaften, Konsulate, Ministerien und Behörden, trägt seinen Wunsch vor und bittet um Unterstützung für seine Expedition. Er trifft auf Interesse und Fragen, aber auch auf Unkenntnis. Da bezweifeln Militärs, die nie zuvor in der Gegend gewesen sind, daß ein Helikopter dort überhaupt landen kann, andere halten eine derartige Anreise im Winter für unmöglich und zu gefährlich, und wieder andere sagen ihm zu, den Fall zu prüfen, »mañana«, und dabei bleibt es dann. Sogar mit einem General der argentinischen Armee, der schon einmal eine Südpol-Expedition geleitet hat, spricht Maestri, doch auch er kann nicht helfen. Aber die Bergsteiger bleiben hartnäckig, putzen Klinken und nutzen jeden Sektempfang, um mit Verantwortlichen ins Gespräch über einen Hubschraubertransport zum Cerro Tore zu kommen.

In der Zwischenzeit organisiert Fernanda gemeinsam mit Tito Lucchini den Einkauf der Lebensmittel, im Circolo Trentino wird wieder eine Art Lagerhaus eingerichtet, und es werden Sachen um- und eingepackt, neu verstaut und bruchsicher verschnürt.

Da erfährt Maestri plötzlich, daß der italienische Energiekonzern Agip in Puerto Deseado an der patagonischen Atlantikküste mehrere Hubschrauber für den Lastentransport auf seine Ölfelder stationiert hat. Ein Hoffnungsschimmer. Er telefoniert mit del Prato in Mailand, und dieser sichert ihm zu, sich beim zuständigen Minister in Rom für die Angelegenheit einzusetzen. Ende April trifft das Ausrüstungsmaterial in Buenos Aires ein, nichts scheint zu fehlen, nichts ist beim Transport beschädigt worden. Maestri ist zufrieden. Aber in wenigen Tagen kommt seine Mannschaft, und immer noch gibt es keine Lösung für das Transportproblem!

Am 1. Mai treffen seine Begleiter ein: Claus, Alimonta, Vidi und Valentini. Sie werden zusammen mit der Ausrüstung in einem Linienflug gleich am nächsten Tag nach Rio Gallegos weiterfliegen und dann alles in einen Lastwagen umladen, der bis zur Estancia San José am Ende des Lago Viedma fahren wird; seitdem die Madsen-Farm aufgegeben wurde, ist sie die nächstgelegene Estancia zum Cerro Torre. Der Flug verzögert sich wegen technischer Probleme, am 6. Mai aber ist es dann soweit. Maestri nimmt in Buenos Aires Abschied von seinem Sohn und seiner Frau.

3000 Kilometer weiter südlich ist der Winter bereits da. Es ist kalt und windig im öden Rio Gallegos, die rechtwinkligen Straßenzüge und die grauen, kubischen Häuser wirken trostlos und verlassen. Schneeschauer fegen durch den Ort, der so zweckmäßig wie häßlich ist. Der LKW-Transport durch die verschneite Pampa ist organisiert, jetzt versucht Maestri mit Hilfe des italienischen Unternehmers Gotti in Rio Gallegos ein Flugzeug aufzutreiben. Es gibt mehrere Cessnas am Flughafen, aber kein Pilot läßt sich zu dem nicht ungefährlichen Flug überreden, auch nicht mit Pesos. Schließlich ist einer der Piloten bereit, Maestri auf dem einsamen Landestreifen bei der Estancia abzusetzen, auf der mittlerweile die Ausrüstung und die Expeditionsmannschaft eingetroffen sind.

Niedrig fliegt die einmotorige Maschine über der weißgesprenkelten Pampa Richtung Westen, torkelt immer wieder in den plötzlichen Windstößen. Patagonien im Winter wirkt noch einsamer und karger als im Sommer, denkt Maestri beim Anflug auf den Lago Viedma. Durch die tiefhängenden Wolken dringt das flache Wintersonnenlicht, eine schwermütige Landschaft. Dafür ist die Stimmung bei seinen Freunden auf der Estancia gut. Sie haben es sich in einem Schuppen beim Haupthaus bequem gemacht und das Material gut verstaut. Natürlich gibt es erst einmal ein Asado und einen Matetee. Maestri schaut in Richtung Torre, aber im winterlichen Nebelgrau ist nichts zu erkennen. Er verspricht seinen Freunden, bald wiederzukommen, und fliegt nach Rio Gallegos zurück.

Der Schneefall ist stärker geworden, die Sicht in größerer Höhe für den Piloten gleich null. Um die Orientierung zu behalten, fliegt er die kleine Maschine nur wenige Meter über der verschneiten Straßenpiste Richtung Atlantik; nur einmal sehen sie unter sich für kurze Zeit schwarze Reifenspuren im frischen Schnee, die dann irgendwann nach rechts ins Nirgendwo abbiegen.

Maestri schaut auf den Kalender, es ist der 10. Mai, seit drei Wochen ist er in Argentinien, und noch immer haben sie keinen Hubschrauber. Seine nächste und vielleicht letzte Hoffnung ist der Gouverneur der Provinz Santa Cruz. Über den Unternehmer Gotti bekommt er Kontakt zur Frau des Gouverneurs, der sich gerade in Buenos Aires aufhält. Er trägt sein Anliegen vor und bekommt zwei Tage später einen Termin beim Gouverneur, allerdings in Buenos Aires. Er ist zurück in der Hauptstadt. Fernanda und Gian freuen sich über den unerwarteten Besuch, und der Provinzgouverneur sagt Maestri zu, sich bei der argentinischen Luftwaffe noch einmal um eine DC 3 zu bemühen, aber mal sehen, »mañana«.

Maestri will so schnell wie möglich zurück nach Süden, in Buenos Aires kann er nichts ausrichten, so sein Eindruck. Er spricht über Kurzwelle mit dem Funker in Rio Gallegos, der mit seinen Leuten auf der Estancia Kontakt hält. Wie geht es, wie ist das Wetter?

»Stimmung gut, Wetter schlecht!« lautet die Antwort.

Wegen technischer Probleme fällt am nächsten Tag schon wieder der Flug nach Rio Gallegos aus, wieder erzwungene Wartezeit; Maestri wird immer nervöser. Der nächste Tag, das gleiche Spiel, es ist kein Ersatzflugzeug vorhanden. Als Maestri am dritten Tag entnervt vom Flugplatz zurück ins Hotel zu Fernanda kommt, sagt sie ihm, Agip Petrolera habe gerade angerufen, der Hubschrauber stehe morgen zur Verfügung.

Maestri hüpft und springt vor Freude im Hotelzimmer auf und ab. Wie sich die Dinge doch manchmal so unerwartet und einfach lösen! Er telefoniert mit del Prato, bedankt sich ein dutzendmal, spricht mit Gotti in Rio Gallegos, bittet ihn, seine Leute auf der Estancia zu informieren, und klärt mit den Agip-Offiziellen ab, wie lange er über den Helikopter verfügen und wo er zusteigen kann. Am nächsten Morgen fliegt er über Comodoro Rivadavia nach Puerto Deseado, einem dieser trostlosen Flecken an der Atlantikküste, die allein einigen Erdölquellen und der Verschiffung von Wollballen ihre Existenz verdanken. In Puerto Deseado unterhält Agip seine Hubschrauberbasis, von der aus die abgelegenen Bohrstationen mit Material und Lebensmitteln versorgt werden. Der Pilot ist Amerikaner und wie alle Amerikaner groß und schlaksig, denkt Maestri, und wie alle Amerikaner kaut er Kaugummi, trägt einen Bürstenhaarschnitt und heißt Bob, Bob Gordon. Doch das Schöne ist: Bob freut sich auf den neuen Job, die Gegend um den Fitz Roy wollte er immer schon mal sehen, und die widrigen Wetterverhältnisse an der Kordillere schrecken ihn nicht, er empfindet sie eher als nette Herausforderung, sagt er jedenfalls. Was er aber in jedem Fall braucht, ist gute Sicht im Tal des Torregletschers!

Sie starten wenig später, liefern noch einige hundert Liter Treibstoff ab und fliegen dann direkt den Rio Santa Cruz entlang Richtung Kordillere. Eine geschlossene Wolkendecke in größerer Höhe liegt über dem Land, nur manchmal schneit es leicht, und der Wind bläst schwach – gute Bedingungen für einen ersten Transport. Bald darauf landen sie an der Estancia und erfahren, daß Maestris Mannschaft am Tag zuvor in Richtung Cerro Torre aufgebrochen ist. Das ist gut, freut sich Maestri, dann würden sie sie wahrscheinlich dort antreffen. Sie laden ein: zuerst die Bauteile für die Holzhütte, die rund 400 Kilogramm wiegen, dann einige Säcke mit Kletterausrüstung. Nun will Bob starten, denn für den ersten Flug möchte er nur wenig Gewicht mitnehmen.

Wenige Minuten später überfliegen sie die Laguna Torre und biegen ins Gletschertal ein. Maestri sucht beim See und auf dem Gletscher nach Spuren seiner Freunde, kann aber nichts entdecken. Die Felswände werfen das dröhnende Rotorengeräusch vielfach zurück, es wird trotz der Kopfhörer unerträglich laut in der Kabine. Bob hat eine Karte vor sich auf den Knien, aber Maestri deutet ihm mit Handzeichen an, wo er das Material absetzen sollte. Bob drosselt die Motoren, steigt jetzt langsamer werdend die Schneeflanke Richtung Torre-Ostwand empor und sucht eine ebene Fläche zum Landen. Er hat einen geeigneten Platz gefunden, hält den Hubschrauber auf der Stelle und senkt ihn mit gefühlvollen Bewegungen des Steuerknüppels langsam ab, zehn Meter, fünf Meter, drei. Schneefahnen wirbeln rund um die Maschine auf und nehmen ihnen die Sicht. Bob muß nach Gefühl aufsetzen, und das will er sehr langsam tun, um zu testen, ob die Fläche unter der Schneedecke wirklich so flach ist wie vermutet und ob es keine versteckten Spalten gibt. Maestri ist nervös, krallt sich mit den Händen an den Armlehnen fest, Bob knetet energisch seinen Kaugummi. Jetzt setzt die Maschine auf, alles scheint zu stimmen, Bob zieht sie trotzdem noch einmal kurz hoch und setzt dann zur endgültigen Landung an. Sie stehen, die Rotoren laufen aus.

Die beiden springen aus der Kabine in den hohen

Schnee, es ist sehr kalt, sicherlich minus 15 Grad. Bob und sein Kopilot jubeln, stolz über ihre gelungene Landung. Maestri schaut sich um und erkennt, daß sie nicht weit entfernt von der Stelle gelandet sind, wo sich vor elf Jahren das Lager 3, ihre Eishöhle, befand. Wie aus einem lang zurückliegenden Traum steigen jetzt die Bilder der Vergangenheit wieder in ihm auf: Dort drüben lag er, halb tot, dort rettete ihm Cesarino das Leben. Er blickt hinauf zum Cerro Torre, die teilweise im Nebel versteckte Ostwand ist vereist. Er verfolgt ihren Weg über die Verschneidung, das Schneefeld, die Rampe und den Col de la Conquista und die Nordwand bis zu den überhängenden Eispilzen des Gipfelplateaus hinauf, von dem die Lawine kam. Sein Blick wandert hinab bis zum Absatz am Schneefeld, er hört wieder das ekelhaft anschwellende Rauschen fallender Schneemassen und dann nichts mehr, Stille, und er war allein. Toni muß dort, ungefähr 300 Meter entfernt, auf dem Gletscher aufgeschlagen sein; gut möglich, daß sein Eisgrab sich jetzt hier genau unter ihm befindet. Maestri schüttelt sich und verdrängt den Gedanken. Bob ruft, sie müssen ausladen und zurückfliegen, die Tage im Winter sind kurz.

Auf dem Rückflug sehen sie plötzlich mitten auf dem Gletscher eine Stichflamme emporzüngeln. Die Expedition! Die Freunde sind auf dem Weg von der Laguna Torre zum ehemaligen Lager 2. Als sie hörten, daß der Hubschrauber den Rückflug angetreten hatte, zündeten sie einen Benzinlappen an, um ihre Position anzuzeigen. Bob landet. Sie umarmen sich, alles läuft gut, die fünf sind gesund und guter Dinge. Sie werden weiter aufsteigen und dann vielleicht schon am Landeplatz sein, wenn der Hubschrauber die Hauptlast bringt. Maestri fliegt mit zurück zur Estancia. Sie verladen die restlichen 2000 Kilo an Ausrüstung, und schon geht es wieder zurück zum Berg. Bob muß sich beeilen, denn am Morgen darauf muß er in aller Frühe von der Estancia zurück nach Puerto Deseado fliegen.

Nach einem weiteren riskanten Landemanöver liegt die gesamte Ausrüstung auf dem Torregletscher im Schnee, und die komplette Mannschaft ist versammelt. Bob schüttelt angesichts des Berges zwar den Kopf über die Idee, dort im Winter hinaufsteigen zu wollen, aber er wünscht ihnen viel Glück und startet. Langsam entschwindet die mächtige Maschine hinter den Berghängen über der Laguna Torre, aber noch minutenlang hören sie in der Ferne das rhythmische Knattern der Rotoren. Dann sind sie allein. Es ist der 18. Mai 1970.

»Ab diesem Moment war es für mich unwichtig, ob wir Montag oder Freitag hatten, ich wollte nicht wissen, welche Woche oder welchen Monat wir schrieben. Die Tage in der Vertikalen wurden nicht nach Stunden und Minuten bemessen, sondern nur nach Zentimetern und Metern ... Ich ersetzte die Stunden durch die eroberten Meter ... Ich mußte zu einem gefühllosen Roboter werden, allein darauf programmiert zu siegen.«

Einen Tag später ist die Holzhütte aufgestellt und mit Seilen gegen schwere Stürme gesichert. Daneben graben die Männer zwei Schneehöhlen, von denen die eine als Küche und die andere als Vorratskammer dient. Cesarino soll vor allem die Aufgabe des Küchenchefs übernehmen, und – wie Maestri immer wieder betont – es soll eine »moderne« Expedition sein, mit einer Ausrüstung, die auf dem neuesten technischen Stand ist. Deshalb wird die isolierte Holzhütte zusätzlich einige Stunden am Tag mit Elektrizität versorgt; draußen vor der Tür tuckert ein Stromgenerator. Ungewohnte Klänge in der Arena der patagonischen Gipfel. Und es soll noch lauter werden, denn in Einzelteilen schleppen sie nun den Luftkompressor von der Laguna Torre herauf. Maestri hatte Angst, daß das unersetzbare Gerät beim Transport per Hubschrauber Schaden nehmen könnte, und hat ihn deshalb auf Pferderücken zum alten Basecamp transportieren lassen; nun mühen sich Claus, Alimonta, Vidi und Valentini mit den unhandlichen und schweren Teilen auf dem Rücken den Gletscher herauf.

Cesarino Fava ist dieser ganze Aufwand wenig geheuer. »Motorkompressor und Hubschraubertransport, das waren, sind und werden immer Dinge sein, die mit ›Alpinismus‹ nichts zu tun haben!« Seine Aufgabe als »Hüttenwirt« in der Biwakholzschachtel kommt ihm gerade recht, den Aufstieg sieht er sehr kritisch, und er hat keine Ambitionen, den Südostgrat zu erklettern.

Zu den technischen Bequemlichkeiten gehört auch das Funkgerät, nicht zuletzt deshalb mitgenommen, um den reibungslosen Informationsfluß zwischen dem Berg und den Schreibmaschinen der Journalisten zu gewährleisten und ganz nebenbei Fernanda und Cesare die Möglichkeit für ein tägliches Gespräch zu geben, was sie beruhigen und ihn motivieren soll. Und so versammeln sich jeden Abend gegen acht Uhr die Expeditionsteilnehmer vor dem knarzenden Funkgerät: »El U Cinco Xilofono America Portugal Campo Base Expedición am Cerro

Torre ruft El U Ocho Xilofono America Canada, bitte melden. Ende«, bis durch die atmosphärischen Interferenzen hindurch die Stimme des Funkers Ovidio dringt und man die kleinen und großen Neuigkeiten von Wetter und Klettererfolg bis Politik und Familiengrüße austauscht. Das einsame Camp am Cerro Torre ist auf einmal Teil der Welt, deren Nachrichten kurz zuvor noch Tagesreisen entfernt gewesen sind.

Als Cesarino Fava eines Abends in der Dämmerung vom Fuß des Fitz Roy über den flachen Gletscher zum Torre herüberkommt, sieht er die einsame Glühbirne der Holzhütte den Gletscher ringsumher erleuchten, ein Motorknattern erfüllt die Luft, und beim Näherkommen hört er das Knistern und Knacken des Kurzwellenempfängers. Er schüttelt den Kopf, das gefällt ihm nicht. Seinem Freund Cesare ist alles gleichgültig geworden, das weiß Cesarino. Er scheint nur noch von seiner dumpfen Wut und tiefen Kränkung getrieben zu sein, die ihn alles um sich herum ignorieren lassen, und die drohen, ihn völlig zu vereinnahmen und zu zerstören. Trübsinnig macht Cesarino sich ans Kochen.

Eine steile 200-Meter-Flanke aus Eis und Firn müssen sie noch vom Gletscher aus überwinden, dann erreichen sie den Col de la Pacienca, den »Sattel der Ruhe«, die dritte wichtige Scharte am Cerro Torre, die mitten zwischen dem »Sattel der Hoffnung« und dem »Sattel der Eroberung« liegt. Nun stehen sie tatsächlich am Einstieg zum Südostgrat des Cerro Torre. In unmittelbarer Nähe des ersten Grataufschwungs wird in bewährter Manier in einer größeren Spalte eine Biwakhöhle ausgehoben und im Innern ein Zelt verankert. So wird es möglich sein, in wenigen Minuten vom Lager zum Einstieg zu gelangen, was während der kurzen Wintertage ein wichtiger Vorteil für die Kletterer ist. Sie würden vom Morgengrauen bis zur Abenddämmerung in der Wand arbeiten können. Sie beginnen damit am 23. Mai 1970 und würden nicht vor dem 9. Juli wieder aufhören.

Die Arbeitsteilung steht fest: Maestri führt, sein Seilpartner ist Carlo Claus; Ezio Alimonta, Pietro Vidi und Renato Valentini bilden die Unterstützungsseilschaft, und Cesarino Fava widmet sich der Pflege von Haus und Küche. Maestri hat das Sagen, sein Wille zählt, denn schließlich ist es »seine Expedition«.

Die Routine der folgenden Tage und Wochen ist monoton, kräftezehrend und nervenaufreibend. Immer wieder klettern sie am Rande ihrer physischen und psychischen Kräfte. Maestri führt Buch und erstellt Statistiken über die Zeit am Berg: Fünf, sechs Tage herrscht schönes Wetter, die Temperaturen liegen im Durchschnitt weit unter minus 20 Grad, die Luftfeuchtigkeit bei 80 bis 90 Prozent; der Sturm fegt oft mit 80, 100 Stundenkilometern über Wände und Grate, es fallen 18 Meter Neuschnee; Maestri verbringt 16 Nächte in der Gletscherspalte am Einstieg, 26 Nächte unter widrigsten Bedingungen in Hängematten und Schlafsäcken in der Wand, die wenigsten der verbleibenden Tage im Schutz der warmen Hütte. Es herrscht die ganze Zeit über strenger Frost, jeden Tag schneit es irgendwann. Sie hatten kalkuliert, daß sie im besten Fall einen Monat in der Wand verbringen würden, und entsprechend viele Lebensmittel und Brennstoff hinaufgeschleppt.

Die Tagesroutine ist monoton: Maestri klettert voran, je nach Wetter, Wind und Felsbeschaffenheit nur einige Meter in den wenigen Stunden Tageslicht, dann wieder 40, 50 Meter an einem Stück. Carlo Claus sichert ihn. Darauf folgt die Unterstützungsseilschaft. Sie stattet die Route mit Fixseilen aus. Am Abend steigen sie dann an diesen Seilen wieder hinunter, um in dem Gletscherspaltenlager am Col de la Pacienca zu essen und zu schlafen. Am nächsten Morgen beginnt das Spiel von neuem mit dem Aufstieg entlang der Fixseile. Meist sind sie verschneit oder vereist und müssen erst »gangbar« gemacht werden. Manchmal benötigt der Aufstieg bis zum höchsten am Vortag erreichten Punkt so viel Zeit, daß Maestri nur noch zwei Stunden zur Verfügung stehen, um sich weiter die Wand emporzuarbeiten.

»Wir lebten täglich unter den gleichen Bedingungen, aßen immer wieder das gleiche, arbeiteten wie am Tag zuvor, schliefen in der gleichen Stellung; Müdigkeit, Kälte und Erschöpfung waren für alle gleich.«

Trotz dieser freudlosen Rahmenbedingungen gibt es keine Spannungen; die erzwungene Nähe und die enormen Entbehrungen scheinen die Männer eher noch enger zusammenzuschweißen. Maestris totale Entschlossenheit und seine Erfahrung an diesem Berg geben ihm eine Mannschaft, die ihm vertraut und bereit ist, alle Entbehrungen klaglos auf sich zu nehmen.

Nach 20 Tagen haben sie Maestris Schätzung zufolge die Hälfte der Strecke überwunden. Doch wegen der Kälte und der großen körperlichen Anstrengung haben sie mehr Vorräte verbraucht als angenommen. Sie beschließen am 10. Juni, die Lebensmittel zu rationieren, von nun an gibt es nur noch eine Mahlzeit am Tag. Ezio und Renato gehen noch einmal zur Estancia, um die letzten Vorräte und Gaskartuschen zu holen. Auch machen ihnen erste leichte Erfrierungen zu schaffen, immer wieder müssen sie sich in die Holzhütte zur Erholung zurückziehen und werden von Cesarino gepflegt und bekocht.

Bis hierher war der Grat mit konventionellen Klettertechniken zu bewältigen gewesen; weder Bohrhaken noch der Kompressor wurden benötigt. Maestri staunt. Doch wie wird es weiter oben sein? Sie beginnen, die monströse Maschine die Wand hinaufzuziehen. Lange hatten sie in Buenos Aires nach einer passenden Winde gesucht und nichts gefunden. Nun arbeiten sie mit selbstgebauten Flaschenzügen aus Seilen, Reepschnüren und Karabinern. Mit jedem Zug am Seil kratzt der knallgelbe Metallrahmen des Kompressors über den Granit in die Höhe; es ist die reinste Sklavenarbeit. Doch nach sechs Tagen haben sie ihn bis zum höchsten bislang erreichten Punkt den Berg hinaufgezerrt.

Maestri und Claus beschließen, wenn es das Wetter erlaubt, die Nächte in Hängematten in der Wand zu verbringen, denn der tägliche Auf- und Abstieg zum Col de la Pacienca kostet sie zuviel Zeit. Mit dem Kompressor setzen sie jetzt die ersten Haken, aber nur um die Hängematten und das gesamte Material in der senkrechten Felswand zu verankern.

Am Abend versucht Maestri aus der Hängematte per Funk mit Cesarino unten in der Hütte zu sprechen, es funktioniert. Er bittet seinen Freund, Fernanda und Gian über Funk von ihm zu grüßen und ihnen zu sagen, daß es ihm gut gehe. Cesarino sagt es ihm zu – beide ahnen nicht, daß Maestris Sohn und Frau bereits in Rio Gallegos eingetroffen sind.

Fernanda hatte es nach 20 Tagen in Buenos Aires nicht mehr ausgehalten. In Gedanken war sie immer bei Maestri, am Torre, in der Wand gewesen, hatte sich Sorgen gemacht und unter ihrer Trennung gelitten. Und sie hatte andererseits auch keine rechte Aufgabe in der argentinischen Hauptstadt, um ihre trüben Gedanken zu vertreiben. Die Tridentiner des Circolo kümmerten sich rührend um die beiden, organisierten Einkaufsbummel oder Ausflüge, aber trotzdem, als Fernanda eine Möglichkeit bekam, nach Rio Gallegos zu fliegen, mit der Aussicht, von dort weiter zum Torre zu gelangen, packte sie sofort ihre Koffer. Mit Unterstützung des Unternehmers Gotti flog sie mit einer kleinen Cessna erst zur Estancia San José und schließlich weiter zum Cerro Torre. Der erste Versuch am 15. Juni mußte wegen schlechten Wetters schon nach kurzer Zeit abgebrochen werden, aber zwei Tage später erreichten sie bei leidlich guter Sicht ihr Ziel.

Ein Motorengeräusch ist zu hören. Maestri stutzt. Es kommt nicht von dem kleinen Stromgenerator unten an der Hütte und auch nicht vom Kompressor, der nur wenige Meter unter ihm hängt. Er steht auf einer schmalen Felsleiste und hat gerade einen Haken in einen Riß geschlagen und sich daran gesichert. Er dreht den Kopf. Jetzt erkennt er es deutlich: Es ist ein Flugzeugmotor, der da vor sich hinbrummt, und wenige Sekunden später sieht er den kleinen Fleck hoch über dem Torretal in den

Gletscherkessel hineingleiten; es sieht so aus, als flöge er über die Gipfel von Cerro Torre und Fitz Roy hinweg.

Maestri kneift die Augen zusammen, als er in den Himmel schaut, sein Herz pocht. Es müssen Fernanda und Gian sein, da ist er sich sicher, wer sonst würde an diesem Tag mit einem kleinen Flugzeug den Cerro Torre umrunden? Nun ist das Flugzeug über ihnen angelangt und beginnt den Gipfel in sicherem Abstand zu umkreisen. Immer wenn es sich auf der Westseite über dem Inlandeis befindet, kann er es für einige Momente nicht sehen, dann aber fliegt es gleich wieder direkt über ihre Köpfe hinweg.

Er schreit und winkt, und Carlo Claus 20 Meter unter ihm tut es ihm nach. Der Pilot wackelt zweimal kurz mit den Tragflächen als Zeichen, daß man sie erkannt hat. Maestri stiert auf die kleinen Punkte der Bullaugen und glaubt schon Gians plattgedrückte Nase an der Scheibe oder eine Strähne von Fernandas rötlichen Haaren zu erkennen, obwohl er weiß, daß das unmöglich ist. Nach wenigen Minuten dreht der Pilot ab und verschwindet bald darauf Richtung Estancia. Noch lange winkt Cesare dem kleinen Punkt hinterher und macht sich dann mit aller Kraft an die nächsten Meter.

Auch Fernanda und Gian haben die Kletterer gesehen, haben gejubelt, durch die dicken Scheiben fotografiert und einen solchen Wirbel in der kleinen Maschine veranstaltet, daß der Pilot sie schon ermahnen mußte, auf ihren Sitzen zu bleiben.

Er lebt! Gott sei Dank, er lebt! Ich habe ihn gesehen! denkt Fernanda immer wieder, und Gian klebt am Kabinenfenster, fotografiert und kann nicht begreifen, wie sich an dieser steilen, glatten Felswand ein Mensch überhaupt festhalten kann. Und der ganz oben war sein Vater, das wußte er. Aber auch Fernanda kann lange Zeit nicht den Blick vom eisverkrusteten Turm lassen, den sie jetzt zum fünften Mal umkreisen, fremd für sie wie ein Wesen aus einer anderen Welt, die sie nie freiwillig betreten würde. »Er war wie eine grauenerregende Vision, ein wahres Monstrum.«

Ein Mann hängt zur selben Zeit angeseilt am Berg, der das genaue Gegenteil empfindet. Cesarino Fava hat sich doch von Cesare überreden lassen, einmal mit hinauf zum höchsten Punkt zu kommen. Natürlich genießt er die Bewegung, das Klettern, den Torre ohne Sturm und Schneefall, aber er fühlt sich nicht besonders gut, nicht nur wegen seiner grundsätzlichen Probleme mit dem Stil der Expedition. Auch er schaut dem Flugzeug hinterher und sagt Cesare später, daß er absteigen werde zur Estancia, um Fernanda und Gian zu treffen und Neuigkeiten auszutauschen; außerdem gingen ihre Vorräte bereits wieder dramatisch zur Neige, so daß es für sie auch deshalb von Vorteil sei, wenn er ginge. Eine große Hilfe sei er sowieso nicht mehr.

Cesare widerspricht, er will seinen Freund nicht gehen lassen, auch wenn er weiß, daß es zwecklos ist, mit ihm zu diskutieren, wenn er einmal seine Entscheidung getroffen und verkündet hat. Sie verabschieden sich bald darauf. Cesarino flüsert ihm noch zu: »Geh zum Gipfel, Cesare, ich bitte dich! Geh zum Gipfel!« Cesare nickt stumm, und Cesarino verschwindet am Doppelseil in der Tiefe, fast wie damals am Col de la Conquista. Cesare muß sich zusammenreißen, er will nicht an den Aufstieg von damals denken.

Zwei Tage später, sie wollen gerade den Kompressor anwerfen, erkennt Cesare auf dem Gletscher weit unter sich einen kleinen schwarzen Punkt, der sich direkt und zielstrebig entlang der Mittelmoräne talauswärts zur Laguna Torre bewegt. Cesarino! Bis bald, mein Freund, denkt Cesare noch, dann macht er sich wieder an der Maschine zu schaffen. Zum ersten Mal in diesen Tagen müssen sie Bohrhaken mit Hilfe des Kompressors setzen, denn über ihnen erhebt sich eine glatte Wand ohne Risse. Doch die Maschine macht Probleme. Maestri flucht. Jeden Morgen ist sie zugeschneit oder vereist, auch wenn sie versucht haben, den Motor notdürftig abzudecken. Der Vergaser versagt den Dienst bei diesen niedrigen Temperaturen, und die 30 Meter lange Luftdruckleitung verheddert sich immer wieder zwischen Kompressor und Bohrer mit Seilen und Haken. »Für 30 Meter Höhengewinn mußten wir zwei Stunden klettern und brauchten davor noch drei Stunden, um die Maschine in Gang zu bringen.« Maestri flucht erneut, der Kompressor wird zum unnützen Ballast. Der Werbeeffekt für Atlas Copco wird sich in Grenzen halten.

Ende Juni verschlechtert sich das Wetter. Einige Tage stürmt es derart infernalisch, daß man sich außerhalb der Gletscherspalte oder der Hütte nicht auf den Beinen halten kann. An anderen Tagen sind ihre Hängematten am Morgen von einem Meter Neuschnee überdeckt, und es besteht keine Chance, am Berg auch nur einen Meter

Höhe zu gewinnen. Sie verkriechen sich noch tiefer in den Schlafsäcken, während von oben immer wieder Neuschneelawinen über ihre Köpfe hinwegfegen. Außerdem ist die Lebensmittelversorgung weiterhin schwierig, und der Kompressor setzt regelmäßig aus. Zu alledem funktioniert nun auch das Funkgerät in der Holzhütte nur noch sporadisch.

Sie halten Kriegsrat. Ezio und Renato sollen zur Estancia gehen, um über Funk aus Rio Gallegos ein Flugzeug anzufordern, das einen Sack mit Lebensmitteln bei ihnen abwirft. Die beiden steigen ab und sprechen von der Estancia aus mit Cesarino und Fernanda, die mittlerweile nach Rio Gallegos zurückgeflogen sind. Sie bekommen die Zusage für einen Lebensmittelflug – wenn das Wetter mitspielt. Ezio und Renato kehren zum Torre zurück, und zwei Tage später landet unten auf dem Gletscher ein 60-Kilogramm-Sack mit Vorräten. Es gibt ein Fest in der Hütte mit Pasta, Fleisch und Wein, denn Cesare, Carlo und Pietro haben einige Tage in der Wand ohne warmes Essen verbracht, bei nur einer Ration pro Tag! Sie müssen aufpassen, daß die 60 Kilo Nachschub nicht schon an einem Abend vertilgt werden.

Das Wetter bessert sich nicht, und sie wissen, daß sie trotz der neuen Lebensmittel nicht noch einen Monat hier ausharren können. Das Radio funktioniert immer noch nicht, der vereiste Gipfel ragt weiterhin einige hundert Meter über ihrem Hängemattenbiwak in den Himmel, und auch Maestris treueste Freunde zeigen nun deutliche Anzeichen von Erschöpfung und Überdruß.

Ezio und Renato machen einen Vorschlag für einen letzten Versuch: Sie wollen zur Estancia absteigen, wodurch den verbleibenden drei ausreichend Lebensmittel für einige weitere Tage bleiben würden. Wenn das Wetterglück mitspielt, hätten sie noch eine Chance ... Abgemacht! Am 5. Juli steigen die beiden jungen Bergführer ab, mit schweren Rucksäcken und einem vorerst für sie beendeten Traum. Es war ihre erste Reise nach Patagonien, wo das Scheitern der Normalfall und der Erfolg die Ausnahme ist.

Cesare steigt mit Pietro wieder über die Fixseile zum Biwaklager in der Wand auf, Carlo bleibt unten in der Holzhütte, da seine Hände während der vergangenen Tage beim Klettern leichte Erfrierungen davongetragen haben und er sie noch nicht wieder benutzen kann. Zwei Tage kämpfen Cesare und Pietro noch einmal um jeden Meter, der Wind bläst sie fast aus der Wand, unablässig fällt Schnee, Lawinen gehen ab. Maestri glaubt bald, daß der Berg auch noch die letzten beiden Eindringlinge mit allen Mitteln abschütteln will. Am Abend kriechen sie in die feuchten Schlafsäcke, essen etwas Schinken und Käse und versuchen zu dösen, immer in der Angst vor größeren Lawinen. Am nächsten Morgen ruft Pietro aus seinem Biwaksack zu Cesare, daß seine Füße rot und geschwollen sind, er kommt nicht mehr in die Schalenschuhe hinein. Die Diagnose ist eindeutig: Erfrierungen, sie müssen nach unten. Über die Fixseile geht es hinunter bis in das Gletscherspaltenlager. Sie massieren Pietros Füße, am Abend geht es ihm besser, er seilt sich ab zur Holzhütte.

Maestri bleibt allein zurück. Er will am nächsten Morgen wieder aufsteigen, weitermachen ... Schon im Schlafsack, holt er aus seiner Anoraktasche einen zusammengefalteten Zettel heraus. Es ist ein Brief von Gian, den ihm Ezio und Renato von der Estancia mitgebracht haben. Cesare liest ihn wie jeden Abend vor dem Schlafen.

»Ich habe dich aus dem Fenster des Flugzeugs gesehen und habe dich fotografiert, aber die Abzüge waren nicht so gut, sie waren unscharf. Wahrscheinlich, weil ich vor Angst ganz feuchte Hände hatte, und das kleine Bullauge beschlug immer wieder, ich konnte es nicht frei wischen ...«

Noch in der Nacht steht Maestri am Einstieg, in der Stille des fallenden Schnees, der jeden Laut dämpft. Er steigt an den Fixseilen empor, der »Sattel der Ruhe« bleibt unter ihm zurück, weit oben am Gipfel schimmert bereits das Zwielicht des anbrechenden Tages.

Er ist allein übriggeblieben. Seine Freunde haben ihn verlassen. Waren sie ängstlich geworden, verzagt? Oder waren sie erschöpft und wollten nur noch heim in die Wärme der Brenta-Felsen, zurückkehren ins Leben Trients, zu ihren Freunden und Familien, raus aus der vereisten Wand, die sie seit sechs Wochen anstarrten? Vielleicht hatte er ihnen zuviel abverlangt? Er will auch nach Hause, ja, auch er will zurück zu seiner Frau, zu seinem Sohn, aber das hier muß erst noch erledigt werden.

Er fühlt sich immer noch kräftig, er ist in Form, so wie in seinen besten Tagen als Solo-Kletterer in der Brenta. Mit gleichmäßigen Zügen und Schritten arbeitet er sich an den Seilen empor, leicht kratzen die Steigeisen über den vereisten Fels. Wieder ist er allein an diesem Berg, aber er verspürt keine Angst. Nein, er ist kein Eindringling in einem fremden Reich, das hier ist sein Reich, er ist zu Recht hier, und deshalb wird er gewinnen. Er fühlt sich sicher und zuversichtlich wie lange nicht mehr.

Maestri erreicht das Ende der Fixseile, den höchsten am Vortag erreichten Punkt, und arbeitet sich weiter voran: hämmern, Seil nachziehen, sichern, höhersteigen. Den Kompressor will er an diesem Tag nicht anwerfen, kein Maschinengeräusch soll das monotone Hämmern am Fels und das Rauschen des Windes stören. Vielleicht hat Cesarino doch recht, denkt er, und wir sind so etwas wie Priester. Hier stand er in seiner Kathedrale und zelebrierte ein sehr einsames, aber wirksames Ritual.

»Blase, Sturm, blase«, schreit er, »glaubst du, du kannst mich erschrecken, du bist die Orgel und der Chor in meiner Kathedrale, deshalb blase weiter.«

Das Fiepen des Funkgeräts holt ihn am späten Nachmittag in die andere Realität zurück: »Es ist vorbei, Cesare!« sagt Carlo mit belegter Stimme. »Wir haben kein Gas mehr und können nichts mehr erwärmen, können keinen Schnee mehr schmelzen ... es hat keinen Zweck mehr, es ist vorbei. Komm runter, Cesare!«

Cesare hört zu. Hört auf seinen Atem. Schaut in die Höhe. Schneeflocken schmelzen auf seinem Gesicht und vermischen sich mit Tränen. Noch 400 Meter türmen sich die vereisten Granitfelsen über ihm empor bis zum endgültigen Kulminationspunkt, dem Nabel seines Zorns und seiner Leidenschaft. Er weint. Ja, es ist vorbei. Don Quichotte kann abtreten, keine Kämpfe mit Windmühlenflügeln mehr. Und in das knackende Funkgerät sagt er dem wartenden Carlo, daß er absteigen wird. Der gelbe Kompressor bleibt in der Wand zurück.

»Ja, ich kehrte um, weg vom Gipfel. Zurück zu meinen Freunden, zu Cesarino, zu Fernanda und Gian. Ich kehrte zurück ins Leben ... aber es stieg nur eine Hülle ab. Der Rest blieb dort oben, unter dem Gipfel des Cerro Torre, um das zu vollenden, was ich versprochen hatte, ich würde zurückkehren mit meinen Freunden.«

Drei Tage später fallen sich Fernanda und Cesare am Flughafen von Rio Gallegos in die Arme.

»Es ist doch nicht so wichtig, die paar Meter, die bis zum Gipfel gefehlt haben, nicht wahr? Du mußt deshalb nicht zurückkehren, nicht wahr? Du hast gewonnen! Ja, es gibt gar keinen Zweifel, Cesare hat gewonnen. Laß uns nach Hause gehen, ja, du hast doch gewonnen ...«

»Ja, laß uns nach Hause gehen, aber gewonnen habe ich nicht«, antwortet Cesare leise, und Fernanda beginnt den Cerro Torre zu hassen. Der Berg zerstört ihr Leben, ihre Familie.

Für Cesare Maestri ist es, als setzten sie die Expedition vom Winter fort, als die Mannschaft der »Campiglio '70« am 1. November wieder von Italien aus zum Cerro Torre aufbricht. Die Zeit dazwischen erscheint ihm lediglich wie eine kurze Unterbrechung, nicht viel mehr als eine Pause im »Basislager« Italien zum Kräftesammeln. Am liebsten hätte er Argentinien gar nicht verlassen und wäre gleich von Buenos Aires aus wieder gestartet. Genau vier Monate, nachdem sie die Holzhütte am Torre geräumt und die Expedition »Campiglio '70« im südlichen Winter beendet – oder besser unterbrochen – haben, bringen Fernanda und Gian Cesare zum Mailänder Flughafen. Gian findet es gut, daß sein Vater das Abenteuer zu Ende bringen will, Fernanda hat Mühe, die Tränen zurückzuhalten. Sie will ihn nicht gehen lassen, weiß aber, daß sie keine andere Chance hat, und sie will ihn auch nicht erpressen. Nur mitfliegen nach Südamerika kommt nicht noch einmal in Frage. Zum einen beginnt in Madonna di Campiglio die Wintersaison, und sie muß sich um ihr Geschäft kümmern, und zum anderen hat sie erfahren, daß die größere Nähe zum Geschehen ihr Leiden und ihre Angst auch nicht verringert. Der Abschied bleibt wortkarg, Cesare kann nur immer wieder sagen, daß er bald zurück sein wird. Dann steigt er ins Flugzeug.

Die Mannschaft ist leicht verändert. Endlich, im dritten Anlauf, hat sein alter Freund Claudio Baldessari Urlaub vom Militär bekommen und fährt mit. Carlo Claus und Ezio Alimonta sind wieder dabei, und aus Madonna di Campiglio neu hinzugekommen ist der junge Kletterer Daniele Angeli. In Buenos Aires schließen sich der Expedition noch Juan Pedro Spikerman an, einer der jungen Studenten von 1959, der mittlerweile Professor für Geologie ist, und ein junger Italoargentinier namens Fausto Barozzi. Pietro Vidi und Renato Valentini mußten absagen. Und auch Cesarino Fava ist diesmal nicht dabei. Der ursprüngliche Ideengeber für eine Torre-Expedition, der Inspirator, der Maestri einst für diesen Berg begeisterte, sein Freund und Lebensretter, der leidenschaftliche patagonische Andinist – er sagt ab! Es stimmt zwar, daß es einen Trauerfall in der Familie Fava gab, der ihn hindert, an der Expedition teilzunehmen, aber es fehlt ihm auch an der nötigen Begeisterung.

Es ist keine Absage an den Freund Cesare, sondern an den Alpinisten Cesare Maestri. Cesarino Fava will seinem Konzept, seiner Idee des Alpinismus treu bleiben, und dort hat ein Kompressor einfach nichts verloren. Toni Egger hätte solch eine Maschine nie benutzt, meinte er öfter, und damit war eigentlich alles gesagt.

Und auch diesem oft als »wichtigstes Expeditionsmitglied« verspotteten Gerät sollte die viermonatige Pause gut tun. Maestri hatte sich in dieser Zeit mit den Atlas-Copco-Ingenieuren zusammengesetzt, um die Schwachstellen des Kompressors unter den realen, extremen Bedingungen zu diskutieren. Mit dem Ergebnis, daß die Expedition beim zweiten Versuch neue Motorenteile, einen besseren Vergaser und endlich auch die so lang entbehrte mechanische Winde auf die andere Seite des Erdballs transportierte. Nun konnte der Koloß mit jedem Hebeldruck über ein Stahlseil um mehr als 30 Zentimeter in die Höhe gehievt werden.

Auch die elektronische Ausstattung wurde verbessert. Für ihre Verständigung am Berg besorgte Maestri eine Reihe neuer, leistungsstärkerer Funkgeräte. Und für den Kontakt mit Italien kauften sie einen Kurzwellenempfänger mit 300 Watt, der bei guten atmosphärischen Bedingungen bis nach Italien sendete. Das Kürzel des Basislagers war LU6XE. Claudio Baldessari, der noch an den Folgen einer Knieverletzung laborierte und deshalb im Basislager bleiben würde, sollte die Funkverbindung mit den Kletterern am Berg und mit Italien aufrechterhalten. Auf diesem Weg sollte auch wieder Maestris Frau über den Fortgang der Expedition informiert werden. Und auch in die Zeitungsredaktionen gelangten die

Nachrichten aus der Cerro-Torre-Wand so ohne große Zeitverzögerung, und die italienischen Medien würden die Expedition in all ihren Phasen hautnah miterleben können.

Corriere della Sera, 24. November 1970
»Cesare Maestri ist erneut am Cerro Torre eingetroffen. In der Wand, die schon so viele der weltbesten Bergsteiger besiegt hat, stießen die Trentiner Kletterer zuerst auf schwierige Bedingungen, eine Folge des schlechten Wetters der vergangenen Wochen.«

Die sieben Bergsteiger genießen den Frühling in Patagonien. Der Anmarsch mit Pferden vom Rio Fitz Roy zum Basislager verlief problemlos, und schnell haben sie die gesamte Ausrüstung auf dem Gletscher zu ihrem früheren Standort bei der Holzhütte transportiert, doch von ihrem Schutz vor winterlichen Unbilden ist nichts mehr übrig. Teile der Hütte hat das Gletschereis verschluckt, der Rest liegt unter Schnee begraben. Deshalb stellen sie ein großes Zelt auf.

Das Wetter zeigt sich weiter von seiner ausgesprochen freundlichen Seite, und so stehen Alimonta, Claus und Maestri nur zwölf Tage nach ihrem Abflug aus Italien wieder am Einstieg zum Südostgrat am Col de la Paciencа. Während die anderen noch Lebensmittel und Ausrüstung in die Lager schleppen, beginnen sie bereits damit, die Route zu prüfen. Wurden die Fixseile durch Stein- oder Eisschlag stark beschädigt? Fehlen Haken, wie viele Haken sind locker oder müssen gar ersetzt werden? Tatsächlich muß viel Material ausgetauscht werden;

Haken sind herausgerissen, Seile fast durchgescheuert. Aber am 25. November sind die Schäden behoben, und die Männer stehen am höchsten Punkt, den Maestri am 9. Juli allein erreicht hatte.

Carlo Claus steigt mit 30 Kilogramm Kompressor-Ersatzteilen auf dem Rücken in die Wand ein, ein Seil sichert ihn, ein zweites die Motorenteile. Dann werden die Austauschteile am Kompressor installiert, und wenige Minuten später röhrt der Benzinmotor wieder durch das Tal. Die Mannschaft jubelt. Der Kompressor wird nun Tag für Tag die neu zurückgelegte Kletterstrecke heraufgehievt; beladen mit Lebensmitteln, Biwakausrüstung und Schlafsäcken wiegt die hochzuhebelnde Last rund 200 Kilogramm. Ezio Alimonta ist der Mann am Hebel und befördert den Großteil der Strecke den Kompressor den Berg hinauf. Sie kommen schnell voran. Die Tage sind lang, 13, 14 Stunden täglich arbeiten sie in der Wand, und das Wetter hält.

Sie erreichen mehrere vereiste Grattürme, die Maestri »Zona delle Torrette« tauft. Am 27. November stoppt sie ein kurzer Schlechtwettereinbruch. Doch schon zwei Tage später steigen sie bei Sonnenschein und kaltem Wind wieder an den Fixseilen hoch und haben bis zum Abend des 30. November die »Zona delle Torrette« überwunden. Über ihnen erhebt sich jetzt nur noch die glatte, senkrechte Gipfelwand des Cerro Torre, gekrönt vom überhängenden Eispilz auf dem Gipfelplateau. Der Kompressor kommt zum Einsatz. Die Wand hat fast keine Risse, außerdem haben sie ihre Normalhaken unten im Lager liegenlassen. Also drillt Maestri mit dem preßluftbetriebenen Bohrer Meter um Meter Löcher in den Granit und treibt die fünf Zentimeter langen Eisenstifte hinein, an denen er dann Seile und Leitern befestigt und sich weiter emporarbeitet. »Das Knattern des Motors erfüllte das Tal um den Torre. Einigen erschien das wohl wie ein Fluch, für mich war es eine Hymne gegen Vorurteile und vorgefaßte Meinungen. Warum soll beim Bergsteigen etwas verboten sein, was in allen anderen Sportarten erlaubt ist: technische Verbesserung? Ich fand eine technische Lösung für ein technisches Problem. Das ist alles.«

La Gazetta dello Sport, 1. Dezember 1970
»Es fehlen ihnen nur noch wenige Meter bis zum Gipfel! Wird Cesare Maestri morgen siegen? Maestri, Claus und Alimonta sind dabei, den schwierigsten Berg der Erde zu erobern, und sie hoffen morgen den Gipfel zu erreichen, das berichtete Maestri in einer Funkverbindung mit Italien.«

Der Funker, der von Italien aus mit der Expedition die Verbindung aufrechterhält, Ingenieur Sergio Cassina in Pietrasanta, informiert nach jeder Verbindung mit Patagonien Fernanda Maestri über den Fortgang der Expedition. Sie notiert in ihr Tagebuch: »Morgen werden sie am Gipfel sein ... für mich ist es, als ob er schon zu Hause ankommt ... Ich möchte sehr schön sein.«

Jeden Tag rufen Journalisten bei ihr an, fragen nach den Entwicklungen in Patagonien und wollen Interviews mit ihr verabreden oder mit den Bergsteigern nach deren Rückkehr.

Noch in der Dunkelheit am Morgen des 1. Dezember steigen die drei Bergsteiger an den Fixseilen auf und beginnen im Morgengrauen die Kletterei in der Gipfelwand. Maestri steigt wie immer voraus, gefolgt von Ezio Alimonta und Carlo Claus, der am Seilende geht. Sie sind zuversichtlich, daß der Sieg nahe ist. Das Wetter ist ihnen wohlgesinnt, es ist sonnig und kalt, trotzdem kostet das kraftraubende künstliche Klettern Zeit, und am Abend fehlen ihnen immer noch 50, 60 Meter bis zur Spitze. Was tun? Wenn sie jetzt zur Biwakhöhle absteigen, dauert der Wiederaufstieg am Morgen zu lang. Also entscheiden sie sich, in der Wand zu übernachten. Sie wissen, es ist ihre letzte Nacht am Cerro Torre. Sie haben keine Biwaksäcke mitgenommen, keine Schlafsäcke, sie stehen und hängen verkrampft in ihren Leitern und hoffen frierend der Morgendämmerung entgegen. Zwei Lichter blinken aus der weiten Dunkelheit zu ihnen herauf. In der Ferne am Lago Viedma liegt die Estancia San José, und unter ihnen, direkt am Gletscher, schimmert die Lampe ihres Basislagers.

Dort wird Claudio jetzt bald die Funkverbindung mit Italien herstellen und mitteilen, daß es ihnen gutging und sie morgen oben sein würden, Fernanda würde es bald erfahren. Maestri versucht zu dösen, doch steif und frierend in den Trittleitern stehend, bleibt das ein unerfüllter Wunsch.

Der Morgen kündigt sich endlich mit einem schmalen Lichtstreifen am östlichen Horizont über dem Lago Viedma an. Doch die aufgehende Sonne verschwindet bald hinter grauen Wolkenbänken, der Wind dreht. Das Wetterglück der vergangenen Tage scheint sich von ihnen abzuwenden, sie müssen sich beeilen. Nach zwei Seillängen steht Maestri am Ende der Felsmauer. Der Gipfel des Cerro Torre ist komplett mit Schnee und Eis überzogen, der ewige Wind formt daraus eine stetig sich verändernde Wellenlandschaft. Am Nordende des Gipfels türmen sich die Schneemassen zu einem Eispilz empor, der die Spitze noch einmal um 30 Meter überragt. Links von Maestris Standplatz lappt eine dicke Zunge aus massivem Eis einige Meter über die Felswand. Das ist der Weg! Maestri setzt die letzten Bohrhaken in den Fels, sichert Alimonta und Claus zu seinem Standplatz herauf und steigt dann mit Hilfe langer Eishaken über die Eiszunge und eine Schneetraverse weiter aufwärts.

Und dann ist er auf dem Gipfel! Noch ein paar Schritte stapft er durch den weichen Schnee, als ob er sich noch nicht ganz sicher wäre, wo er ist, dann rammt er den Pickelschaft bis zur Spitze in den Schnee und schreit:

»Ich bin da! Ich bin da!« Immer und immer wieder, bis ihm der Hals schmerzt; er schreit es hinaus aufs Inlandeis, über die Kordillerenberge und in die weite Pampa hinein.

Dann holt er Alimonta nach, und der sichert Claus, bis alle auf dem Gipfel stehen. Auch die Freunde schreien ihre Freude hinaus, umarmen sich und betrachten die wunderbare Bergwelt. Aber es ist spät geworden, das Wetter verschlechtert sich von Minute zu Minute. Maestri hat Panik vor einem Szenario wie 1959, er will nicht riskieren, daß sie beim Abseilen in Lawinenabgänge vom Gipfel geraten, und drängt zur Eile. Alimonta und Claus seilen sich ab, Maestri bleibt als letzter noch einen Moment allein zurück auf dem Gipfel. Er schaut sich um, betrachtet das schmale, vereiste Gipfelplateau, über das erste Schneefahnen wirbeln.

Zum zweiten Mal stehe ich nun hier, denkt Maestri, das erste Mal verlor ich an diesem Berg nicht nur meinen Freund, sondern auch meine Freude am Bergsteigen. Ich kam nicht freiwillig wieder, ich wurde gezwungen, aber vielleicht kann ich diesmal meine Wut und meinen Haß hier verlieren. Es soll zu Ende sein ... Wo standen wir eigentlich vor elf Jahren, dort drüben? Ob noch die Dose im Schnee liegt? Ich könnte ja nachsehen ... ihr wolltet doch immer einen Beweis ... nein, ich gehe nicht hin. Holt sie euch doch selbst, wenn ihr mir nicht glaubt, und auch ein Gipfelfoto gibt es diesmal nicht, den Gefallen tue ich euch nicht.

Mit diesen düsteren Gedanken macht sich Maestri ans Abseilen, aber seine Wut und sein Haß lassen ihm noch lange keine Ruhe. Er funkt noch einmal an Claudio Baldessari und teilt ihm mit, daß sie sich jetzt auf dem Abstieg befinden. Dabei erfährt er, daß eine spanische Expedition im Anmarsch ist, die den Südostgrat angehen will.

Maestri tobt innerlich. Jahrelang versuchen alle möglichen unfähigen Bergsteiger diese Route zu klettern, vergeblich, denkt er. Dann kommen wir, sind erfolgreich, und plötzlich wollen sie sofort von unserer Vorarbeit profitieren? Niemals! Besteigt den Berg doch selbst! Mit eigenen Kräften! Und schon schwingt er seinen schweren Kletterhammer und schlägt den obersten Bohrhaken aus der Gipfelwand, seilt sich ein Stück weiter ab und schlägt erneut zu, voll blinder Wut. Der Hakenrest fällt klimpernd in die Tiefe. Und so geht es weiter von Haken zu Haken. Maestri zertrümmert sie alle, schimpft, und wenn Ezio und Carlo, die am Kompressor auf ihn warten, den Tobenden nicht zur Vernunft gebracht hätten, hätte er bis unten weitergewütet.

Maestri beruhigt sich, und sie setzen ihre Abseilfahrt fort. Den Kompressor lassen sie oben in der Gipfelwand zurück, wo er bis heute fest im Fels verankert im patagonischen Wind schaukelt. Ein absurdes Symbol der Maestri-Tragödie und Menetekel gleichermaßen, denn er war Höhepunkt und Abgesang der reinen Bohrhakenkletterei; seit dem Kompressoreinsatz am Cerro Torre hat das künstliche Klettern immer mehr an Bedeutung verloren.

Schnell sind sie am Einstieg angekommen und haben die Fixseile aus der Wand geholt. Am nächsten Morgen bauen sie das Lager ab und verpacken die gesamte Ausrüstung. Weiter geht es bergab zu Claudio Baldessari und Juan Pedro Spikerman im Basislager. Noch einmal Freudentränen, Umarmungen und Glückwünsche. Und dann erreichen sie endlich das Ende des Gletschers, und es geht ins Tal zurück. Sie kommen über die ersten Grasflecken und durch den Buchenwald mit Vogelstimmen und Wasserläufen, und das Sonnenlicht flirrt durch das dichte Blätterdach. Mit den Packpferden trotten sie entlang dem Rio Fitz Roy, die Estancia ist nicht mehr weit.

Maestri schaut nur nach vorn, dort liegt die staubige Piste nach El Calafate und zum Flughafen; es ist der Weg nach Hause. Er dreht sich nicht mehr um, er weiß, der Cerro Torre ist noch da, wie immer, erhaben, kühl und unnahbar, von Schnee und Wolken umweht, aber es ist vorbei. Für ihn ist es vorbei. Seine Liebe, seine Sucht, seine Wut – er hat so viel an diesem Berg gewonnen und verloren. Es werden neue Eroberer, Priester und Süchtige kommen, die den Superlativen des schönsten, schrecklichsten und schwierigsten Berges huldigen. Er hat seinen Preis bezahlt, er nimmt Abschied. Endgültig.

Am 9. Dezember 1970 um 14 Uhr landet die Alitalia-Maschine aus Buenos Aires auf dem Flughafen in Rom. In der Ankunftshalle warten viele Journalisten auf die Mitglieder der Cerro-Torre-Expedition, Reporter, Fotografen, Fernsehteams. Mittendrin steht Fernanda, sie ist allein gekommen. Sie hat schlecht geschlafen, ist aufgeregt und hat das Gefühl, sich in ihrer Aufregung viel zu steif zu bewegen. Sie schaut durch die großen Scheiben auf das Rollfeld und sieht die Maschine landen und stoppen. Die Gangways werden herangefahren, und schließlich öffnen sich die Türen.

Da ist er! Ihr Cesare! Er blickt herüber und reckt auf einmal seinen Eispickel in die Luft und stößt ihn mehrmals in die Höhe. Nun hat er gesiegt! Nun wird er heimkehren, und es wird keine gefährlichen Klettertouren mehr geben und keine Expeditionen. Das hofft Fernanda. Sie will wie eine normale Familie leben, und das ist mit einem Extrembergsteiger nicht möglich. Sie atmet tief durch. Doch, sie werden glücklich sein, denkt sie und geht langsam hinüber zu den wartenden Journalisten.

In der Ankunftshalle wird Maestri von Mikrofonen und Objektiven überfallen. Was er denn ... und ob er schon ... und wie überhaupt ... Bereitwillig gibt er Auskunft und läßt sich Zeit. Denn er hat gewonnen, er hat ihnen gezeigt, wer noch immer der größte Alpinist der Welt ist. Er hat den Cerro Torre bezwungen, und die Kritiker müssen nun verstummen, sie sollen sich schämen, ihn jemals verdächtigt zu haben, nicht den Gipfel erreicht zu haben. Fernsehreporter Bruno Vespa von der RAI kommt auf ihn zu und fragt ihn nach dem Eindruck, den er vom Cerro Torre gewonnen hat. Maestri macht eine bedeutungsschwere kurze Pause und wiederholt ruhig, was er schon oft gesagt hat: »Es gibt keine unmöglichen Berge. Es gibt nur Männer, die nicht in der Lage sind, sie zu besteigen!«

Auch Minister Piccoli, selbst ein Trentiner und der Mann, der den Hubschraubertransport im Winter ermöglicht hatte, ist zum Flughafen gekommen. Maestri schüttelt ihm die Hand und übergibt ihm als Zeichen des Sieges und des Dankes seinen Eispickel. Fotoapparate klicken, Kameras surren.

Maestri strahlt. Die Reporter strahlen. Maestri schüttelt Hände, winkt. Der Held ist keimgekehrt, das Monster erlegt. Applaus, Verbeugung, das Publikum jubelt. Noch eine Verbeugung, der Vorhang fällt. Abgang Maestri.

»Für mich bedeutet Klettern Freiheit – die maximale Freiheit, die für jeden erreichbar ist. Und diese Freiheit sollte nicht die Freiheit aller anderen einschränken.«
Cesare Maestri

Coda

Vor allem in Italien jubelte das Publikum zuerst, doch dann kamen langsam auch die Buhrufe, dort und jenseits der Grenze. Die Zweifler, Miesmacher, Skeptiker und Besserwisser waren durch die spektakuläre Tat am Cerro Torre nicht zum Schweigen gebracht worden. Im Gegenteil. Maestri selbst hatte geahnt, daß der Kompressoreinsatz am Berg nicht auf ungeteilte Zustimmung stoßen würde, und er hatte auch mit deutlicher Kritik gerechnet, aber nicht mit dem Sturm der Entrüstung, der nun aufzog.

Da war der neue, aufstrebende Superstar der Bergsteigerszene, Reinhold Messner, ein junger Kletterer aus Südtirol, der sich mit Alleinbegehungen und schnellen Wiederholungen schwieriger Routen einen Namen gemacht hatte. Er schrieb 1968 einen vielbeachteten Artikel, der ein Abgesang auf die Ära des künstlichen Kletterns war: »Mord am Unmöglichen«. Darin stellte Messner polemisch zugespitzt fest: »Der Bohrhaken ist der Mord am Unmöglichen«, und »es wird zu viel gebohrt und zu wenig geklettert«. Diese Haltung entsprach ganz der

Linie von Maestris altem Konkurrenten, Walter Bonatti. Dieser hatte sich zwar schon lange vom großen Alpinismus zurückgezogen, kommentierte aber gern Maestris jüngste Torre-Expedition mit der Bemerkung: »Dank der Hilfe durch den Kompressor ist die Route relativ einfach geworden.«

Davon abgesehen verhielt sich die Kletterszene in Italien erstaunlich ruhig. Kritik an Maestris Unternehmung wurde öffentlich vorerst nicht geäußert, sogar sein ewiger Widerpart Carlo Mauri schwieg. Doch in England, wo unter den Kletterern seit längerem Zweifel an Maestris und Eggers Besteigung von 1959 kursierten, wurde die neue Expedition als willkommene Gelegenheit genutzt, um die Kritik endlich öffentlich zu machen. Und es wurde nicht an deutlichen Worten gespart: »Cerro Torre – der entweihte Berg«, war ein Artikel überschrieben, die Kompressorroute habe die »Aura dieses wunderbaren Berges verschmutzt«, hieß es an anderer Stelle, und: »... das, was eine majestätische Route hätte werden können, ist nun ruiniert«.

Die spanische Expedition, die sich kurz nach Maestris Abreise am Südostgrat versuchte, scheiterte ebenso wie ein Jahr später ein Team von Engländern und Schweizern. Doch trotz ihrer Niederlage übten sie lauthals Kritik an Maestri und seinen Freunden: Die Italiener hätten ungeheure Mengen an Haken gebohrt, auch an Passagen, die frei zu klettern gewesen seien. Maestri hätte die »natürlichen Felsgegebenheiten« ignoriert und eine wilde, zerstörerische Bohrhakenleiter die Wand hinauf gelegt. Ein Drittel oder sogar die Hälfte der Strecke sei so verunstaltet worden.

Unsinn, konterte Maestri, insgesamt hätten sie nur etwa 300 Bohrhaken benutzt – viele davon an den Stand- und Biwakplätzen –, das entspräche etwa 300 Meter Wand, einem Viertel der Gesamthöhe. Und viele dieser Haken hätten sie in den Fels unterhalb des Gipfels getrieben, der ohne Risse ist. Und der Kompressor selbst? Es sei der Versuch gewesen, ein technisches Problem mit technischen Mitteln zu lösen, so Maestri, aber selbstkritisch räumte er ein, daß die Zeitersparnis beim Bohren durch das langwierige Hinaufhieven der Maschine wieder zunichte gemacht worden sei.

Der Kompressor war eine Sackgasse, und er wurde auch an den schwierigsten Wänden der Welt nie wieder eingesetzt. Doch trotz des wiederholt geäußerten »Abscheus« vor Maestris Besteigung mit Hilfe des Kompressors, benutzen die Wiederholer der Route die vorhandenen Bohrhaken, bis heute. Und so laut die Kritik an Maestris Bohrhakenroute auch vorgetragen wurde, je mehr Wiederholer den Südostgrat bestiegen, desto häufiger nötigte ihnen die Route großen Respekt vor dem Erstbegeher ab, und das sagten sie auch. So etwa Steve Brewer, dem 1979 zusammen mit Jim Bridwell die zweite Begehung gelang: »Ja, wir benutzten Maestris Bohrhaken, aber die finden sich auf weniger als einem Viertel der Route. Wir verließen Patagonien voller Respekt für alle, die den Cerro Torre überhaupt versucht haben.«

Und der fulminante Schweizer Kletterer Marco Pedrini, der 1985 als erster die Kompressorroute solo in zwölf Stunden bestieg, meinte: »Der Kompressor hing über dem Abgrund an zwei Bohrhaken und verunstaltete diesen großartigen Berg keinesfalls. Maestri hat hier eine der größten Heldentaten des Alpinismus verwirklicht. Diejenigen, welche aus ihren bequemen Sesseln zu Hause heraus ihren Abscheu vor dieser Route kundtun, sollten besser hier heraufkommen, bevor sie vorschnell urteilen. Auch die 72er Expedition kritisierte die Haken und benutzte sie trotzdem ausgiebig.« Und es gab viele ähnliche Kommentare.

Aber nicht nur der Einsatz von Bohrhaken wurde kritisiert. Man warf Maestri und seinen Begleitern zudem vor, den Gipfel gar nicht erreicht zu haben. Sie hätten zwar das verschneite Gipfelplateau betreten, nicht aber den sich darüber erhebenden Eispilz, der – je nach Wind und Wetter – noch etwa 30, 40 Meter weiter in die Höhe ragt. Das entsprach den Tatsachen, und bis heute betreten die wenigsten Seilschaften, die den Cerro Torre besteigen, dieses fragile Eisgebilde. Maestri entgegnete, daß der Eispilz keine Bedeutung habe, denn er gehöre gar nicht zum eigentlichen Berg, der nächste Sturm würde ihn hinwegfegen. Doch seine Kritiker konnte das wenig überzeugen.

Und, so fragte man weiter, warum habe er denn überhaupt eine neue Route über den Südostgrat am Cerro Torre versucht, wo er doch eigentlich beweisen wollte, daß er mit Egger 1959 den Gipfel über die Nordwand erreicht hatte?

Es sei eine Geste gewesen, erwiderte Maestri und gab ein Beispiel: »Stellen Sie sich vor, Sie arbeiten in einer Bank, und kurz bevor Sie in den Ruhestand gehen, hören Sie Gerüchte, daß Sie Geld veruntreut haben sollen. Was würden Sie tun? Vor Gericht ziehen, um ihre Unschuld zu beweisen, oder mit einer großen, theatralischen Geste versuchen, ihren Namen reinzuwaschen? Ich wußte, wofür ich mich entscheiden mußte.«

Zu Maestris großer Geste gehörte auch, daß er bewußt auf ein Gipfelfoto verzichtet hatte. »Ja, es gibt einen Beweis für unsere Besteigung am Berg«, sagte er, »aber das kann kein Foto sein, sondern der Beweis ist oben am Berg. Wenn irgendwelche Zweifler es wissen wollen, dann sollen sie hochgehen und ihn suchen, unser Kompressor und unsere Haken sind oben, direkt unter dem Gipfel!«

Was war eine »richtige«, eine »gute« Besteigung? Was war ein Beweis für einen Gipfelerfolg? Was war erlaubt und was verboten? Die Wächter des alpinistischen Regelkodex hatten sich auf Maestri eingeschossen. Er, der Anarchist am Berg, verachtete solche Vorschriften. Er kletterte immer nach seinen eigenen Regeln. »Es gibt keinen Katalog von Vorschriften für das Bergsteigen, weder geschrieben noch ungeschrieben«, sagte er. »Und wenn ich meine, nackt klettern zu wollen, kann ich das tun. Und das ist auch Bergsteigen!«

Doch auch das überzeugte die Zweifler nicht. Im Gegenteil, immer öfter und lauter wurde nun wieder ausgesprochen, daß seine Erstbesteigung von 1959 gar keine gewesen sei. Maestris Geschichten von damals klängen zu gut, um wahr zu sein, hieß es. Die Berichte, die er in zwei Fassungen veröffentlicht hatte, wären widersprüchlich und ungenau, es fehlten die Details über den Routenverlauf und die Verhältnisse in der Wand. Ähnliche Ungenauigkeiten meinten die Kritiker auch in den Aufzeichnungen von Cesarino Fava zu finden. Zum Beispiel behaupte er in einem Text, vom Col de la Conquista bis zum Abend abgestiegen zu sein, in einem anderen, noch in der Wand übernachtet zu haben.

Hatte es überhaupt die besonderen Wetterbedingungen gegeben, wie Maestri und Fava sie angaben, die den gefährlichen Aufstieg über die Nordwand erst ermöglicht hatten? Niemand hatte je wieder solche Eisverhältnisse an der Wand des Cerro Torre erlebt. Und dann die technische Ausrüstung von 1959! Mit den Pickeln und Steigeisen von damals sei das extreme Eisklettern gar nicht möglich gewesen.

Das waren berechtigte Fragen, ernsthafte Analysen und eine Suche nach Indizien wie in einem Prozeß. Dem gegenüber standen Behauptungen – wie die von Maestri, daß 1959 alles genau so stattgefunden habe, wie er es berichtet und aufgeschrieben hatte. Ja, natürlich, räumte er ein, hier und da gäbe es Widersprüche, wie die gegensätzlichen Angaben über die genaue Strecke, die er mit Egger geklettert war, und er sei nie ein besonders guter Chronist seiner Routen gewesen, aber er hätte die Details über Routenverlauf oder Verhältnisse in der Wand nie als besonders wichtig empfunden. Hinzu seien die extreme Erschöpfung und der Schock nach dem Absturz von Egger gekommen; er selbst sei beim Abstieg fast gestorben – da gehe die Erinnerung an Einzelheiten schon mal verloren.

Maestri gab nicht klein bei, verkroch sich nicht und schwieg nicht. Er kämpfte, wie immer. Er ging in die Offensive, gab Interviews, sprach über den Torre und seine Besteigungen. Aber immer befand er sich in der Situation, daß er sich rechtfertigen mußte, daß man von ihm Beweise verlangte und Erklärungen erwartete. Und immer wieder erzählte er die gleichen Geschichten, brachte die gleichen Argumente vor, und immer fanden die Kritiker die gleichen Lücken, fragten nach den gleichen Details. Aber Maestri wußte, er hatte keine Beweise, und bessere Erklärungen konnte er nicht geben. Die einzige Rettung lag tief verborgen und unerreichbar im Eis des Torregletschers: die Kamera, mit der Egger und er einige Gipfelfotos geschossen hatten.

Die andauernden Angriffe und Fragen zermürbten ihn. Zweimal hatte er nun auf diesem Gipfel gestanden, der einmal der Traum seines Lebens gewesen war, der stolze, unnahbare Gipfel, der unmögliche Berg, der anscheinend so unmöglich war, daß man ihm nicht glauben konnte oder wollte. Er hatte eine Route der Leidenschaft und des Willens dort vollendet, nun war daraus eine des krankhaften Ehrgeizes und des Zorns geworden. Er hatte ein Zeichen setzen und sich in die Geschichte des Alpinismus als einer der ganz Großen einschreiben wollen und stand nun da als möglicher Lügner, als Kletter-Berserker, dessen Name zu Unrecht in die Geschichte des Cerro Torre eingeschrieben zu sein schien. Der Traum war zum Alptraum geworden. Maestri haßte den »vermaledeiten Berg« mehr als je zuvor.

Jahre vergingen. Es wurde stiller um Cesare Maestri. Er lebte weiter mit seiner Familie in Madonna di Campiglio. Fernanda kümmerte sich um den Laden, Cesare ging mit Gian angeln und arbeitete wieder als Bergführer und Skilehrer.

Dann stürzte am Ende einer Klettersaison im August 1979 der Bergführer Fino Serafini am Crozzon di Brenta tödlich ab. Eine Rettungsmannschaft wurde zusammengestellt, um den Toten aus der Wand zu bergen. Maestri war dabei. Ein Hubschrauber setzte ihn und seine Begleiter am Gipfel ab, und sie arbeiteten sich zu Serafini vor. Dessen Körper war von Schnee bedeckt und am Fels festgefroren. Um zu ihm zu gelangen, mußte Maestri über ein paar verschneite Felsen queren, keine besonders schwierige Stelle für ihn.

Doch plötzlich hielt er inne. Da war wieder der Torre! Der Wind wehte um die Felsen und wirbelte den frisch gefallenen Schnee auf, vor ihm lag die Leiche eines abgestürzten Freundes! Er konnte keinen Schritt mehr tun, so sehr er sich auch bemühte, es gelang ihm nicht. Er drehte sich um und sagte zu seinem Hintermann Walter Vidi: »Geh du voran!« Vidi sah ihn erstaunt an, und Cesare antwortete leise: »Ich habe in diesem Moment beschlossen, mit dem Klettern aufzuhören.«

Diese Entscheidung stürzte ihn in die schwerste Krise seines Lebens. Er war deprimiert und fühlte sich nutzlos. Dreißig Jahre lang waren die Berge sein Lebensinhalt gewesen. Dort hatte er seinen Lebensunterhalt als Bergführer und Skilehrer verdient und die vielleicht schönsten und härtesten Momente seines Lebens erfahren. Das gab es nun alles nicht mehr. Maestri versuchte, die Leere zu füllen. Er arbeitet erst in Fernandas Laden mit, gründete dann ein Reisebüro und bot Fotokurse in der Brenta an. Alles begann er und verwarf es dann wieder. Keine Beschäftigung konnte ihm das ersetzen, was das Klettern ihm gegeben hatte. »Ich war wie ein Heroinabhängiger, dem man den Stoff genommen hatte und der verzweifelt nach dem nächsten Kick suchte.«

Und was geschah inzwischen am Cerro Torre? Maestris umstrittene Besteigungen, die vielen gescheiterten Versuche von Süden und Westen hatten dessen Nimbus als unmöglicher und schwierigster Berg nur noch gesteigert. Die Aspiranten für den nächsten Besteigungsversuch planten bereits eine Expedition. Sie kamen wieder aus Lecco am Comer See. Zweimal waren sie bereits an der Westwand des Cerro Torre gescheitert – Bonatti und Mauri 1958, die Expedition unter Mauris Leitung 1970. Anläßlich des hundertjährigen Jubiläums des exklusiven Kletterclubs »Ragni di Lecco« 1974 sollte nun ein neuer Versuch unternommen werden, »um einen bedeutenden Sieg für unsere Sektion zu erringen«. Leiten sollte die Expedition zum Cerro Torre Casimiro Ferrari, der bereits 1970 dabeigewesen war. Damals war seine Leidenschaft für die Berge Patagoniens geweckt worden, und mit dem Traum, noch einmal zum Cerro Torre zurückzukehren, war er heimgekehrt. Die Finanzierung war schnell gesichert, denn viele Geschäftsleute aus Lecco unterstützten die publicityträchtige Unternehmung. Und auch in Argentinien bekam die Expedition Hilfe von erfahrener Seite: Folco Doro Altán organisierte Flug und Transport der Alpinisten zum Berg.

Zu zwölft verließen sie im November 1973 Italien und erreichten über Rio Gallegos die Estancia am Rio Túnel. Drei Wochen lang transportierten sie die umfangreiche Ausrüstung über den Paso del Viento und das Inlandeis zur Westwand des Cerro Torre. Im Kessel des Circolo de los Altares schlugen sie ihre Zelte auf. Am 24. Dezember begann dann die »richtige Arbeit«, wie Ferrari schrieb. Das Wetter zeigte sich von seiner ausgesprochen freundlichen Seite, und in nur drei Tagen erreichten die Bergsteiger den Helmo, jenen eisüberzogenen Felskopf, der 450 Meter unterhalb des Gipfels zu finden ist. Bis dorthin hatten sie die Route komplett mit Fixseilen ausgestattet.

Doch dann schlug das Wetter um. Drei Bergsteiger nisteten sich in ihren kleinen Zelten auf dem Helmo ein und trotzten Schnee und Sturm. »Wir wußten nicht, wie lange wir diesem unsichtbaren Feind standhalten mußten, der trügerischer war als der Berg selbst«, schrieb Ferrari. Es wurden drei lange Wochen, welche die Nerven und die Moral der drei Bergsteiger aufs Äußerste forderten. Langeweile und Hunger stellten sich ein, die Vorräte wurden rationiert und gingen trotzdem unweigerlich zur Neige. Absteigen zu den Bequemlichkeiten des Basislagers wollten sie auf keinen Fall, denn der Wiederaufstieg bei Wetterbesserung hätte sie zuviel Zeit gekostet. Am 13. Januar waren die Lebensmittel endgültig aufgebraucht, und sie mußten absteigen, niedergeschlagen und erschöpft.

Doch an diesem Morgen ließ plötzlich der Wind nach, und es fiel kein Schnee mehr. Das Wetter war alles andere als gut, doch gut genug, um, anstatt abzusteigen, einen letzten Versuch zu starten. Ferrari spornte seine Freunde noch einmal an, die letzten Reserven zu mobilisieren, und sie brachen auf. Über vereiste Platten, mürbes, rauhes Eis und sogar durch einen Schneetunnel kämpften sie sich in sechs Stunden bis zum höchsten Punkt, dem Eispilz, vor, den sie um 17.45 Uhr erreichten.

»Wir hatten so lange auf diesen Moment gewartet, und bevor wir es recht verstanden hatten, war es schon wieder Zeit für den Abstieg.« Sie hinterließen einige Wimpel und einen roten Pullover mit dem Emblem der »Ragni di Lecco«. Und es gab ein Gipfelfoto: Casimiro Ferrari kniend im Schnee, von Nebel umhüllt, mit den dreieckigen Fähnchen und dem Pullover in der Hand. Niemand bezweifelte jemals die Authentizität dieses Fotos. Heute gilt die Besteigung des Cerro Torre am 13. Januar 1974 durch die Kletterer aus Lecco als die erste gesicherte. Casimiro Ferrari bezeichnete sich selbst nie als den Erstbesteiger des Cerro Torre. Er kommentierte das Unternehmen immer sehr zurückhaltend und zweifelte nie öffentlich an Maestris Bericht.

Am 24. Dezember 1973, dem Tag, an dem Ferrari und seine Mannschaft mit der »richtigen Arbeit« an der Torre-Westwand begannen, stieg auf der Ostseite der Bergkette eine britisch-amerikanische Seilschaft über den Torregletscher ab. Sie hatte vergeblich versucht, den Granitzacken des Cerro Stanhardt nördlich des Cerro Torre über die Ostwand zu besteigen. Mit dabei waren die Engländer Ben Campbell-Kelly, Brian Wyvill und Mick Coffey sowie die Amerikaner John Bragg und Jim Donini.

Auf einmal rief Mick Coffey: »Da ist ein Schuh!« Und tatsächlich lag auf der Gletscheroberfläche ein alter Bergschuh, in dem ein Fuß mit beiden Unterschenkelknochen steckte. Die Männer betrachteten den Fund genauer. Auf der Profilgummisohle stand: »Marwa«, die Abkürzung für Mariner Wastl, einen österreichischen Bergsteiger, der die Sohle entwickelt hatte – vor vielen Jahren.

Sie waren sich sicher: »Das ist Toni Egger!« flüsterte Mick Coffey ergriffen. »Niemand sonst ist hier oben gestorben.« Sie suchten die Fundstelle genauer ab und fanden weitere Knochenfragmente, einige Stoffetzen, einen Seilrest, einen Eispickel und einen Felshammer, beide mit zerbrochenem Schaft. Sie erkannten sofort, daß die beiden Klettergeräte aus den fünfziger Jahren stammten, und nahmen sie mit, um sie in Europa genauer untersuchen zu lassen. Dann stiegen sie ab und informierten die argentinische Polizei von ihrem Fund.

Einige Tage später stiegen sie erneut den Gletscher hinauf, doch die Fundstelle war mittlerweile von Neuschnee bedeckt. Ein Fuchs hatte die Leichenteile gewittert. Die Bergsteiger entdeckten seine Spuren im Schnee, folgten ihnen und stießen plötzlich auf weitere Überreste von Toni Eggers Leichnam. Dann untersuchten sie den alten Seilrest genauer. Die beiden Enden des 15 Meter langen Stücks waren zerfranst und abgerissen, in einer abgebundenen Schlinge hing noch ein alter Eisenkarabiner, an dem das Seil mit einem Mastwurf befestigt war. Ben Campbell-Kelly schrieb: »Die Schlinge könnte der Selbstsicherung gedient haben, der Seilriß wurde sicher durch eine Lawine bewirkt.« Damit waren die bösen Gerüchte um ein durchschnittenes Seil ein für allemal widerlegt.

Noch einmal suchten sie das Gelände ab, immer noch in der Hoffnung, die Kamera zu finden, deren Inhalt vielleicht auch die anderen Zweifel an der geheimnisvollen Besteigung von 1959 hätte beseitigen können. Doch vergebens, nur einige Stücke von Eggers Rucksack und sein Taschenmesser entdeckten sie noch. Auf Wunsch der argentinischen Polizei deponierten sie alle Fundstücke zusammen auf dem Gletscher.

Der Fund ließ die Ereignisse der Vergangenheit für die fünf Bergsteiger noch einmal lebendig werden und beschäftigte sie noch lange, denn sie kannten die Diskussion um Maestris und Eggers Torre-Besteigung genau. Brian Wyvill schrieb: »Plötzlich fühlten wir einen großen Respekt für Maestris und Eggers Haltung damals und große Sympathie für Maestris Dilemma ... Wir hatten keine Zweifel, daß Egger und Maestri in der Lage gewesen waren, den Cerro Torre zu besteigen.«

Noch im Sommer desselben Jahres wurden Eggers Überreste am Fuß der Fitz-Roy-Westwand, gegenüber dem Cerro Torre, bestattet. Ein schlichtes Holzkreuz aus zwei Ästen und eine Holztafel markieren die Stelle. Im Sommer 2003 fanden Bergsteiger dann noch einmal Leichenteile und Ausrüstungsstücke des Tiroler Bergführers. Auch diese Funde bestatteten sie im Grab am Gletscherrand. Die Kamera oder Teile von ihr wurden bis heute nicht entdeckt.

Und noch einmal bekam die Diskussion um die Unternehmung von Maestri und Egger neue Nahrung. Diesmal durch den Amerikaner Jim Donini, der auch 1974 beim Fund von Eggers Leichenteilen dabeigewesen war. Im Dezember 1975 fuhr er mit seinen Freunden John Bragg und Jay Wilson erneut in die patagonischen Anden. Ihr Ziel: der bislang unerstiegene Torre Egger, jene schlanke, abweisende Nadel nördlich des Cerro Torre. Die mögliche Aufstiegslinie führt über den Col de la Conquista und dann durch die Südwand. Bis zum Col ist dies genau die Route, die Egger und Maestri 16 Jahre zuvor gewählt hatten. Und die Amerikaner waren die ersten nach ihnen, die diesen Weg versuchen wollten.

In der unteren Wandpassage fanden sie zerschlissene Reste von Fixseilen, alte Haken, Holzkeile und einen Bohrhaken. Und dann, oberhalb einer noch komplett eingerichteten Fixseillänge, stießen sie plötzlich auf ein größeres Materialdepot, das unter dem Schnee vergraben war: ein Sack mit aufgerollten Seilen, Karabinern und Holzkeilen. Die Ausrüstung stammte zweifellos aus den fünfziger Jahren. Was die drei Amerikaner aber besonders verblüffte, war die Tatsache, daß sie oberhalb dieser Stelle keine einzige Spur von einer früheren Begehung fanden, kein Seil, keinen Haken, nicht das kleinste Stück Reepschnur, das belegen konnte: Hier war schon einmal eine Seilschaft hochgestiegen. Und der Col de la Conquista lag noch gut 600 Meter über dem alten Materialdepot!

Im November 2005 flammt die Diskussion erneut auf: Der Bergführer Ermanno Salvaterra aus Pinzolo in der Brenta steigt zusammen mit dem Italoargentinier Rolando Garibotti und seinem Freund Allessandro Beltrami über eine neue Route auf den Cerro Torre. Salvaterra ist einer der intimsten Kenner des Berges, zum fünften Mal steht er nun bereits auf seinem Gipfel. Ihre neue Route – »El Arca de los Vientos« – folgt zum Teil der Maestri/Egger-Linie und zum Teil zwei anderen Routen in der Nordwest- und Westwand. Spuren einer früheren Begehung finden sie nicht. Ihr Fazit: Es gab 1959 keinen Gipfelerfolg von Maestri und Egger. Doch es erhebt sich sofort Widerspruch, von teils nicht minder guten Kennern des Berges: die neue Route decke sich ja im Aufstieg nur zum Teil und im Abstieg überhaupt nicht mit der von Maestri reklamierten Linie, dann sei die Wahrscheinlichkeit, nach 46 Jahren dort oben ein, zwei Bohrhaken zu finden, nicht besonders groß, und außerdem gab es doch damals die berüchtigte Eiskruste oben am Berg, über die der Aufstieg führte, zurückbleibende Spuren sind also Fehlanzeige …

Die fehlenden Spuren von Maestri und Egger auf ihrer beschriebenen Aufstiegslinie oberhalb des dreieckigen Schneefeldes sind bis heute sicher das stärkste Argument der Zweifler. Aber auch in Zukunft werden noch Bergsteiger oben in der Nordwand nach möglichen Überbleibseln des legendären Besteigungsversuchs suchen, und sei es nur ein einziger Bohrhaken oder ein verwitterter Seilrest. Die komplette Route von Cesare Maestri und Toni Egger wurde bis heute nicht wiederholt. Die Diskussion wird weitergehen, der Mythos der Maestri/Egger-Route bleibt bestehen.

»Der Cerro Torre hat Eigenschaften, wie sie sonst nur Menschen haben; er hat etwas Böses, etwas Mysteriöses, etwas Schreckenerregendes.«
Werner Herzog, Regisseur des Spielfilms »Schrei aus Stein«, den er 1991 am Cerro Torre drehte

Viele Jahre später

Im Südtiroler Bergdorf Sulden unterhalb des Ortlers betreibt Reinhold Messner eines seiner Bergmuseen. In einem der Gebäude zeigt er »Alpine Curiosa«, wie er es nennt, darunter einen langen Holzpickel mit gerader Haue und angebrochenem Schaft: es ist der Eispickel von Toni Egger von 1959. Nachdem er auf dem Torregletscher gefunden worden war, gelangte er nach einer Odyssee über England und Wien in die Hände der Familie Egger in Debant, dann an den Verein Alpenraute Lienz und von dort schließlich zu Reinhold Messner.

»Sehen Sie«, sagt Messner, »mit solch einem Eispickel in der einen Hand und einem Eishaken in der anderen wollen Maestri und Egger die Cerro-Torre-Nordwand emporgeklettert sein? Unmöglich!«

Messners Haltung ist eindeutig: Es habe 1959 keine Erstbesteigung des Cerro Torre gegeben. Sagt er. Alle bekannten Indizien scheinen dagegen zu sprechen: die ungenügende Ausrüstung der damaligen Zeit, die Länge und der Schwierigkeitsgrad der Route, die ungenauen Angaben Maestris, die fehlenden Spuren oberhalb des Schneefeldes. Reinhold Messner kennt den Cerro Torre nicht aus eigener Anschauung: er hat sich nie an ihm versucht und ihn nie bestiegen. Trotzdem fällt der überragende Allround-Alpinist der siebziger und achtziger Jahre ein vernichtendes Urteil: »Es ist ein Komplott, sie lügen. Maestri und Fava lügen.« Nüchterne Analyse des Kenners? Arroganz eines ewigen Besserwissers? Jedenfalls kein Wenn und Aber. Nein, wiederholt er, sie seien noch nicht einmal am Col de la Conquista gewesen, denn wo seien die Fotos von dort? Es gibt keine!

Messner bewertet und urteilt scharf und pointiert. Natürlich kennt er alle Beteiligten der Tragödie, die Gegenspieler und diejenigen, die später versuchten, die Route zu wiederholen. Fava und Maestri verachten ihn wegen seiner Unterstellungen, und außerdem ist der Großmeister des Alpinismus der Wortführer der Anklage. Ihr widersprechen nur noch wenige, denn die Indizien gegen die beiden Trentiner erscheinen erdrückend.

Manch einer tut seine Meinung auch nicht so medial wirksam kund wie Reinhold Messner. Zum Beispiel der Bergführer Toni Ponholzer aus Lienz. Er wohnt in Debant, Toni Eggers Heimatdorf. Von seinem Haus aus hat er die schmale Toni-Egger-Straße im Blick, an deren Ende ein Denkmal für den berühmten Bergsteiger errichtet wurde. Auf einer Rasenfläche zwischen Sitzbänken und Büschen steht ein Granitklotz, an den eine Tafel montiert ist. Darauf steht: »Toni Egger war einer der besten Bergsteiger seiner Zeit. Die Erstbesteigung des Cerro Torre in den patagonischen Anden gilt als alpinistische Großtat. Beim Abstieg am 2. Februar 1959 riß ihn eine Eislawine in den Tod.«

»Ich wuchs mit dem Namen Toni Egger auf, ich kannte schon früh die Geschichte des Cerro Torre«, erzählt Toni Ponholzer, »und der Berg und die Route wurden mein Traum, meine Lebensaufgabe.« Der Lienzer Bergführer ist groß und athletisch gebaut; er spricht ruhig und überlegt und wählt jede seiner Äußerungen mit Bedacht. Seit 1986 war er siebenmal am Cerro Torre.

»Zwei Jahre meines Lebens habe ich insgesamt dort zugebracht«, resümiert er, und es klingt nicht so, als ob er es bedauere. Er hat den Berg über die Kompressorroute bestiegen; es war die 18. Begehung insgesamt. 1991 arbeitete er als Bergsteiger für das Filmteam des Regisseurs Werner Herzog, der am Torre seinen Film »Schrei aus Stein« drehte. Für die Filmaufnahmen wurde der Kompressor eine Zeitlang aus der Gipfelwand entfernt. Danach wollte Herzog das sonderbare Gerät eigentlich nach Deutschland mitnehmen, doch Ponholzer brachte den Namensgeber der Route zurück an seinen Platz. »Das ist doch Geschichte und kein Schrott«, meinte er. »Der gehört da einfach hin.«

Ponholzers Leidenschaft galt schon seit langem der Route von Maestri und Egger. Er wollte sie wiederholen und stand schon fast zwanzigmal am Einstieg zur Ostwand. Doch die besonderen Bedingungen in den patagonischen Bergen haben den Erfolg bislang vereitelt. Er ist der einzige Bergsteiger der Welt, der sich hartnäckig dem Ziel einer ersten Wiederholung der Route verschrieben hat, und er ist der Bergsteiger, der auf diesem Weg so weit gekommen ist wie niemand sonst: 1999 stand er mit seinem Seilpartner nur noch etwa 200 Meter unter dem Gipfeleisfeld. Doch eine schwere Magenkolik seines Freundes zwang sie zum Rückzug. »Wir hatten damals Glück mit einer dreitägigen Gutwetterperiode, wir hätten es vielleicht geschafft.«

Viele Jahre versuchte sich keiner außer Ponholzer aus der Garde der Extremkletterer an der alten Maestri/Egger-Route. Jetzt, im November 2005, gelang dem Cerro-Torre-Kenner Ermanno Salvaterra eine Neutour zum Gipfel, die streckenweise der von Maestri und Egger folgt. Die Route seines Kollegen durch die Ost- und Nordwand bezeichnet Ponholzer als »großartige Kletterei«, schränkt aber gleichzeitig ein: sie führt im Aufstieg über lange Strecken nicht entlang der Maestri/Egger-Linie und im Abstieg überhaupt nicht. Deshalb ist auch die Tatsache, daß Salvaterra keine alten Spuren oben am Berg fand, für Ponholzer kein Beweis gegen Maestris und Eggers Erfolg.

Mittlerweile kennt Toni Ponholzer jeden Meter der Ostwandverschneidung, des dreieckigen Schneefeldes und der Traverse hinauf zum Col; er hat Standplätze eingerichtet und weiß, welches Material er benötigt. Das hat ihn schnell gemacht, in nur einem Tag ist er schon bis zum Col de la Conquista gekommen und darüber hinaus. Er hat alte Ausrüstung auch oberhalb des dreieckigen Schneefeldes gefunden, die seiner Meinung nach nur von 1959 stammen kann. Natürlich seien Maestri und Egger am Col gewesen, meint Ponholzer. Und dann? Waren sie oben? Er zögert. »Solange ich nicht die gesamte

Route im Auf- und Abstieg gegangen bin, weiß ich es nicht.« Die Route hätte sich seit damals verändert, glaubt er. Die glatten Felswände oberhalb des Cols erfordern heute extreme Felskletterei im VIII. Schwierigkeitsgrad, die Maestri und Egger mit ihrem damaligen Leistungsstand unmöglich bewältigt haben könnten. Aber es hätte ja diese Eiskruste gegeben, die den heiklen Aufstieg mit Steigeisen und Pickel ermöglicht haben soll und deren Existenz so oft angezweifelt wurde. Ponholzer glaubt, daß es sie gab, es sei wärmer geworden in den vergangenen Jahren, auch in Patagonien und am Cerro Torre, meint er. Und dann hätte Egger es schaffen können, da ist sich der Bergführer aus Lienz sicher. Denn nur wenige wüßten, daß Egger nicht nur den Jirishankar bestiegen habe, sondern auch Eisrouten in England geklettert sei, die bis heute als sehr schwierig gelten. Er hätte es schaffen können.

Toni Ponholzer wird wieder seinen Rucksack packen und zum Cerro Torre fahren und in die Ostwand einsteigen. Einmal muß ja alles passen: das Wetter, die Verhältnisse in der Wand, sein Tempo und sein Können. Und dann, wenn er den Gipfel erreicht hat, will er auch die Abseilstrecke absuchen, wie Maestri sie beschrieben hat, und versuchen, die Bohrhaken, die Maestri und Egger zur Sicherung dort gesetzt haben, zu finden. Vielleicht entdeckt Toni Ponholzer ja tatsächlich irgendwo in der glatten, gelben Granitflucht einen dieser kleinen, verrosteten Haken, der noch in seinem Bohrloch steckt und nicht von Steinschlag oder Lawinen mitgerissen wurde … »Das wäre ein Beweis!« meint er bestimmt, und man spürt, daß er noch an einen solchen Fund glaubt.

Gottfried Mayr dreht einen alten Bohrhaken nachdenklich zwischen Daumen und Zeigefinger. »Der ist von damals!« sagt der drahtige Mann, mit dem Toni Egger viele schwierige Touren und Erstbegehungen in den Dolomiten-Wänden absolvierte, wie etwa 1954 die der beiden Zinnen-Nordwände an einem Tag. Auch Gottfried Mayr lebt noch in Nußdorf-Debant, nicht weit entfernt von der Toni-Egger-Straße. Er blättert sein altes Fotoalbum durch; die kleinen Schwarzweißabzüge zeigen immer wieder Berge, Schnee und Kletterer. Toni und Gottfried waren zusammen mit anderen Freunden Anfang der fünfziger Jahre in den Lienzer Dolomiten und an den Drei Zinnen geklettert – Bergvagabunden, alle Anfang zwanzig, mit wenig Geld, aber viel Mut und Enthusiasmus.

»Sieh dir die Ausrüstung an«, meint Gottfried Mayr. »Wir sind natürlich auch über Eis gegangen, und Toni war darin später exzellent, aber am Torre ...«

Nein, er kenne die patagonischen Berge nicht, er sei nie in den Anden gewesen, und er glaube Cesare Maestris Geschichte über die Erstbesteigung schon lange nicht mehr. Doch nie würde er ihn einen Lügner oder Betrüger nennen. Er habe Maestri damals in Lienz getroffen, anläßlich der Totenmesse für Toni Egger. Gefaßt sei er gewesen, erinnert sich Mayr, und ernst. Er denkt nach. Es mußte 1959 am Cerro Torre etwas schiefgegangen sein, schon beim Aufstieg. War Egger bereits auf dem Weg zum Col abgestürzt? Aber was war dann geschehen? Unstrittig sei, daß Maestri sechs Tage lang am Berg gewesen war, bevor ihn Fava halbtot im Schnee fand. Was tat er während dieser Zeit? Versuchte er womöglich, allein weiterzukommen? Oder saßen sie zusammen mehrere Tage in einem Biwak, bevor sie dann doch versuchten weiter aufzusteigen und das Unglück geschah?

Man weiß es nicht. Maestri habe unter großem Druck gestanden, meint Mayr. Die Erwartungshaltung der Italiener in Buenos Aires, im Trentino, sein Ehrgeiz und seine Konkurrenz zu Bonatti, das alles kombiniert mit der völligen physischen und psychischen Erschöpfung habe eine heikle Gemengelage erzeugt, in der die Antwort auf Favas Frage »Wart ihr oben?« nur noch »Ja!« habe lauten können und vielleicht sogar im besten Glauben gegeben wurde. «Maestri ist seelisch an diesem Berg zerbrochen«, ist sich Mayr sicher. Und sicher ist er sich auch, »daß Toni nie geschummelt hätte ...«

Ob Glaubende oder Skeptiker, Toni Egger wird in den Gesprächen immer wieder als der eigentliche Held in der Geschichte beschrieben, ohne den Cesare Maestri nicht einmal den Hauch einer Chance gehabt hätte. Als derjenige, der mit seiner Eisklettertechnik seiner Zeit weit voraus gewesen sei, der von der Bühne abtrat, ohne »Schuld« auf sich geladen zu haben, und Maestri damit alles hinterließ und aufbürdete: weiterzuleben mit dem Sieg oder auch mit der Niederlage. Vielleicht war das der Grund dafür, daß Cesare Maestri nach der letzten Expedition nie mehr nach Patagonien zurückkehren wollte. Nicht einmal 1997, als eine kleine Kapelle in El Chaltén zum Gedenken an Toni Egger eingeweiht wurde. Eduard Müller, ein Unternehmer aus Lienz und ebenfalls Kletterfreund von Toni Egger aus Jugendtagen, hatte sie aus in Österreich vorgefertigten Teilen bauen lassen, die nach Argentinien geschickt wurden.

Seit acht Jahren steht nun auf einer Wiese am Dorfrand von El Chaltén die weiße, schindelgedeckte Kapelle mit kleinem Glockenturm. Die solide alpenländische Romantik des Kirchleins wirkt zwischen der architektonischen Improvisation El Chalténs wie ein Fremdkörper. Auf einer großen Bronzetafel neben dem Eingang sind die Namen aller Bergsteiger eingraviert, die in der Region umkamen. Im Innern stehen sechs hölzerne Kirchenbänke, feiner Staub bedeckt Fußboden und Altar. In der Apsis dahinter ist eine naiv gemalte Bibelszene zu sehen. An den Wänden Erinnerungen an tote Bergsteiger, Fotos, Gedenkmedaillen, Wimpel, Plastikblumen. Da hängt ein Schwarzweißbild von Toni Egger und auch ein Farbporträt von Casimiro Ferrari, dem gesicherten Erstbesteiger des Cerro Torre, der in den letzten Jahren seines Lebens am Lago Viedma eine Estancia betrieb und 2001 an Krebs verstarb. Zur Einweihung der Kapelle waren alle gekommen, die Pioniere und ihre Epigonen, junge und alte Patagonien-Besessene. Nur Cesare Maestri nicht.

Wenige Steinwürfe von der Kapelle entfernt liegt das Zentrum von El Chaltén. Eine übertrieben breite Schotterpiste mit üppigem Grünsteifen, der regelmäßig gewässert werden muß, bildet die Hauptstraße. El Chaltén grüßt am Ortseingang mit dem Slogan »Trekking-Metropole Argentiniens«. Noch ist die Hälfte aller Grundstücke entlang der großzügigen Avenida unbebaut, aber das Dreihundert-Seelen-Nest erwartet Großes. Überall wird gebaut, meist für die stetig wachsende Zahl der

Touristen: Andenkengeschäfte, Fast-food-Läden, Trekking-Agenturen. Auf einem exponierten Hügel über dem Dorf, direkt vor der Kulisse von Fitz Roy und Cerro Torre, entsteht sogar das erste Luxushotel der Region. Es wirkt wie ein baulicher Anachronismus und gefällt auch vielen Einheimischen nicht. Aber die Dollars und Euros werden kommen.

An der Hauptstraße liegt eine kleine Ladenzeile, ein Kiosk mit Ausrüstungsverleih, eine Reiseagentur und die Pizzeria »Patagonicus«. Davor liegen kleine, liebevoll gepflegte Rasenflächen mit hölzernen Sitzbänken. Das Restaurant betreibt Andrea, eine Tochter von Cesarino Fava, in der Hauptsaison hilft ihr ihre Schwester Marianna, und auch der jüngste Sohn Luca ist in den Bergen Patagoniens unterwegs. Die ganze Familie ist eng verwurzelt mit dem Land zwischen Kordillere und Lago Viedma. An den dunklen Holzwänden der Pizzeria hängen viele alte Fotos, meist schwarzweiß, wenige farbig, so etwa ein Porträt von dem alten und stolzen Andreas Madsen. Weißhaarig und mit kräftigem Schnauzbart schaut er sinnierend auf die Berge Patagoniens. Es sind Fotos von Ernst Stanhardt, Luciano Eccher und von Cesarino selbst: Impressionen von den Expeditionen 1958 und 1959, Madsens Farm im Vueltastal, der Rio Fitz Roy noch ohne Brücke und immer wieder der Cerro Torre, dessen weiße Spitze bei gutem Wetter aus dem Fenster der Pizzeria zu sehen ist, wie er über die erste flache Hügelkette lugt.

Natürlich treffen sich hier gern die Kletterer, wenn sie nicht gerade oben im Campo d'Agostini an der Laguna Torre in der legendären Holzhütte die Zeit totschlagen und auf besseres Wetter hoffen. Jedes Jahr, meist im Januar und Februar, gibt sich die internationale Elite der Extremkletterer ein Stelldichein in El Chaltén. Man diskutiert neue und alte Routen, tauscht Erfahrungen aus und betätigt sich als Wetterprophet. Und natürlich kommt man auch immer mal wieder auf die alten Zeiten von Terray, Bonatti, Mauri, Ferrari, Maestri und Egger zu sprechen; sie haben an den Bergen und in den Erinnerungen ihre Spuren hinterlassen.

Und die Erstbesteigung von Maestri und Egger? Auf diese Frage erntet man Schulterzucken und Schweigen, gefolgt von Skepsis. Die meisten hier glauben nicht an den frühen Erfolg der Ausnahmeseilschaft. Oder besser gesagt, nicht mehr. Zu vieles spricht dagegen, hört man immer wieder. Aber das ist kein Urteil, das den Bergsteigern leicht über die Lippen kommt, das merkt man. Es scheint, allen wäre es lieber, wenn Maestri recht hätte. Eine tragische Geschichte, sagt jemand, eine tragische Figur.

Viele hier sind im Laufe der Jahre zu Skeptikern geworden. So etwa der Italiener Ermanno Salvaterra aus Pinzòlo in der Brenta. Er gehört neben Toni Ponholzer und einer Handvoll weiterer Extrembergsteiger zu denen, die den Cerro Torre wirklich kennen. Ihm gelang die dritte Begehung der Kompressorroute und die erste Winterbesteigung. Er eröffnete eine extrem schwierige Neutour in der Südwand, und im Herbst 2004 gelang ihm eine weitere Erstbegehung durch die kompakte Ostwand. Und dann, im November 2005, gelingt ihm zusammen mit seinem Freund Allesandro Beltrami und dem Italoargentinier Rolando Garibotti ein besonderer

Coup: In zwei Tagen klettern sie im Alpinstil durch die untere Ostwand zum Col de la Conquista, dann über die Nord- sowie die Westwand und erreichen am Abend des 13. November um 23.15 Uhr den Gipfel! Anschließend seilen sie sich nach einem Biwak über die Aufstiegslinie wieder ab. Ihre Route bewegt sich teils entlang der alten Linie von Cesare Maestri und Toni Egger, teils aber auch entlang der Route »Cristalli nel Vento« (von Orlandi, Giarolli und Ravizza) und der Route der »Ragni di Lecco« von 1974. Soweit die drei Kletterer der einst von Maestri beschriebenen Linie folgten, fanden sie keine Spuren am Berg, die auf eine frühere Begehung hindeuten würden.

»Ich gehöre zu der Klettergeneration, für die Cesare Maestri ein Mythos war, dem wir nacheiferten«, sagt der fünfzigjährige Bergführer, Skilehrer und Hüttenwirt, ein durchtrainierter, drahtiger Kletterer, der trotzdem gern mal eine Zigarette raucht. Er und andere junge Bergsteiger aus der Brenta, wie Elio Orlandi oder Maurizio Giarolli, strebten ihrem Idol nach, und das hieß: auf nach Patagonien, zum Cerro Torre! Ja, er sei dem Berg verfallen, als er ihn zum ersten Mal gesehen habe. Durch eine Lücke in den Wolken habe sich dessen Spitze damals in den Himmel gereckt. Er sei der absolute Berg, sagt Salvaterra, der nachdenken muß bei der Frage nach der Anzahl seiner Reisen dorthin. Zwanzig, meint er dann.

»Natürlich glaubten wir Cesare Maestri«, erzählt Salvaterra, »dem Mann, der hier solo durch die schwierigsten Brenta-Wände auf- und abstieg. Was hätte Maestri je für eine Veranlassung gehabt, die Unwahrheit zu sagen?« Aber mittlerweile ist Salvaterra zum Zweifler geworden, heute glaubt er nicht mehr an den Gipfelsieg von 1959. Warum? Natürlich ist es einerseits die fehlende Ausrüstung oben am Berg, keine Bohrhaken, keine Seilreste oder irgend etwas. Ermanno Salvaterra ist vorsichtig: Wir haben keine Beweise dafür gefunden, daß Maestri und Egger oben waren, sagt er, aber deshalb haben wir auch keine Beweise gefunden, daß sie nicht oben waren ... Aber der Bergführer aus Pinzòlo gibt noch eine andere Erklärung, warum er nicht mehr an den Erfolg von 1959 glauben mag. Es ist keine »Bergsteiger«-Antwort, sondern es geht ihm um Maestris Verhalten: Warum sei er nie nach Patagonien zurückgekommen, nicht einmal, als die Kapelle für Toni Egger eingeweiht wurde? Der Freund und Seilpartner, dem er den Gipfelsieg verdankte, dessen Tod er miterleben mußte und oft beklagte, dieser Freund wird geehrt, und Maestri erscheint einfach nicht! Das sei ein unmögliches Verhalten gewesen, meint Salvaterra, und es belege, daß etwas an der Geschichte nicht stimme.

Im Gegensatz zu Cesare Maestri kehrten viele andere immer wieder nach Patagonien zum Cerro Torre zurück. Nicht nur besessene Kletterer wie Ponholzer und Salvaterra, sondern auch zum Beispiel Juan Pedro Spikerman, der zusammen mit den Dalbagni-Brüdern und Angelo Vincitorio die Expedition von 1959 begleitet und Maestri ein weiteres Mal während der Sommerexpedition von 1970 geholfen hatte. Mit Gianni Dalbagni, dem Ingenieur, ist er noch immer befreundet. Er packt jedes Jahr im südlichen Sommer sein Auto samt Anhänger voll und fährt von Buenos Aires aus nach El Chaltén in den Urlaub.

»Drei Tage brauchen wir schon für die Fahrt, auch heute noch«, sagt der Geologieprofessor an der Universität Buenos Aires.

In Spikermans Haus im Stadtteil Belgrano in Buenos Aires blättern sie zusammen in alten Fotoalben von 1959, in denen kleine Schwarzweißbilder neben Zeitungsausschnitten mit Berichten über die Expedition zu finden sind. Zwischen dem 28. Januar und dem 3. Februar 1959, als Maestri und Egger am Cerro Torre kletterten und Fava in Lager 3 wartete, waren sie in Lager 2 auf dem Gletscher geblieben. Einmal waren sie zur Eishöhle aufgestiegen, hatten aber weder Fava angetroffen noch einen Zettel mit etwaigen Instruktionen gefunden und waren deshalb umgekehrt. Sie sind also keine »Augenzeugen« im engeren Sinne, die über das, was in jenen Tagen am Berg geschah, berichten könnten, aber sie waren die ersten, die Maestri und Fava danach wieder zu Gesicht bekamen, ihren Bericht hörten und sahen, in welcher seelischen und körperlichen Verfassung die beiden waren. Deshalb sagen sie heute übereinstimmend: »Wir hatten nie einen Grund, an der Erzählung Maestris zu zweifeln! Die beiden waren oben, am Gipfel.«

Nachdem Fava zu ihnen ins Lager 2 geeilt war und sie geholfen hatten, Maestri hinunterzutransportieren, bekam er Medikamente, trank etwas und schlief erschöpft ein. Viel später, nachdem Maestri wieder aufgewacht war, redete er mit Cesarino, erzählte ihm stockend und leise, was geschehen war. Er redete im Tridentiner Dialekt, ihrer beider Muttersprache, und Fava übersetzte für die vier Studenten ins Italienische. Und es sei dieselbe

Geschichte gewesen, die so oft danach von ihm wiederholt wurde, sagen Spikerman und Dalbagni. Und die Kritik? Die widersprüchlichen Details, die unzureichende Ausrüstung, das fehlende Material? Sie schütteln den Kopf. Sie hätten Maestri und Egger am Torre klettern sehen, sagen sie, sie seien sehr schnell und gut gewesen. Sie seien doch die Besten gewesen, damals. »Und«, fügt Spikerman hinzu, »was die Kritiker immer so schnell vergessen: Es war das Eis, die Eisauflage, die den Aufstieg damals ermöglichte!« Und die hätten sie mit eigenen Augen gesehen. Die Diskussionen, die Fragen und die bis heute nicht verstummenden Zweifel empfinden sie als ärgerlich. Und es stimmt sie auch ein wenig traurig, denn mit diesen Zweifeln glaubt man ja auch ihren Worten in gewisser Weise nicht.

»Es gab sehr viele persönliche Interessen damals«, sagt Spikerman. »Wenn man Maestri vorhält, seine Versprechen, die Erwartungshaltungen und all das hätten ihn zum Lügen getrieben, was ist mit den anderen? Die hatten auch viele sehr persönliche Motive, um jeden möglichen Zweifel zu nähren und auszuschlachten.«

Ob Altán oder Bonatti, es müsse ihnen eine Genugtuung gewesen sein, den ewigen Konkurrenten Maestri zu verunglimpfen, meint Juan Pedro Spikerman. Und für die Medien sei es einfach eine spektakuläre Sache gewesen, eine große Geschichte. Die Zeitungen hätten von dem Kampf und der Konkurrenz profitiert und deshalb auch das Feuer weiter angefacht. Da sind sich Spikerman und sein Freund Dalbagni einig. Und im nächsten Sommer wird Juan Pedro wieder seinen Kombi volladen und Tag und Nacht durch die Pampa brausen, Richtung Patagonien, zum Cerro Torre. Auch er ist diesem Berg verfallen, auf seine Weise.

An dem alten, grob verputzten Haus direkt neben dem Friedhof des Örtchens Malè hat sich nicht viel verändert, seit Cesarino Fava es Anfang der fünfziger Jahre verlassen hat. Fava ist vor einigen Jahren zurückgekehrt aus Argentinien und lebt wieder in seinem Elternhaus in seinem Heimatdorf, zusammen mit seiner Frau. Eine ausgetretene, knarrende Holzstiege führt zu seiner Wohnung im ersten Stock hinauf. Fava läuft trotz seines Alters und seiner amputierten Füße immer noch behende die Stufen hinauf und hinunter. Immerhin habe er ja auch noch mit 58 Jahren den Fitz Roy bestiegen, sagt er und lacht ansteckend. Sein weißes, volles Haar trägt er lang. In der kleinen Stube hängt ein Bild des Cerro Torre an der Wand, und man muß Cesarino nicht lange bitten zu reden. Bei Pasta und Rotwein erzählt er immer und immer wieder gern die Geschichten von damals, schmückt sie mit kleinen Anekdoten und alpinhistorischen Exkursen aus, lacht selbst darüber, und es scheint, als haben die tragischen Ereignisse an diesem Berg ihm nichts vom Zauber des Berges geraubt. Man glaubt ihm, wenn er sagt, »ich wollte doch nie auf den Gipfel, er blieb für mich immer ein besonderes Symbol des Unerreichbaren«. Nur manchmal verläßt ihn seine gute Laune. Wenn es um die Kritik geht, um die Zweifel. »Jeder darf zweifeln, natürlich«, sagt er laut und schlägt mit der flachen Hand auf den Tisch, »aber das, was wir erlebt haben, war und ist Verleumdung!« Er sei verbittert, wenn er noch heute die immer gleichen Fragen höre, sagt er, denn viele der Kritiker seien doch nie dort gewesen. Sie kennen weder das Land noch den Berg! »Und außerdem«, fügt er hinzu und beugt sich vor, »Sie haben keinen Respekt vor den Toten ... vor dem toten Toni Egger.«

Nur wenige Kilometer von Malè bergaufwärts liegt das mittlerweile mondäne Touristenzentrum Madonna di Campiglio. Dort lebt immer noch der Mann, der nicht mehr gern über die Vergangenheit und den Cerro Torre spricht, obwohl das der rote Faden seines Lebens ist, Cesare Maestri. Er nennt den Torre schon lange nicht mehr »den unmöglichen Berg« und schon gar nicht »den schönsten«, für ihn ist er zum »vermaledeiten Berg« geworden, den er verwünscht. Zwei Läden betreiben Fernanda und er mittlerweile in Madonna di Campiglio, ein Geschäft für ausgefallene Süßigkeiten und einen Andenkenladen; schon lange werden hier keine Bergsportartikel mehr verkauft. Etwas versteckt neben der Kasse liegt ein Stapel Taschenbücher: Maestris Lebensbericht »E se la vita continua«, »Und wenn das Leben weitergeht«. Ansonsten erinnert zwischen Kristall-Kitsch und Porzellantellern nichts an die einstige »Spinne der Dolomiten«.

Maestri überstand eine Krebserkrankung und begann wieder, ein wenig zu klettern. Im Jahr 2002 wollte er sogar aus Protest gegen die Irak-Politik der USA eine bunte Friedensfahne auf dem Shisha Pangma (8046 Meter) in Tibet hissen, aber er scheiterte schon früh an der Höhe. In der Brenta klettere er immer allein, sagt Cesare, nur für sich selbst, nichts Besonderes, keine bekannten Routen, keine großen Wände, irgendwo im Fels der Brenta, wo es ihm gerade gefällt.

Immer noch sieht man ihm seine Kraft an, bullig und untersetzt steht er da, das graue Haar kurz, der Vollbart gestutzt, der Händedruck kräftig. Man sitzt mit ihm zusammen, plaudert, er scherzt entspannt und redet über seine große Zeit, über die wunderbare Brenta, das Gebirge, das er eigentlich nie verlassen wollte, über seine Freiheitsliebe und den Anarchismus. Und plötzlich fällt der Name Cerro Torre, und er springt auf, schimpft und zetert, nein, er wolle darüber einfach nicht immer und immer wieder dasselbe sagen, schon lange nicht mehr, denn man glaube ihm ja sowieso nicht – warum glaube man immer den anderen? Und dann zittern seine Stimme und seine Hände. Vielleicht ziehen vor seinem inneren Auge noch einmal die Bilder vorbei, die Qualen und Entbehrungen von zwei Monaten Kletterei in der winterlichen Wand, das Gesicht seines Lebensretters Cesarino, als der ihn im Schneefeld fand, die tödliche Gewalt einer Lawine, die nicht nur den Freund mitriß und tötete, die Häme und der Unglaube der ewigen Zweifler. Und dann ist da noch irgendwo ganz weit weg dieser Gipfel, ein Schneefeld, Wind, Tränen, eine Umarmung, ein Schrei, der im Sturm verweht ... Plötzlich setzt er sich wieder hin und erzählt.

Maestri spricht vom Cerro Torre mit den gleichen Sätzen wie damals: daß es keine unmöglichen Berge gebe, sondern nur unfähige Kletterer, und daß er doch derjenige war, der als erster Routen mit Schwierigkeitsgrad VI allein begangen habe ... Aber das alles ist fünfzig Jahre her, und heute wird im Schwierigkeitsgrad VIII, IX oder sogar X geklettert, von einigen wenigen Könnern auch frei und solo. Weiß er das?

Seine Tragik bleibt, er will anerkannt werden für das, was er einst an den schwierigsten Dolomiten-Wänden geleistet hat, doch in den Geschichtsbüchern des Alpinismus wird sein Name immer in einem Atemzug mit dem Cerro Torre genannt. Dem ewigen Kämpfer für Gerechtigkeit will selbst keine widerfahren, es gibt keine Erlösung für ihn, weder in die eine, noch in die andere Richtung. Der Anarchist am Berg, der für sich die größtmögliche Freiheit proklamierte und sie jedem anderen ebenso zusprechen wollte, ist ein Unfreier geworden, ein Gefangener des eigenen Tuns und des eigenen Mythos.

Glauben nur noch einige Romantiker an seine Geschichte, weil sie einfach zu tragisch-heldenhaft schön ist, um unwahr zu sein? Im Gegensatz zur Masse der Kritiker, für die sie zu gut ist, um wahr zu sein? Könnte man es Cesare Maestri nicht zugestehen, daß einst das Glück, das Schicksal oder die Gnade der Berggötter eines dieser seltenen Zusammentreffen unwahrscheinlichster Bedingungen schenkten, die das Unmögliche möglich machten und etwas entstehen ließen, was bis dahin außerhalb alles Vorstellbaren lag? Die »Beweise« wird es nie geben, nur neue Geschichten, die zu neuen Mythen und Legenden werden können.

Vielleicht hat sich Cesare Maestri aber längst mit der Rolle des tragischen Helden abgefunden und spielt sein Stück bis zum endgültigen Abgang. Er wird bis zum Ende klettern, nie erlöst, weder von seiner Leidenschaft noch von seiner Wut. »Ich möchte ihn auslöschen aus meinem Leben, diesen Berg«, sagt er, »und wenn ich sterbe, werde ich auf ihn spucken.«

In der Sommersaison führt Cesare Maestri Kinder von Touristen in die Brenta-Berge, auf die Almwiesen, unter die Felsgipfel. Er zeigt ihnen, wo Murmeltiere leben und wie die Silhouette eines Adlers aussieht. Er führt ihnen vor, wo sie die Füße beim Bergsteigen hinsetzen müssen, »aber ich zeige ihnen auch, wo das Herz sitzt, das ist das Wichtigste«.

Und sie fragen nicht nach dem Cerro Torre.

Chronologie der wichtigsten Expeditionen zum Cerro Torre

1782 – Der spanische General Antonio Viedma und sein Expeditionskorps stehen als erste Weiße am Ufer des später nach ihm benannten Sees.

1834 – Der Kapitän des englischen Seglers »Beagle«, Robert Fitz Roy, folgt mit 25 Mann in drei Booten dem Lauf des Rio Santa Cruz vom Atlantik bis wenige Kilometer vor seine Quelle am Lago Argentino. Mit dabei ist auch Charles Darwin. In der Ferne sehen sie die schneebedeckten Kordillerengipfel.

1877 – Der argentinische Geologe Francisco »Perito« Moreno erkundet im Auftrag der Grenzziehungskomission das südliche Patagonien und erreicht die beiden Seen Lago Argentino und Lago Viedma. Er tauft den von den Indianern Chaltén genannten Berg Monte Fitz Roy.

1916 – Unter der Leitung des Deutschargentiniers Alfredo Kölliker erreicht erstmals eine Expedition das Patagonische Inlandeis in dieser Region. Sie wählen den Weg durch das Tal des Rio Túnel und sehen als erste die Westseite des Cerro Torre.

1928 /1936 – Auf mehreren Reisen erkundet der italienische Salesianerpater Alberto Maria de Agostini die Regionen um Lago Argentino und Lago Viedma. Seine Fotografien und Berichte kursieren in der europäischen Bergsteigerszene.

1937 – Der italienische Bergsteiger Graf Aldo Bonacossa bereist mit einer Expedition die Region des Fitz Roy und des Cerro Torre. Sie besteigen als erste den Cerro Ñato südlich des Cerro Torre.

1952 – Am 2. Februar erreichen Lionel Terray und Guido Magnone als Teilnehmer einer französischen Expedition den Gipfel des Fitz Roy. Nach einem Blick auf die Wandfluchten des Cerro Torre nennen ihn die Bergsteiger den »unmöglichen Berg«.

1958 – Zwei konkurrierende italienische Expeditionen wollen den Cerro Torre besteigen. Die Gruppe um Walter Bonatti und Carlo Mauri erkundet die Westseite über das Inlandeis, die Gruppe um Bruno Detassis, zu der auch Cesare Maestri und Cesarino Fava gehören, kommt von Osten, unternimmt aber keinen ernsthaften Besteigungsversuch.

1959 – Nach den Berichten von Cesare Maestri erreichen er und Toni Egger am 31. Januar den Gipfel des Cerro Torre. Cesarino Fava steigt bis zum Col de la Conquista hinauf. Im Abstieg wird Egger am 2. Februar von einer Lawine erfaßt und getötet.

1970 – Nach mehreren gescheiterten Expeditionen zum Cerro Torre und lauter werdenden Zweifeln an der Erstbesteigung durch Maestri und Egger will Cesare Maestri den Torre im südlichen Winter über die Südostkante ersteigen. Am 9. Juli müssen sie das Unternehmen abbrechen, doch bereits im November setzt Maestri die Expedition fort. Am 2. Dezember erreichen sie das Gipfelplateau, steigen aber nicht auf den Eispilz, weshalb die Besteigung nicht als Gipfelerfolg akzeptiert wird.

1974 – Eine italienische Expedition aus Lecco um Casimiro Ferrari reist auf die Westseite des Cerro Torre. Vier Bergsteiger erreichen am 13. Januar den Gipfel. Es ist die erste völlig unumstrittene Besteigung des Cerro Torre.

1977 – Die erste Gipfelbesteigung des Cerro Torre im Alpinstil über die Westseite (»Ferrari-Route«) durch die Amerikaner John Bragg, Jay Wilson und Dave Carman.

1979 – Den Amerikanern Steve Brewer und Jim Bridwell gelingt die erste Wiederholung der Kompressorroute.

1985 – Erste Winterbesteigung des Cerro Torre (8. Juli) durch die Italiener Ermanno Salvaterra, Maurizio Giarolli, Andrea Sarchi und Paolo Caruso. Am 12. November erste Solo-Besteigung in zwölf Stunden durch den Schweizer Marco Pedrini. Beide Aufstiege erfolgen über die Kompressorroute.

1986 – Einer jugoslawischen Expedition gelingt die erste Durchsteigung der Torre-Ostwand (»Devil's Direttissima«).

1988 – Wiederum sind Slowenen am Cerro Torre erfolgreich. Sie legen eine Route durch die extrem schwierige Südwand.

1995 – Eine neue Route in der Südwand wird von einer italienischen Expedition begangen; die Teilnehmer müssen jedoch 100 Meter unter dem Gipfel wegen schlechten Wetters abbrechen (»Infinito Sud«).

1999 – Toni Ponholzer und Franz Steiger kommen auf der Maestri/Egger-Route bis knapp 200 Meter unter den Gipfel, der bislang höchste erreichte Punkt aller versuchten Wiederholungen.

2004 – Die Italiener Salvaterra, Rossetti und Beltrami eröffnen eine neue Route in der Torre-Ostwand (»Five Years to Paradise«).

2005 – Am 13. November gelingt dem Cerro-Torre-Kenner und Bergführer aus Pinzòlo/Brenta, Ermanno Salvaterra, zusammen mit Allesandro Beltrami und Rolando Garibotti ein Coup: sie erreichen um 23.15 Uhr den Gipfel des Cerro Torre über eine neue Route. Am 11. November biwakieren sie in einer Schneehöhle nahe des Einstiegs in der Ostwand. Am 12. November um 3.45 Uhr beginnen sie ihren Aufstieg größtenteils im Alpinstil (nur die ersten fünf Seillängen waren mit Fixseilen ausgestattet), bereits am Nachmittag erreichen sie den Col de la Conquista, wo sie biwakieren. Am 13. November um 8.00 Uhr klettern sie abwechselnd über die NW-Wand, den Nordgrat und die Nordwand und erreichen über extrem schweres Eisgelände um 23.15 Uhr den Gipfel. Nach einem kurzen Biwak in Gipfelnähe seilen sie sich über die Aufstiegslinie wieder ab und erreichen am Abend des 14. November sicher den Wandfuß. Sie nennen die 1200 Meter lange Route mit 37 Seillängen »El Arca de los Vientos«. Die Kletterei bewegt sich teils entlang der Linie, der Maestri mit Egger 1959 gefolgt sein will, teils auch entlang der Route »Cristalli nel Vento« von Giarolli/Orlandi/Ravizza und der Westwandroute der »Ragni di Lecco« von 1974. Spuren einer früheren Begehung oberhalb des dreieckigen Schneefeldes fanden die drei Kletterer auf ihrer Route nicht.

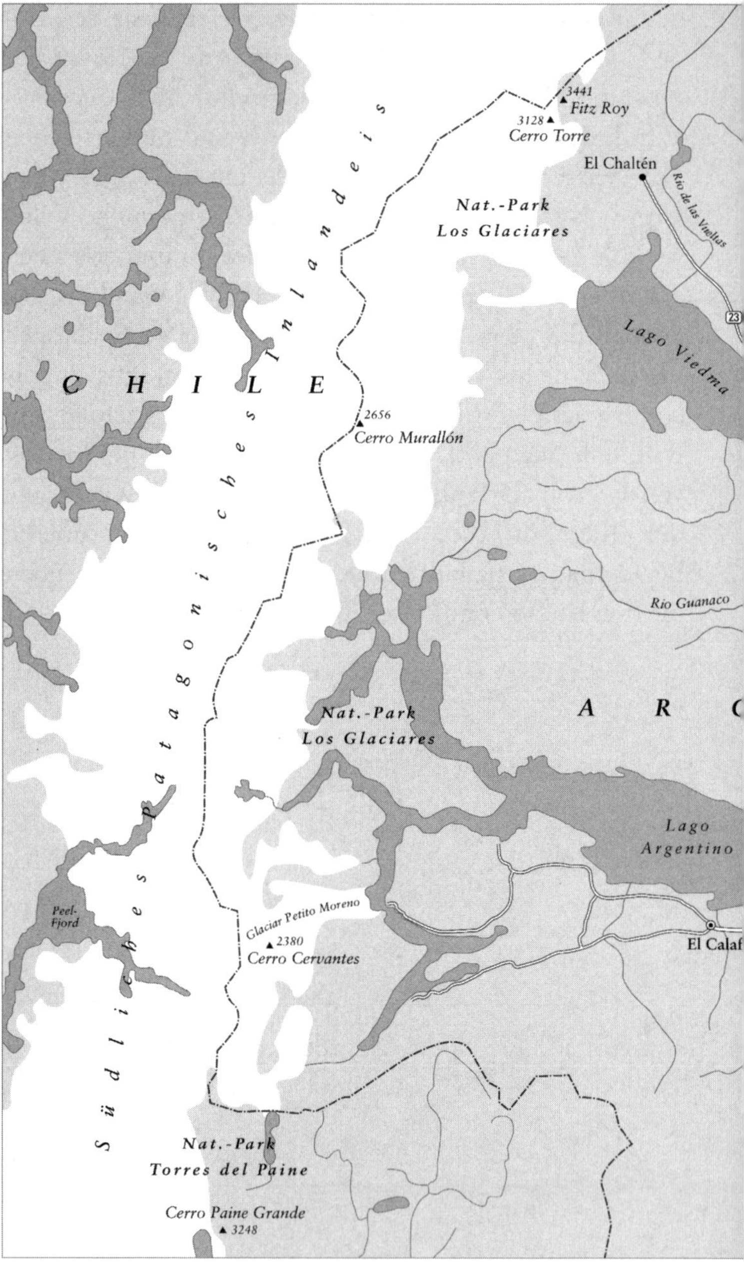

3441
Fitz Roy
3128
Cerro Torre
El Chaltén
Nat.-Park
Los Glaciares
Rio de las Vueltas
23
Lago Viedma
C H I L E
2656
Cerro Murallón
Rio Guanaco
Südliches Patagonisches Inlandeis
A R
Nat.-Park
Los Glaciares
Lago
Argentino
Peel-
Fjord
Glaciar Petito Moreno
2380
Cerro Cervantes
El Calaf
Nat.-Park
Torres del Paine
Cerro Paine Grande
3248

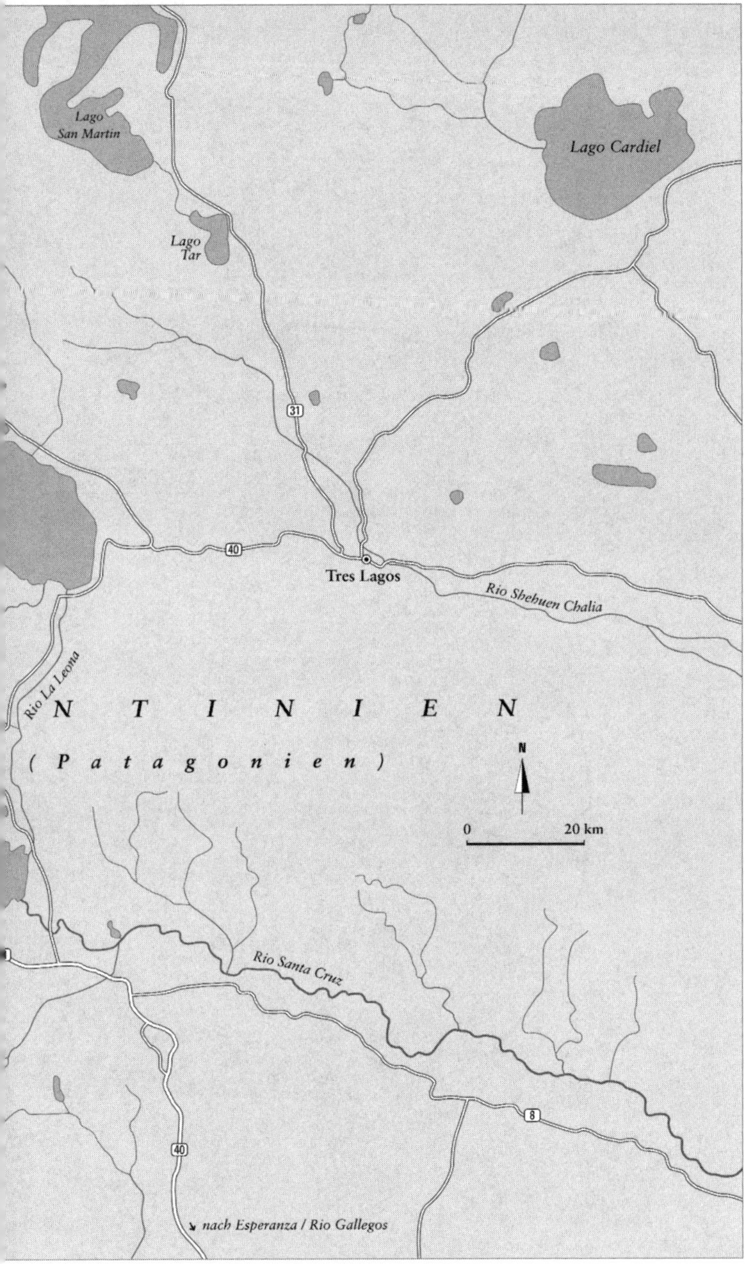

Lago San Martin
Lago Cardiel
Lago Tar
31
40
Tres Lagos
Rio Shehuen Chalia
Rio La Leona
N T I N I E N
(P a t a g o n i e n)
N
0
20 km
Rio Santa Cruz
8
40
nach Esperanza / Rio Gallegos

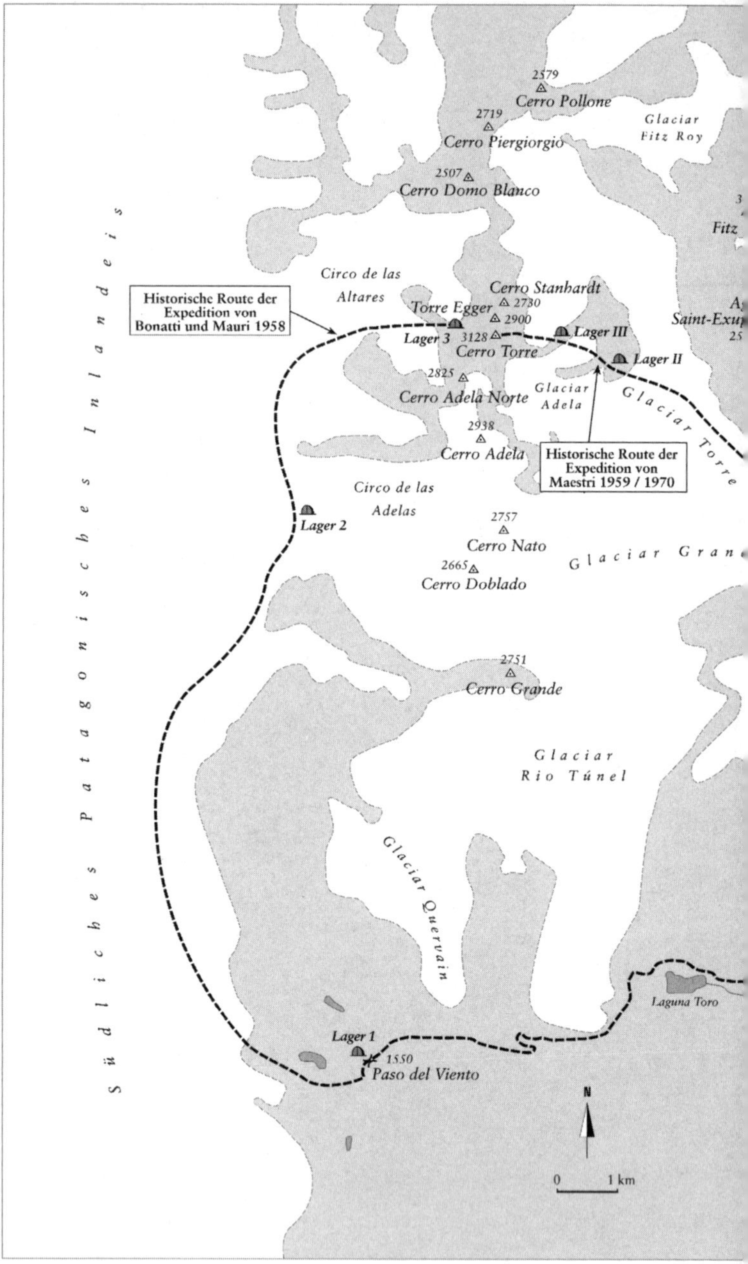

2579
Cerro Pollone
2719
Cerro Piergiorgio
Glaciar
Fitz Roy
2507
Cerro Domo Blanco
Fitz
Südliches Patagonisches Inlandeis
Circo de las
Altares
Historische Route der
Expedition von
Bonatti und Mauri 1958
Cerro Stanhardt
Torre Egger
2730
2900
Lager 3
3128
Lager III
Cerro Torre
Lager II
Saint-Exu
2825
Cerro Adela Norte
Glaciar
Adela
Glaciar Torre
2938
Cerro Adela
Historische Route der
Expedition von
Maestri 1959 / 1970
Circo de las
Adelas
Lager 2
2757
Cerro Nato
Glaciar Gran
2665
Cerro Doblado
2751
Cerro Grande
Glaciar
Rio Túnel
Glaciar Quervain
Laguna Toro
Lager 1
1550
Paso del Viento
N
0
1 km

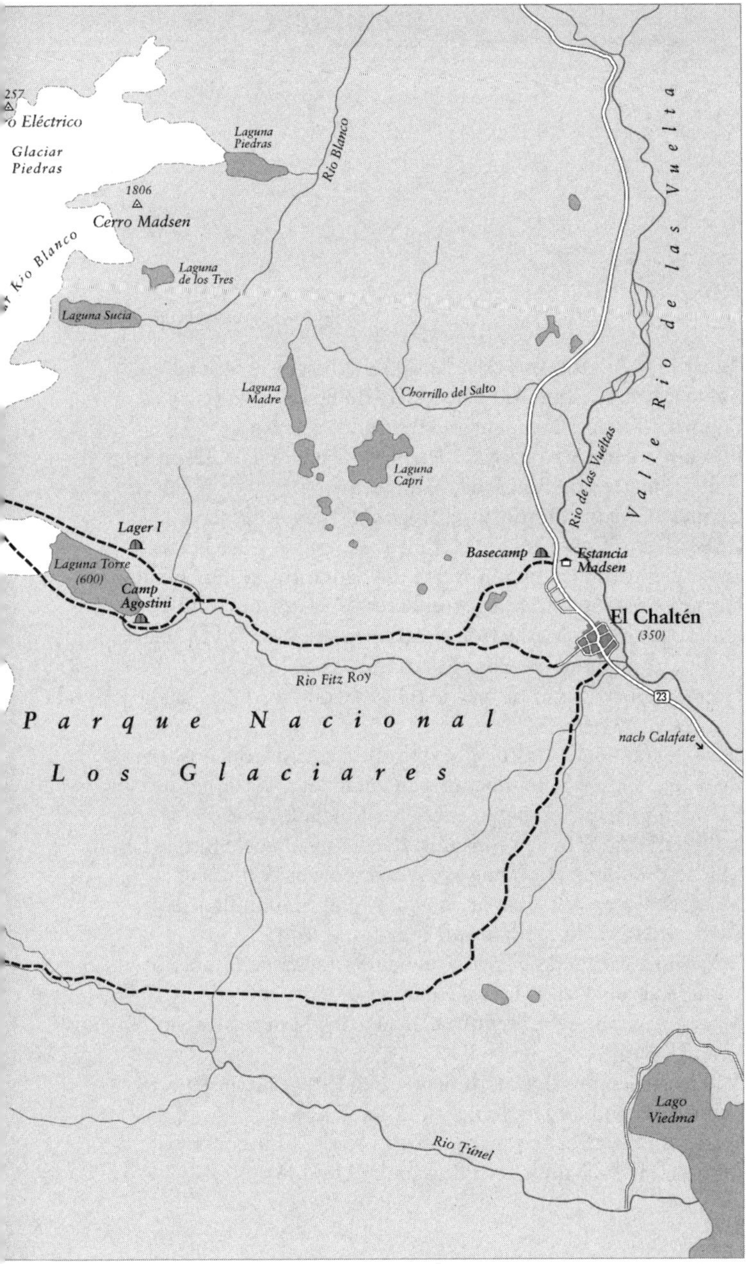

257
o Eléctrico
Glaciar
Piedras
Laguna
Piedras
Rio Blanco
1806
Cerro Madsen
Rio Blanco
Laguna
de los Tres
Laguna Sucia
Laguna
Madre
Chorrillo del Salto
Laguna
Capri
Rio de las Vueltas
Valle Rio de las Vuelta
Lager I
Laguna Torre
(600)
Camp
Agostini
Basecamp
Estancia
Madsen
El Chaltén
(350)
Rio Fitz Roy
23
nach Calafate
Parque Nacional
Los Glaciares
Lago
Viedma
Rio Túnel

Literatur

Agostini, Alberto Maria de: Ande Patagoniche, Mailand 1949

Azéma, Marc Antonin: Le conquête du Fitz Roy, Paris 1952

Bonatti, Walter: Berge – meine Berge, Zürich 1964

Buscaini, Gino und Silvia Metzeltin: Patagonien. Traumland für Bergsteiger und Reisende, München 1990

Crouch, Gregory: Enduring Patagonia, New York 2001

Dauer, Tom: Cerro Torre. Mythos Patagonien, Zürich 2004

Fava, Cesarino: Patagonia. Terra di sogni infranti, Turin 1999

Ferrari, Casimiro: Cerro Torre. Parete Ouest, Mailand 1975

Halvorsen, Patricia Alejandra: Between the Rio De Las Vueltas and the Continental Ice Cap, El Calafate 2000

Hosne, Roberto: Adventures in the Patagonian Andes, Buenos Aires 2000

Ders.: Patagonia – History, Myths and Legends, Buenos Aires 1997

Kearney, Alan: Mountaineering in Patagonia, Washington 1993

Klier, Heinrich: Abenteuer Schnee, München 1962

Kölliker, Alfred: In den Einsamkeiten Patagoniens, Stuttgart 1926

Madsen, Andreas: La Patagonia Vieja, Buenos Aires 1998

Maestri, Cesare: … E se la vita continua, Mailand 2002

Ders.: Klettern ist mein Beruf, Frauenfeld 1963

Ders. und Fernanda Maestri: Duemila metri della nostra vita. Le due face del Cerro Torre, Turin 2002

Moreno, Francisco: Reminiscencias del Perito Moreno, Buenos Aires 1997

Musters, George Chaworth: Unter den Patagoniern, Jena 1877

Shipton, Eric: Land of Tempest, London 1963

Terray, Lionel: Les conquérants de l'inutile, Chamonix 1955

Tilman, H. W.: Mischief in Patagonia, London 1956

Peter Meier-Hüsing

Wo die Schneelöwen tanzen

Maurice Wilsons vergessene Everest-Besteigung. 266 Seiten mit 8 Seiten Bildteil. Serie Piper

»Ich werde den Everest besteigen – allein.« London, 1933: Maurice Wilson beschließt, den Spuren des legendären George Mallory zu folgen. Niemand traut ihm das zu, dem exzentrischen und unglücklich verliebten Kaufmannssohn. Doch nach einem abenteuerlichen Flug im Doppeldecker landet er in Indien und überquert illegal die Grenze nach Tibet. Und dann steht er vor dem Dach der Welt … Peter Meier-Hüsing erzählt erstmals die wahre Geschichte der einsamsten Everest-Besteigung aus dem Jahr 1934 und liefert einen aufregenden Bericht aus einer Zeit, als der Himalaya noch den Tibetern gehörte.

05/1790/01/L

Walter Bonatti

Meine größten Abenteuer

Reisen an die Grenzen der Welt. Aus dem Italienischen von Maurus Pacher. 422 Seiten mit 17 Farbfotos. Serie Piper

Der weltberühmte Bergsteiger Walter Bonatti schlägt ein weiteres Kapitel seines Lebens auf: Nach den großen Bergen suchte er neue Abenteuer in »einer Welt von unendlicher Weite«. Er reiste in die kälteste bewohnte Gegend der Welt im äußersten Sibirien, ins Herz des venezolanischen Berglands, stieg in Vulkane, tauchte mit Haien und erlag am Kap Hoorn derselben Faszination wie die alten Seefahrer. Im Stil der klassischen Abenteuerliteratur erzählt Bonatti von seinen Reisen in die extremsten Regionen der Erde und von grandiosen Begegnungen mit der Natur.

»Bonatti ist ein lebender Mythos.«
Corriere della Sera

05/1727/01/R

SERIE PIPER

SERIE PIPER

Kurt Diemberger

Aufbruch ins Ungewisse

Abenteuer zwischen K2, Sinkiang und Amazonas. 416 Seiten mit 32 Farbtafeln, 84 Abbildungen im Text und einer Karte. Mit einem Vorwort von Hans Kammerlander. Serie Piper

Seit 1956 ist Kurt Diemberger als Bergsteiger im Extremen unterwegs, erlebte Abenteuer und Tragödien, war der »Kameramann der Achttausender«. Nicht allein die Schönheit und Wildheit der Natur, auch die Menschen, die dort leben, zogen ihn magisch an. In seinem Buch löst er die Rätsel um den Tod des großen Hermann Buhl und erzählt erstmals bis in alle Einzelheiten davon, wie seine Partnerin Julie Tullis und er 1986 am K2 ums Überleben kämpften. Ein langes Leben voller Höhepunkte – wunderbar erzählt.

»Er ist ein Reisender zwischen den Welten, zugleich einer der schillerndsten Alpinisten unserer Zeit.«
Hans Kammerlander

05/2021/01/L

Stefan Glowacz
mit Ulrich Klenner

On the Rocks

Leben an den Fingerspitzen. 336 Seiten mit 16 Farbtafeln und 48 Abbildungen im Text. Serie Piper

Klettern ist seine Leidenschaft – Stefan Glowacz zählt seit vielen Jahren zu den besten Kletterern der Welt. Sein Ziel ist immer wieder die spektakuläre Wand und deren Erstbegehung. Seit er 1993 als Vizeweltmeister seine Wettkampfkarriere als Sportkletterer beendete, zieht es ihn zu den entlegensten und schwierigsten Wänden. Mit seinem Team beginnt er stets dort, wo alle Straßen enden. Hin- und Rückweg werden meist aus eigener Kraft bewältigt, Proviant und Ausrüstung selbst zur Wand geschleppt. So hat Stefan Glowacz die Weite Patagoniens, die Wildnis Kanadas und Kenias, die Eiswüste der Antarktis und die Schluchten Mexikos für sich entdeckt und erschlossen. Von seinem Leben, das oft an den Fingerspitzen hängt, von Höhenflügen und Abstürzen, von Entdeckungsfahrten durch das »Meer aus Stein« und in das eigene Ich erzählt er in »On the Rocks«.

05/2060/01/R